Les Origines

du

Pangermanisme

1800-1888

COLLECTION DE DOCUMENTS
SUR LE PANGERMANISME
TRADUITS DE L'ALLEMAND
PUBLIÉS SOUS LA DIRECTION DE M. CHARLES ANDLER
Professeur à l'Université de Paris

Les Origines du Pangermanisme

(1800 à 1888)

AVEC UNE PRÉFACE

par

CHARLES ANDLER

Professeur à l'Université de Paris

QUATRIÈME ÉDITION

PARIS
LOUIS CONARD, LIBRAIRE-ÉDITEUR
17, Boulevard de la Madeleine, 17
1915

COLLECTION DE DOCUMENTS
SUR LE PANGERMANISME
PUBLIÉS SOUS LA DIRECTION DE M. CHARLES ANDLER
Professeur à l'Université de Paris

Les Origines
du
Pangermanisme
(1800 à 1888)

TEXTES TRADUITS DE L'ALLEMAND

par

P.-H. MICHEL, A. GIVELET, J. MONIER, R. FAUQUENOT,
R. LAMBERT, M. CHRÉTIEN, H. CATTANÈS, Mlle LESEUR, G. MENDEL, M.-G. JEANNIN,
J. DUTILLEUL, R. SERREAU, M. GALLAND, S. MANZAGOL, C. BOUDET, A. CHEVALLIER,
L. LEVY-DISPEKER, TH. BRULÉ, M. DENIS, S. CHARLOT, M. FAURE.

AVEC UNE PRÉFACE

par

CHARLES ANDLER
Professeur à l'Université de Paris

PARIS
LOUIS CONARD, LIBRAIRE-ÉDITEUR
17, Boulevard de la Madeleine, 17
1915
Tous droits de cette traduction réservés

PRÉFACE

On voudrait dans une série de volumes substantiels réunir la documentation la plus significative et la plus sûre qui existe sur ce mouvement d'idées qu'on a appelé le « pangermanisme ». Il a paru en France, depuis l'origine de la guerre de 1914, sur l'état d'esprit pangermaniste des appréciations en foule, éloquentes souvent, et quelques-unes signées de noms illustres. Il s'est mêlé à ces manifestations trop d'erreurs matérielles, et aux bonnes intentions qui les animaient, un manque trop évident de sens historique, pour qu'il soit sans danger de laisser cheminer des procédés aussi sommaires de polémique. On n'atteint nullement l'adversaire dans les positions qu'il occupe si on n'en étudie pas de près la configuration et les défenses. Il me paraît tout à fait vain de chercher les antécédents de la mentalité allemande actuelle dans l'erreur chimique par laquelle Stahl, avec toute l'Europe du XVIIIe siècle, croyait pouvoir expliquer le phénomène de la combustion par le phlogistique. Et l'on dirait vraiment que les étrangetés expérimentales auxquelles s'est heurté Lavoisier, et dont l'outillage d'alors ne per-

mettait pas de triompher, n'ont pas eu de quoi justifier largement la première résistance de ses adversaires. Plût à Dieu que nous eussions affaire sur
notre front de bataille, non pas aux chimistes très
avertis qui inventent, avec les derniers procédés
de la technique, des « liquides spontanément inflam-
mables », dont la projection déchaîne « une vague
de flammes d'une longueur et une largeur utiles de
vingt mètres », mais à des rêveurs tels que Stahl,
en gésine de théories sur le phlogistique !

Un de nos savants les plus universels et un des
penseurs les plus ingénieux de ce temps, M. Félix
Le Dantec, est en litige, depuis des années, avec les
néo-darwiniens allemands de l'école de Weismann ;
et dans cette querelle beaucoup de spécialistes et de
philosophes estiment qu'il a nettement l'avantage.
Pourtant l'amertume du conflit en lui est telle que,
à ses yeux, toute la pensée allemande est atteinte
des tares scolastiques de la biologie weisman-
nienne. Ce n'est pas croyable et Le Dantec en conviendra un jour, quand ses propres doctrines lui
auront valu en Allemagne le nombre d'adhérents
qu'elles méritent. Mais les partisans de Weismann
fussent-ils légion, leur obstination ne nous apprend
rien sur la pensée et le calcul politique, très précis
et dénué de chimères, que l'on appelle pangermanisme. M. Bergson, au temps où l'obligation de faire
honneur à notre signature nous commandait d'attaquer en Belgique, sans artillerie lourde et avec une
mitrailleuse contre sept, soutenait que la civilisation
française trouverait dans le fond de son initiative
créatrice une supériorité morale qui aurait raison de

la civilisation toute mécaniste des Allemands. Aujour-
d'hui que nous avons des mitrailleuses et des canons
lourds, il découvre que la philosophie française a le
mérite unique de s'appuyer toujours sur la science
positive. Il aurait peut-être mieux valu convenir que
l'Allemagne, qui avait prémédité sa guerre, l'avait
préparée avec toutes les ressources que la science
moderne lui fournissait. La France, qui a une si
grande part dans la création des sciences positives
modernes, s'est laissé distancer souvent dans les
applications industrielles et militaires qu'on en peut
faire.

Dans l'effort prodigieux que ses dirigeants lui ont
demandé, le peuple allemand est loin d'avoir manqué
de courage et d'un véritable esprit de sacrifice ; et
on a su l'enivrer par des souvenirs dont quelques-
uns sont glorieux. Sa condamnation est dans cet
esprit purement grégaire, qui le fait foncer en avant
dans une colère de buffle, dès que les chefs du troupeau lui ont donné le signal. Elle est dans une incul-
ture politique persistante même chez ses plus grands
esprits, et qui, dans la masse, le rend complètement
incapable de contrôler ses maîtres. Elle est dans une
absence totale du sens et du goût de la liberté.
Gœthe disait des Français et des Allemands qu'ils
font « moralement et politiquement un contraste
éternel »; mais il ne pouvait pas se faire à l'idée
d'une lutte sanglante entre eux, même comme sujet
de sculpture (1).

---

(1) Gœthe, *Anforderung an den modernen Bildhauer*, 1817. Edition du Centenaire, t. 35, p. 17.

Il faut répéter sans cesse, que parmi ces grands Allemands du passé, nous avons des alliés, nous Français; et il faudra les évoquer pour leur demander un jugement sur leur peuple égaré d'aujourd'hui. Je ne sache pas qu'une parole vraiment humaine se soit encore fait entendre dans l'Allemagne contemporaine. Ce n'est pas une raison pour faire comme l'un de nos plus brillants romanciers, qui prétend relire ses classiques allemands et qui, sous ce prétexte, profane par d'ineptes commentaires un des purs chefs-d'œuvre de la poésie moderne, le *Faust* de Gœthe, ou injurie le théoricien douloureux de l'absolu sacrifice, de « la vertu qui fait largesse d'elle-même », de la profusion intérieure, Nietzsche. Tristesse, que cette défaillance des jeunes guides ! Mais il y a une tristesse plus grande encore, c'est l'éclipse des vieux maîtres. J'en sais un, notre maître à tous, qui a passé sa vie à nous faire attendre une histoire de la philosophie allemande et qui a conquis sa plus authentique et durable gloire à enseigner Leibnitz, Kant et Fichte. Parmi ses lauriers les plus anciens à l'Institut de France, il y a un travail sur Jacob Boehm, le « philosophe teutonique ». Il n'établissait pas alors d'antinomie entre *Germanisme* et *Humanité*. Il nous laissait entendre que peut-être la France napoléonienne avait à prendre quelque chose de l'Allemagne, et que la France nouvelle s'était régénérée en ouvrant son âme à toutes les réalités morales même découvertes par d'autres peuples. Ceux qui ont appris de lui ce qu'il avait à nous dire lui gardent une reconnaissance qui ne s'éteindra pas. Ils assistent avec un silence stupéfait et douloureux à je ne sais quelle

tentative de flatter des préventions qui ne sont pas
seulement la fumée d'une flamme momentanée d'irri-
tation, mais les prétextes dont se couvrent des puissances sociales occupées, dans la crise même de la
patrie, à poursuivre une œuvre sournoise de capta-
tion d'influence.

Nous espérons fortement la régénération du peuple allemand. Nous l'espérons de sa défaite même,
qu'il faut décisive et irrémédiable. Il faut qu'il
apprenne ce qu'il en coûte de s'être confié à l'hégémonie prussienne. Il faut qu'il rétablisse une Belgique
intégrale, indemnisée de ses maux; qu'il condamne
solennellement le crime abject par lequel, aujour-
d'hui encore, il l'ensanglante et la ravage. Il faut
qu'il restitue l'Alsace-Lorraine jusqu'aux frontières
de 1789; qu'il restitue le Slesvig; qu'il rende à la
Pologne son intégrité jusqu'à la mer; que son com-
plice l'Autriche-Hongrie émancipe et rende à la
destinée qu'ils désireront les treize peuples de race
et de langue différentes, sur lesquels les Allemands
d'Autriche et les Magyars assoient une domination
séculairement oppressive. Il est nécessaire que le
peuple allemand arrache de lui-même jusqu'à la
dernière racine du militarisme prussien, jusqu'à la
dernière velléité d'impérialisme conquérant. Un jour
viendra où il fera sur lui-même, à la lueur des
désastres qu'il aura appelés sur sa tête, le travail de
critique courageuse et consciencieuse que la France
a faite de ses institutions, de ses mœurs, de ses
défauts d'esprit après 1870, et par lequel elle s'est
dégagée à tout jamais de toute velléité napoléonienne.
Le peuple allemand fera ainsi (pourvu qu'on l'y

aide) le procès de ses dirigeants. Il renverra à la culture de leurs terres la séquelle de ses hobereaux agrariens et traîneurs de sabre, trop longtemps choyés par la servilité de ses classes riches et par la faiblesse de ses femmes. Il cessera de suivre la fausse science des démagogues salariés, qui le saturaient de flatteries démesurées et du rêve monstrueux de je ne sais quelle suprématie morale providentiellement octroyée à lui seul. Il n'écoutera plus la finance aventureuse et cynique, préoccupée d'écraser dans la France républicaine, dans la Grande-Bretagne et dans la Belgique libres, les grands foyers où s'alimente la pensée d'affranchissement de ses classes ouvrières. Tous ceux-là, et l'empereur d'abord, politiciens d'aventure, militaires avides de gloire, docteurs impatients de popularité, qui échafaudaient pour lui ce plan démesuré d'un empire continental dont un pied serait sur le rocher d'Helgoland et l'autre à l'embouchure du Tigre et de l'Euphrate; le plan ensuite d'un empire colonial fait des dépouilles de trois ou quatre autres peuples écroulés, — le peuple allemand, un jour, peut les mettre en présence des ruines, du sang, et de la honte amoncelés, il peut, dans son humiliation physique et morale, leur crier : « Voilà ce que vous avez fait de moi! » Alors, mais alors seulement, l'entente pourra se renouer avec le peuple allemand revenu à sa vraie nature, que personne n'a aimée naïvement, tendrement autant que la France. Mais le lien spirituel entre le peuple allemand régénéré et nous, c'est la tradition allemande d'autrefois, celle de Kant et de Beethoven, de Gœthe et de

Schiller, de Bœrne et de Heine et de tous les « bons Européens » dont la lignée aboutit à Nietzsche. Cette tradition, il faut la respecter. Cela est sage et cela est digne. Elle travaille pour nous, dans la profondeur du peuple allemand. Il y a plus d'un fragment de tradition française dans cette tradition allemande intégrale. Quand, débarquant de la gare de Cologne, on découvre la cathédrale, on est en présence d'une façade immense, dont le centre étouffe entre les deux tours colossales. Ce gothique professoral, œuvre d'architectes savants du XIXe siècle qui appliquent pédantesquement des règles factices, est le symbole de l'Allemagne présente, préoccupée de faire immense, de dominer l'horizon, par sa masse. La médiocrité du travail lui importe peu. Mais quand on entre sous les voûtes, quand on avance sous la clarté des verrières, ce qui apparaît au bout de la forêt des piliers modernes, c'est un chœur charmant et vieux, une abside entourée d'une guirlande de chapelles, comme il ne s'en trouve qu'en France; où l'on reconnaît, reproduits avec une fidélité touchante, la nef et le chœur, et les chapelles mêmes de la cathédrale d'Amiens; c'est cette petite église pourtant, enchâssée dans la grande, qui est l'âme véritable de la lourde cathédrale des professeurs. Il y a au fond de l'Allemagne d'aujourd'hui, démesurée sous son armature de banale puissance, une telle Allemagne, qui n'est pas la Prusse, et qui fut grande, riche de cœur, de biens et de forces. Il nous faut la redécouvrir, la dégager, et l'affranchir.

*
* *

Les Allemands ont coutume de reprocher au peuple français sa soif immodérée de gloire. C'est lui reprocher des habitudes de langage devenues très étrangères à notre démocratie, toute rustique, ouvrière ou moyennement bourgeoise. Mais il n'y a pas de peuple plus ridiculement rétrospectif que le peuple allemand, et dont l'esprit soit plus scolairement farci de contes sur sa grandeur ancienne. Et parmi ces rêves il n'y en a pas qu'il puisse se résigner à savoir définitivement enfouis dans la poussière des siècles, avec lesquels ils ont péri. A l'origine du pangermanisme, il y a quatre mirages de grandeur passée; et dans ces souvenirs il y a deux traditions étroitement prussiennes et deux traditions allemandes.

1° *La Prusse est d'abord la continuatrice de l'Ordre teutonique.* — Elle représente le germanisme refoulant le slavisme. Du fond de la Hollande et de la Basse-Saxe, c'est-à-dire des pays de la rive gauche de l'Elbe, étaient accourus, dès le xı^e siècle, appelés par les évêques et les cloîtres, des paysans en foule. Le calcul de ces autorités ecclésiastiques était que l'affluence des colons multiplierait les églises (1) et causerait un immense accroissement des dîmes. Au sud d'une ligne qui rejoint Halle à Torgau, et jus-

---

(1) V. le naïf témoignage de HELMOLDUS, *Chronica Slavorum* (jusqu'en 1170), I, 88. « Et confortatus est vehementer ad introitum advenarum episcopatus Brandenburgensis nec non Havelburgensis, eo quod multiplicarentur ecclesiae et decimarum sucresceret ingens possessio. »

qu'en Silésie, ce furent les Thuringiens et les Franconiens qui fournirent les émigrants. Lent travail, travail
de guerre autant que de culture. Les populations
wendes et obotrites, se défendaient pied à pied. Il
fallut les massacrer ou les réduire au servage. Berlin
et la Marche de Brandebourg sont des conquêtes sur
ces peuples disparus (1). La plus résistante de ces
peuplades païennes fut cependant une peuplade
dont le parler et la race se rapprochaient de la
langue et de la race lithuaniennes : ce fut le peuple
borusse ou prussien. Contre lui les évêques et les
congrégations monastiques n'avaient pas suffi. Il
fallut une congrégation militaire. C'est l'Ordre des
chevaliers teutoniques que le pape chargea de porter
l'Évangile en terre prussienne.

L'évangélisation dura trois cents ans. Une vieille
chronique rimée du XIIIe siècle, l'*Expédition au pays
des Borusses (die Fahrt ins Preussenland)* déroule la
fresque sanglante et mouvementée de ce que fut l'ef-
froyable lutte. Quand elle prit fin, vers l'an 1300, il
ne restait du peuple borusse que de rares vestiges
linguistiques, et son nom que les vainqueurs lui ont
volé; car les Allemands qui habitent entre Stettin et
Kœnigsberg se disent Prussiens abusivement, du nom
d'un peuple slave qu'ils ont exterminé. Mais, tout le
long de la côte baltique et aux passages des fleuves,
les chevaliers teutoniques avaient édifié des châteaux
forts. Il en subsiste un petit nombre. Celui de Marien-

---

(1) Dans le Spreewald, à Lübben et Lübbenau, il reste pourtant
quelques villages lacustres, accessibles seulement par eau, où
la population wende s'est conservée avec son langage.

bourg en est le plus grand et il est comme un symbole. C'est une accumulation de châteaux massifs, reliés par des courtines à mâchicoulis. Au cœur de la position, dominée par une église trapue, un cloître à plusieurs étages d'arcades ogivales sert de réduit central. Un labyrinthe de couloirs y aboutit, qui atteignent les salles de garde voûtées, les grandes salles de réunion des chevaliers, le réfectoire monumental, l'appartement du grand maître, et plus loin les offices, les magasins. Une incroyable entente des nécessités pratiques révèle le sens réaliste de ce peuple. Calorifères à air chauffé, cloaques perfectionnés pratiqués dans le donjon énorme, pour éviter la pestilence qui émane des foules ; rien ne manque de ce que pouvait imaginer un art déjà extraordinaire d'organiser et d'assainir l'habitation prévue pour des multitudes humaines et pour des amoncellements prodigieux d'armes et de victuailles. Mais aux chapiteaux des colonnes de granit qui supportent la voûte des salles, des touffes de palmes amples s'épanouissent pour épouser les voussures. Orient de pierre, que les chevaliers ont ramené des croisades, et qui leur rappelle l'Orient vrai qu'ils n'ont pas renoncé à conquérir. Or, l'héritage des chevaliers teutoniques passa aux Hohenzollern, quand par la dissolution de l'Ordre en 1525 un grand maître, Albert de Hohenzollern-Anspach, devint « prince de Prusse », vassal du roi de Pologne.

2° *La seconde tradition est celle de la grandeur militaire prussienne.* — Les Hohenzollern de Brandebourg recueillirent l'héritage de l'Ordre teutonique quand s'éteignit la branche des Hohenzollern-d'Anspach. Un grand électeur d'Allemagne, vassal de l'Empereur, que toutefois il a fonction d'élire, devient vassal du roi de Pologne. C'est une impossible situation. Depuis lors, l'hostilité est ouverte ou latente entre les Hohenzollern, possessionnés en Prusse, et le roi de Pologne, leur suzerain. Par quelles suites de félonies, d'alliances contractées tantôt avec les Suédois, tantôt avec les Moscovites, la Prusse a pu empiéter sur la Pologne, ce n'est pas ici le lieu de le dire. La gloire des rois de Prusse est faite de ces empiétements. Que la Prusse ait fait son unité par degrés, qu'elle ait refoulé l'envahisseur suédois qui, depuis Gustave-Adolphe, avait installé une tête de pont sur les rives de la Baltique, en Poméranie, rien de plus légitime. Mais à son tour elle piétina les peuples voisins.

Depuis Frédéric-Guillaume Ier qui forgea l'instrument, l'armée, depuis Frédéric II qui le premier s'en servit pour l'émerveillement du monde, la Prusse est restée une monarchie militaire.

On ne veut pas méconnaître par là qu'elle n'ait souvent rendu service à la civilisation. On ne crée pas la plus puissante société militaire qu'il y ait eu au monde sans de fortes qualités de caractère et d'esprit. La monarchie prussienne d'ancien régime, pour nourrir l'armée démesurée qu'elle entretenait avait besoin de finances très solides, d'une prospérité agricole et industrielle capable de fournir à des dépenses de guerre immenses et prolongées. Elle avait besoin d'une discipline sociale très éclairée et forte. Il lui fallait une grande diffusion de la science, de l'instruction élémentaire et supérieure, pour s'as-

surer la supériorité que le savoir donne à la guerre.
Les intellectuels allemands ont raison de dire que
les destinées de la civilisation prussienne sont liées
à celles du militarisme prussien. Mais la culture spécifiquement prussienne n'a rien de commun ni avec
la culture allemande du moyen âge, qui a donné les
grands systèmes mystiques, qui a importé de France
l'art des cathédrales et qui s'est épanouie, dans la vie
charmante des villes allemandes de la Renaissance,
à Nuremberg, à Augsbourg, à Cologne et depuis,
dans la philosophie ou dans la musique allemandes
et dans l'humanisme de la poésie classique. La Prusse
a développé les méthodes de la science, la critique
rationaliste, un esprit juridique d'une acuité romaine,
une préoccupation des réalités économiques, fiscales
et sociales, qui transforme toute la vie des hommes
en un calcul attaché à leur faire donner leur rende-
ment maximum. Mentalité de colons militaires, oc-
cupés à défricher une terre ingrate, à évincer ses
anciens possesseurs, à créer le bien-être large et sans
finesse d'une population rude.

Frédéric II est « l'homme représentatif » de ce
peuple robuste; et il est devenu pour toute l'Allemagne du Nord et de l'Ouest dès le XVIIIᵉ siècle un
héros national, parce que, selon le mot de Gœthe,
après l'épuisement de la guerre de Trente ans et des
luttes contre Louis XIV, il a donné au peuple allemand « le premier contenu d'une vie supérieure ».
Avoir battu les armées autrichiennes et françaises
dans deux guerres, qui sont des merveilles de stratégie novatrice; avoir fait de l'armée prussienne l'instrument d'offensive souple et fort qui pouvait frap-

per les coups de Rossbach en Thuringe et de Leuthen en Silésie à un mois de distance (5 novembre et 5 décembre 1757); avoir fait de la Prusse une grande puissance par la défaite réitérée des deux plus grandes nations militaires qu'il y eût en Europe : cela gonflait d'orgueil le cœur des Allemands humiliés tant de fois. On oubliait qu'il avait, en 1756, violé la Saxe neutre par une attaque brusquée; que, par un attentat sans exemple dans le droit des gens, il avait assiégé dans Pirna l'armée saxonne qui s'y était retirée pour garder la neutralité; et qu'il l'incorpora de force dans l'armée prussienne, après la capitulation. C'est ce réalisme nouveau qui a démoralisé par contagion la nation allemande entière.

La conquête de la Silésie par Frédéric II, pour la première fois, incorporait des populations polonaises à la Prusse. Le succès de cette première conquête décida de l'iniquité prodigieuse qui, accomplie en trois fois, en 1772, 1793 et 1795, s'appela « le partage de la Pologne ». Par elle, la frontière prussienne fut portée jusqu'à Kowno et Grodno sur le Niémen, et, du Nord au Sud, elle laissait à la Prusse Byalystock, Varsovie et Czenstochowa. Frontières stratégiques que Napoléon a rognées au traité de Tilsitt et que la Prusse, en 1815, n'a pu reconquérir. Mais elle ne les a pas oubliées. Ce qu'elle réclame en ce moment, c'est l'héritage de Frédéric II, c'est sa part du rapt ancien, qu'un de ses anciens complices lui paraît détenir indûment depuis un siècle.

3° *Le troisième souvenir, c'est le prestige du Saint-Empire.* — La Prusse, par les victoires de Frédéric II et par la conquête, commençait cette œuvre de division intérieure, par laquelle l'Autriche allait être évincée de l'Allemagne. Il restait à l'Autriche le prestige de la vieille couronne impériale. Il lui restait la grande tradition militaire que les victoires du prince Eugène sur les Turcs avaient rajeunie. Une fois que l'Autriche fut aux prises avec la Prusse, il apparut que sa grandeur dans l'Empire déclinait. Ces victoires sur les Turcs furent le dernier grand acte impérial. Zenta n'était pas oubliée du peuple allemand au commencement du xixe siècle. L'éducation prussienne seule a réussi à effacer de sa pensée ces souvenirs. Le chant qui anime aujourd'hui encore le soldat autrichien, et qui rappelle comment le prince Eugène avait conquis pour l'Empereur « la ville et la forteresse de Belgrade », était chanté de tous les impériaux pendant les guerres de la Révolution et de l'Empire. Il y a des cas où l'histoire littéraire explique l'histoire politique. L'ambition de conquérir Belgrade et de foncer plus avant en Turquie, n'a jamais disparu de l'arrière-pensée autrichienne ou allemande.

Le Saint-Empire écroulé en 1805, il en subsistait donc une nostalgie que les poètes surent nourrir. De vieilles légendes étaient enracinées dans le peuple. On se souvenait que parmi les anciens empereurs, il y en avait eu un initié aux sciences occultes et à tous les arts de la magie. Pour les anciens Germains, le séjour des morts était quelque colline haute et qu'ils imaginaient creuse et hantée de spectres. C'est là sans doute que vivait l'Empereur avec tous ses guerriers harnachés, mais endormis. Était-ce à Goslar ou à Geroldseck ? à Salzburg, à Kaiserslautern ou au Kyffhäuser ? Chaque pays connaissait une montagne des morts, d'où on se figurait que sortirait un jour, par magie, le défilé triomphal des armées impériales ressuscitées. Les romantiques allemands du XIXe siècle recueillaient ces légendes. Ils en faisaient des romans, comme Arnim, ou des ballades, comme Rückert. Dans le déchirement allemand, qui subsista même après les guerres de 1815, ces contes ravivaient le rêve d'une Allemagne qui comprendrait par delà les frontières politiques existantes tous les hommes de langue germanique, et qui se réaliserait par un grand monarque et par le déversement sur le monde des vieilles armées des Hohenstaufen.

4° L'Empire et la protection d'un puissant monarque n'avaient pas fait toute la grandeur légendaire de l'Allemagne médiévale. Le peuple y avait sa part. La gloire de la bourgeoisie allemande, ce sont ses villes fédérées en de puissantes associations commerciales. La plus puissante fut cette Ligue hanséatique des villes maritimes dont les colonies jalonnent toute la côte de la mer Baltique, jusqu'à Riga. Les *Fantaisies patriotiques* de Justin Moeser, en 1767, avaient retracé, dans une prose classique, cette grande histoire des quatre-vingt-cinq grandes villes de l'Allemagne du Nord fédérées pour une puissante entreprise de commerce maritime et de protection. Sur toute la façade nord de l'Allemagne, ces vivaces communes alignaient leur grande et simple architecture, ce gothique de brique dont Lübeck a gardé les monuments les plus beaux. Rétrospectivement, les patriotes, maintenant, s'enorgueillirent de cette puis-

sance maritime, fille du puissant esprit municipal du
XIV⁰ siècle. Il était arrivé à la Hanse de contraindre
l'Angleterre à la paix et, en 1475, elle avait forcé
Philippe le Bel à interdire le commerce des côtes
françaises à l'Angleterre. Sa flotte de guerre avait
été de vingt-quatre vaisseaux de haut bord au
XVI⁰ siècle : de quoi dominer dans les mers les plus
proches et être redoutée dans toutes. Il n'y a pas de
souvenir qui ait été plus constamment présent aux
ambitions secrètes de l'Allemagne actuelle que celle
de cette Hanse belliqueuse et commerçante. Une des
études que les Allemands aient entreprise le plus
passionnément est celle de savoir comment la puissance maritime des cités allemandes, devancière de
toutes les autres dans l'Europe du Nord, a pu passer
à la Hollande, puis à l'Angleterre. Le discours de
Guillaume II nous en sera témoin, qu'il prononça à
Hambourg, le 20 juin 1911 :

Je me suis dit, à mon avènement, que les problèmes que
la Hanse avait essayé de résoudre et n'était pas parvenue à
résoudre seule, parce que la protection et le pouvoir exécutif
de l'Empire ne la soutenaient pas, devaient retomber à la
charge de l'Empire allemand ressuscité. C'étaient simplement
les devoirs d'une vieille tradition qu'il fallait reprendre.

Ainsi les rois de Prusse, couronnés Empereurs
allemands et qui avaient repris en Pologne la vieille
politique allemande d'extirpation des Slaves, songeaient à présent à reconstituer la suprématie maritime des Hanses. Dans la conscience allemande
actuelle, se prolongent tous ces vieux rêves de gloire
allemande, jusqu'à leur coïncidence en une seule et
prodigieuse chimère : un Empire bicéphale, austro-

allemand, étendu de la Mer du Nord à l'Adriatique ;
ambitieux en Orient, tenant l'Italie en tutelle ; prêt
à déborder sur toutes les frontières jusqu'aux confins
où atteignit autrefois la suzeraineté du Saint-Empire ;
oppressif en Pologne, comme l'Ordre teutonique ;
militarisé à outrance comme la Vieille Prusse de
Frédéric II ; mais, en outre, dominant les mers,
selon la méthode hanséatique. C'est la fusion de tous
ces rêves que nous appellerons *pangermanisme*.

I. — *La transformation pangermaniste du patriotisme de 1800 à 1813.*

Le pangermanisme s'est épanoui de notre temps ;
mais il a été en germe de tout temps ; et le Saint-
Empire lui-même n'a été que la chimère brutale,
vêtue d'oripeaux et de mensonges, d'un empire
romain reconstitué par la « nation germanique ». La
nouveauté que nous avons connue, c'est le pangermanisme fondé sur la puissance prussienne. Il a
commencé dès la mort du plus grand des rois de
Prusse, Frédéric II. Ce roi ne s'est pas douté que,
de son vivant, dans sa propre armée, des officiers
se trouvaient pour lui contester son génie militaire.
A peine eut-il disparu, qu'il s'en trouva, malgré la
conquête de la Silésie et de la Pologne, qui ne l'es-
timaient pas un conquérant assez grand. Dietrich
von Bülow, génie inventif, mais aventurier bizarre,
fut de ces officiers mécontents, qui jugeaient de
haut, en style sardoniquement incisif, le grand roi.
Il le jugeait un philosophe trop ami du repos, à qui
manquait la flamme des grands desseins de gloire ;

un esprit trop profondément intelligent aussi, en qui la pensée claire dissolvait la passion nécessaire aux grandes actions. Par surcroît, des deux sciences nouvelles que Bülow prétendait avoir inventées, la *stratégie politique* et un nouveau *système de guerre*, Frédéric II avait ignoré l'une et l'autre. Il faut avouer que les reproches de Bülow méritent la plus grande considération.

Bülow a remarqué avec raison qu'une œuvre se poursuivait, funeste selon lui, mais d'une conséquence immense pour tout l'avenir : la séparation du Nord et du Sud de l'Allemagne. En cela, Bülow a été aussi clairvoyant que Mirabeau qui prévoyait, lui aussi, pour le xix° siècle, le duel décisif entre la Prusse et l'Autriche. Mirabeau, pour cette occurrence, où la liberté de penser européenne lui paraissait en jeu, faisait naïvement des vœux pour la Prusse philosophique contre l'Autriche catholique et absolutiste. Le Prussien Dietrich von Bülow dénonce comme criminelle cette politique prussienne, inaugurée par Frédéric II. C'est peu qu'elle ait affaibli l'Empire allemand par la sécession de la Prusse, autrefois vassale, et désormais rivale de l'Autriche ; et si l'Empire autrichien s'est trouvé trop faible sous Napoléon pour résister aux Français, c'est donc au soulèvement des rois de Prusse contre leurs suzerains que les Allemands doivent s'en prendre. Ce qui est plus grave, c'est que la Prusse, à son tour, Bülow le prévoit dès 1801 et 1805, soit trop faible devant l'attaque napoléonienne. Si la monarchie prussienne périt, ce sera la faute de Frédéric II. Cette faute morale est en même temps une erreur. Frédéric II se trompe toujours à cause de sa médiocrité dans le mal. Félon à l'égard de l'empereur, son suzerain, et du roi de Pologne qu'il poussait à la guerre contre la Russie, en lui promettant son alliance, tandis que déjà il s'entendait avec la Russie pour un second partage des dépouilles polonaises, Frédéric cependant reste timide dans sa félonie. Il n'a pas su commettre un de ces crimes auxquels l'histoire pardonne à cause de leur grandeur. Il a laissé prendre à ses complices une part trop étendue de la Pologne. Comme il avait négligé, en 1763, de conquérir la Westphalie. Il a omis de conquérir l'Autriche elle-même, comme il l'aurait pu, s'il était resté l'allié de Charles-Albert de Bavière en 1742, au lieu de l'abandonner quand Marie-Thérèse lui offrit la Silésie. Un de ses principaux généraux, Winterfeld, avait proposé ce plan : conquérir toute l'Allemagne ou mourir. Cette conquête de l'Allemagne avait des chances prodigieuses de s'accomplir, si l'on y avait apporté de l'audace, de l'intelligence et une « ténacité invincible ». Aujourd'hui, disait Bülow, peut-être est-il trop tard. Les méfiances du monde sont éveillées. Pourtant, l'arrière-pensée de la politique et du militarisme prussiens a toujours été de réaliser par la force cette unification de toute l'Allemagne, Autriche comprise.

Une fois qu'on est en si belle voie, la Hollande y doit passer, et aussi la péninsule balkanique. Bülow est un pangermaniste déjà par son assurance. Son système, en outre, est tout imbu de la doctrine des « nécessités militaires ». Ce n'est pas lieu de dire en quoi il est un novateur en tactique et en stratégie théoriques. Les notions, qui sont aujourd'hui familières, de la *base* et de la *ligne d'opérations*, il les a formulées le premier. Il a beaucoup appris des généraux de la Révolution. La guerre révolutionnaire des masses et cette savante géométrie prussienne des *bases* et des *lignes d'opération*, l'essentiel de la pratique française et l'essentiel de la théorie prussienne, voilà ce qu'il s'efforce de concilier dans une synthèse neuve. Il en résulte un robuste déterminisme historique, dont le moteur est la « nécessité militaire ». Il existe pour tout État une « sphère d'action » stratégique. Tout État tend par la masse de sa population à remplir en entier cette « sphère d'action ». Elle n'est pas infinie, parce qu'il existe pour toute force militaire, appuyée sur une base donnée, une limite qu'elle ne peut dépasser, sans être plus faible qu'une force ennemie égale ou même très inférieure qui pourrait la couper de sa base. Simples notions; suffisantes pourtant à transformer l'art de la guerre et les perspectives de la politique.

Il n'y a plus en effet de guerres défensives, si le secret de la victoire est surtout de couper la ligne d'opération de l'ennemi. On peut définir aisément les limites naturelles des États : ce sont celles au delà desquelles une offensive ne pourrait plus réussir, parce que la ligne d'opération en serait trop facilement coupée. Mais si l'on se rend compte que la masse l'emporte à la guerre, parce qu'elle peut, à densité égale du front, envelopper la ligne ennemie et la couper de sa base d'opération, on comprendra qu'il ne puisse plus subsister de petits États. Ils seront la proie des grands, parce que leur base militaire est forcément plus courte et que les masses qu'ils peuvent mettre en mouvement sont moindres. Cette politique militaire nouvelle ne pourra donc avoir égard aux nationalités, aux langues, aux fortunes, aux droits traditionnels. Tout État tendra de lui-même à ses frontières naturelles qui sont celles où il est stratégiquement le plus fort. Il y tendra sûrement, pour n'être pas vaincu. Mais il ne peut les dépasser impunément, sans s'affaiblir.

A ce compte, la sphère d'action de l'État prussien, qui sous Frédéric II s'était contenté d'envahir le Hanovre, ne pourrait s'arrêter au Rhin. Elle s'étend géométriquement jusqu'à la Meuse; et aucune poussée française en sens contraire ne pourra l'empêcher d'y atteindre. A l'Est, la seule frontière naturelle pour la Prusse est celle qui lui a été assignée par le troisième partage de la Pologne et qui fait Varsovie prussienne. Qu'une ligne de forteresses garnisse la Narew et la Vistule, la Prusse ne pourra plus en être délogée. Tout le Danemark appartiendra à la Prusse, en vertu de cette même loi qui fait que les forces militaires, comme par une élasticité naturelle, vont jusqu'aux parois hydrographiques ou montagneuses de leur récipient. Parallèlement, l'Autriche sera tôt ou tard obligée d'évacuer l'Italie et la Galicie, parce que toute position à l'ouest du Tarvis ou au nord des Carpathes est indéfendable pour elle. Au contraire, elle rayonnera dans toute l'Allemagne du Sud; et toute la vallée du Danube lui est assignée jusqu'aux Balkans.

Pronostic qu'il faut se garder d'oublier. Toutes les fois que la Prusse voulut détourner l'Autriche des affaires d'Allemagne, elle lui montra ces compensations en Orient. Un pédant mégalomane, que Frédéric II avait hissé à son ministère des Affaires étrangères, Ewald-Friedrich von Hertzberg, avait déjà poursuivi ce plan, sa vie durant, avec un machiavélisme maniaque (1). C'est à Hertzberg que son roi dit avant de mourir : « Si je vous avais obéi, je n'aurais pas eu quinze jours de repos pendant mon règne. » Ce même ministre brouillon et traître à sa parole devait faire envahir la Hollande par les troupes prussiennes en 1786 pour une légère avanie que les « patriotes » hollandais, soulevés contre le parti borussophile du stathouder, avaient fait subir à la princesse de Prusse, sa femme. Pourtant l'idée dont il était féru avant tout, c'était de pousser l'Autriche jusqu'aux bouches du Danube, qui appartenaient encore aux Turcs. Il travaillait donc l'Autriche, pour lui faire prendre le parti des Russes dans la guerre qui avait éclaté entre ces derniers et les Turcs en 1787. Et tandis qu'il promettait à la tsarine Catherine II l'amitié et les subsides de la Prusse, et des volontaires prussiens pour son armée, son ambassadeur à Constantinople, Diez, faisait espérer l'aide prussienne à la Turquie. Le sinistre calcul devait, selon son estimation, assurer une compensation à la Prusse en Pologne et aboutir, quelle

––––––––––––––––

(1) Sur Hertzberg, voir MAX DUNCKER, *Friedrich Wilhelm II und Graf Hertzberg*. (Historische Zeitschrift, t. 37, 1877) ; PAUL BAILLEU, *Graf Hertzberg*. (*Ibid*. t. 42, 1879.)

que fût l'issue de la lutte. A vrai dire, il escomptait
la victoire des Russes et des Autrichiens. Ce furent les
Turcs qui envahirent la Transylvanie et la Hongrie.
Hertzberg n'en pressa pas moins les Turcs victorieux
d'accepter la médiation prussienne dans les termes
mêmes où il la leur eût offerte, s'ils eussent été défaits.
Il leur demanda de rendre leurs conquêtes et en
outre de céder la Moldavie et la Valachie à l'Autriche, qui, en revanche, rendrait la Galicie à la
Pologne. A son tour, la Pologne dédommagerait la
Prusse par des cessions de territoire. Hertzberg osa
faire ces propositions à la Turquie et lui dire qu'en
y accédant elle se ferait de la Prusse une alliée désin-
téressée pour toujours. C'était être « désintéressé »,
selon cette diplomatie de maquignons, que d'imposer à la Turquie, par un langage comminatoire,
des sacrifices qu'on se ferait payer en nature par les
puissances qui en auraient le profit immédiat. Pour
la première fois, en 1787, la Turquie put mesurer
« le désintéressement » prussien aux Balkans. Si
l'on ajoute que pour Dietrich von Bülow le plan
n'était complet que le jour où l'Autriche, agrandie
aux Balkans et en Bavière, serait à son tour annexée
à la Prusse, on conçoit que nous devions le tenir pour
l'ancêtre authentique des pangermanistes actuels.

Aux heures de sa neutralité ombrageuse sous le
Consulat, et aux heures pires de la défaite sous
l'Empire, la Prusse n'oubliait pas ces rêves. Un Ernst-
Moritz Arndt, en 1802, dans *Germanien und Europa*,
et au moment même où il proteste contre « le trompe-
l'œil du vieil équilibre politique européen, obtenu
par la force seule », retombe dans la doctrine des

frontières stratégiques et dans celle de la masse
militaire. Il refuse, lui aussi, de reconnaître le droit
d'exister aux trop petites nations, à celles qui ne
peuvent mettre sous les armes au moins 500.000 hommes (chiffre énorme pour le temps) et qui n'ont pas
au moins 15 millions d'habitants. Aucun équilibre,
dit-il, ne les protège, oubliant que leur protection
vraie leur devrait venir d'une garantie donnée soli-
dairement par les grandes puissances. Tandis qu'il
gémit sur la Pologne, sur la Vénétie, sur l'Helvétie
violées tour à tour, c'est aux grandes puissances qu'il
prétend assigner des limites. Toutes ont le droit
d'arriver jusqu'à la mer, dussent-elles écraser, pour
y aboutir, plusieurs petites nationalités. Est-il besoin
de dire que, s'il cherche à délimiter les grandes
nations, c'est d'abord pour fixer les limites de la
France à la Somme, pour supplier l'Angleterre de
renoncer à son vaste et abusif empire colonial ? Mais
pour l'Allemagne, si malheureusement séparée en
deux tronçons, la Prusse et l'Autriche, toutes les
deux morcelées elles-mêmes, il souhaite une refonte
qui fera l'unité ; il appelle à grands cris un sauveur,
« un grand génie tyrannique et militaire, qui fera conquêtes et ruines » (*Eroberend und verderbend*) (1).
Pour ce doctrinaire du droit, « la violation la plus
criante de la frontière naturelle allemande », c'est
l'existence même de la Hollande. Une Allemagne
allant des Pays-Bas jusqu'aux Alpes et à l'Adriatique, englobant la Suisse, et le Rhin avec ses deux

---

(1) E. M. ARNDT, *Germanien und Europa*, 1802, p. 421.

rives « le Rhin fleuve allemand et non frontière d'Allemagne », voilà son plan.

Quoi d'étonnant que son ambition grossisse après 1815 ? Les souffles de la victoire emportent ses scrupules d'équité. Il faut lire dans *l'Esprit du temps présent*, le quatrième volume écrit en 1819. Soulevé par l'Impérialisme nouveau, par l'idée « invisible et sainte » de la *Deutschheit* vivante et agissante, le patriote enivré réclame beaucoup plus qu'une Allemagne unie à jamais sous le sceptre d'un Empereur. Il lui faut des issues pour déverser sur le monde le trop plein de sa population. Les pays barbaresques, l'Egypte, la Syrie, l'Asie Mineure s'ouvrent à elle. Il y faut envoyer des flottes, des armées, mais aussi des multitudes de colons. Croisade moderne de la Sainte-Alliance des nations germaniques, qui rendront l'Afrique et l'Asie à une chrétienté allemande d'esprit et de sang.

Dira-t-on que la Sainte-Alliance comprendra aussi les peuples hors d'Allemagne, et associés à sa besogne de colonisation chrétienne ? Il faut regarder croître l'orgueil allemand avec la prospérité économique. Quarante ans d'attente, pendant lesquelles l'Allemagne a pansé les blessures de l'invasion et de la victoire, ne font que l'exaspérer. Quand Arndt écrit son *Pro populo germanico*, en 1854, il résume l'expérience d'un demi-siècle écoulé en affirmant que les Allemands « peuple élu de la lutte intellectuelle », ont aussi le « courage brutal » qui assure la domination. Ils ont les qualités techniques du bon colon, du commerçant excellent, du navigateur audacieux. Ils ont une ténacité égale à celle des Anglo-

Saxons et qui « extirpe du sol par le travail » les Latins dégénérés. « Extirper du sol » les peuples rivaux et s'en glorifier comme d'une vertu, voilà la revendication où en est venu, après cinquante ans, le doctrinaire qui protestait qu'il fallait à chaque peuple sa place au soleil.

Avant cette éviction définitive, on jette hors de leur domaine traditionnel les peuples qui se trouvent, par hasard, dans la « sphère d'action » militaire de la Prusse. Cela est curieux à étudier, en pleine période de décadence prussienne, chez Jahn, l'organisateur des Sociétés de gymnastique prussiennes, qui écrivit, en 1808, le livre *Das deutsche Volkstum*. Il déplore, lui aussi, la grande faute historique par laquelle en sont venues aux mains la Prusse et l'Autriche. Pas de parole plus sage que celle de Joseph II, disant en 1770, pour annoncer la réconciliation : « Pour l'Autriche, il n'y a plus de Silésie. » On verra enfin l'unité du peuple morcelé qui a été « la nation à l'état de devenir éternel ». Un monarque puissant en établira la capitale à l'endroit où plonge la racine principale du germanisme. Cette capitale ne peut être Vienne. Merveilleuse réponse aux intentions conciliantes de Joseph II. Toute l'Autriche, selon Jahn, descend à la dérive vers le Bas-Danube. L'Istrie, la Dalmatie, la Bosnie, la Serbie, la Bulgarie, la Bessarabie, la Valachie, la Moldavie, voilà les terres où elle tend. Sa capitale naturelle est Belgrade et Semlin. Le centre vrai du germanisme est quelque part sur l'Elbe, sur les territoires que Frédéric II voulut transformer en camp fortifié. C'est à mi-chemin entre Genève et Memel, entre Dunkerque et Sandomir, entre Trieste et Copenhague, que l'on bâtira la place forte, capitale de tous les Allemands. On l'appellera *Teutona*. Elle s'érigera sur l'Elbe, c'est-à-dire en Prusse. Faut-il beaucoup de perspicacité pour voir se dessiner déjà l'idée d'une Allemagne militaire fédérée autour du noyau prussien et qui comprendrait même l'Autriche? Un Saint-Empire allemand étendu jusqu'à la Bessarabie, mais régénéré par la tradition militaire prussienne et prussien de direction, voilà l'idée qui germe dans les patriotes des guerres de l'indépendance.

III. — *Le pangermanisme économique de 1840.*

Le changement qui se produit dans l'esprit public allemand entre 1815 et 1854 ne tient pas seulement à une pullulation spontanée d'orgueil. Il s'y est introduit une nouvelle façon de voir, reconnaissable chez Arndt lui-même, et qui considère les faits sous l'aspect économique. Le principal doctrinaire de ce nouveau germanisme, militant en affaires, autant que par l'action diplomatique et militaire, est Friedrich List. Les patriotes de 1815 soutenaient leurs espérances par le rêve du vieil Empire allemand à reconstituer et par l'ambition frédéricienne d'y faire prédominer la Prusse. Chez les économistes de 1840, il se superpose à ces ambitions, édifiées sur des souvenirs, le souvenir non moins stimulant de la grandeur maritime des Hanses.

Friedrich List n'a pas été seulement le théoricien le plus connu du protectionnisme. Il est surtout le théoricien des nationalités économiques. Heinrich von Bülow avait construit un déterminisme, d'après lequel sont dévolus nécessairement à une nation tous les territoires qui se trouvent dans sa sphère d'action militaire. List construit un déterminisme d'après lequel les nations sont tenues de conquérir par degrés, mais inéluctablement, sous peine de mourir, tous les territoires qui se trouvent dans leur sphère d'action économique. List aussi se dit le fondateur d'une science nouvelle, la science de la croissance des nations, celle qu'il appelle orgueilleusement la « science de l'avenir ». Observer dans leurs variations par des statistiques minutieuses les grands faits permanents; prolonger par le raisonnement les courbes ainsi obtenues pour le passé, voilà ce qui permet à la pensée de définir les linéaments des temps futurs et ce qui permet à l'action d'y prendre pied, pourvu qu'elle se conforme à cette pensée observatrice et raisonnante.

Parmi ces faits permanents, il y a les qualités foncières des races. On ne fait pas d'économie politique avec une race quelconque. Ni les races latines, conduites par la France, ni les races slaves, conduites par la Russie, n'ont les qualités qui donnent la plus haute domination. List se représente la France telle que l'avait faite Napoléon : tout un peuple transformé en machine de guerre précise et automatique. Pas de qualités agricoles et manufacturières, sauf dans ses provinces germaniques, l'Alsace ou la Flandre. Encore moins de qualités maritimes. Point de sens de la liberté. Comment l'avenir serait-il à elle? La France sent bien son imperfection et sa prochaine déchéance. Sa folle ambition de conquérir la frontière du Rhin n'est que le besoin de s'assimiler des populations économiquement capables, c'est-à-dire germaniques. Pour la Russie, elle n'est qu'une bête fauve entre les nations, qui a des périodes de sommeil et des sursauts redoutables, quand elle sort de son engourdissement. Sa prétention de dominer le monde barbare, c'est-à-dire l'Asie et les Balkans, peut rester inoffensive si on la guide et si on la tient en lisière. Le danger serait seulement pour les peuples occidentaux de demeurer stationnaires devant cette force si rapidement croissante. Une seule race a la vigueur qu'il faut : la race germanique.

De cette race, on ne sait quel peuple la représente le mieux et lequel la conduit. Est-ce l'Allemagne ou l'Angleterre ? List a trop voyagé en pays anglo-saxon pour affirmer d'emblée la suprématie de l'Allemagne. Dans ce doute, ce qui pourtant est sûr c'est que la race germanique a mission providentielle : 1° de diriger les affaires du monde; 2° de civiliser les barbares; 3° de peupler les territoires encore inhabités du globe. Allemande ou anglo-saxonne, elle seule a les qualités d'énergie vitale et prolifique; la capacité industrielle ; le don de faire grandir dans l'ordre, par la discipline, par le *self government* et par la justice, des communautés parfaites. Or, si ces qualités sont communes aux Anglais et aux Allemands, comment oublier que les villes hanséatiques allemandes fondèrent la première puissance navale que l'Europe du Nord ait connue ? N'avaient-elles pas des comptoirs jusqu'à Londres ? N'est-ce pas leurs navires qui transportaient les matières premières anglaises et les produits manufacturés des pays flamands, les fourrures de Nijni et les produits des pêcheries norvégiennes ? La Hanse n'a pas duré, parce qu'elle n'a su ni le secret de la vraie division du travail social, ni les conditions qui font durer économiquement les nations. Commerçante habile, elle n'a été ni créatrice de manufactures, ni fondatrice de colonies aux pays chauds. La marine anglaise et la marine hollandaise ont dû la distancer, quand l'Angleterre et la Hollande ont disposé d'une manufacture indigène et quand elles ont fondé sous les tropiques un empire colonial, dont le trafic leur était seul réservé. On ne peut évincer du commerce maritime une flotte qui transporte les produits manufacturés ou les denrées coloniales de sa propre nation. Une telle flotte trouve du fret rémunérateur pour tous ses voyages. Elle approvisionne les colonies en produits des industries métropolitaines et la métropole en denrées coloniales. Grands facteurs de puissance : une fédération de villes libres ne suffit pas à se les assurer. Il lui faut l'*hinterland* d'une nationalité unie, dont toutes les forces productives déversent leurs produits par l'exutoire maritime ; et une souveraineté nationale qui sache soutenir de sa force l'initiative de libres cités. Un empire qui serait une fédération de puissantes villes, non seulement maritimes mais industrielles, et qui aurait jusque sous les tropiques ses marchés d'achat, protégés par une métropole militairement puissante : tel est l'idéal de List. Il le tire à la fois de l'histoire manquée des Hanses allemandes et de l'histoire prospère de l'Angleterre. Et, aussitôt, une ambition s'empare de

List : il faut que l'Allemagne regagne la suprématie économique et navale qu'elle a eue au moyen âge et qu'elle a perdue par une erreur de doctrine. L'erreur est réparable, depuis qu'il lui est né des théoriciens détenteurs de la « science de l'avenir ».

Cette conquête de l'hégémonie suppose une politique énergique et savante dirigée : 1° contre l'Angleterre ; 2° contre la Russie.

1° Contre l'Angleterre, il faut organiser le continent. Napoléon Ier, qui fut le grand maître en stratégie, a su aussi les méthodes qui fondent l'hégémonie économique. Son *système continental*, qui rencontra l'opposition même des nations qu'il enrichissait, est à reprendre, à présent qu'il n'est plus un instrument de la domination napoléonienne. Faire de tout le continent européen une unité commerciale fermée, ce n'est plus une idée scandaleuse, si l'Allemagne est le centre de cette unité, et non la France. On ferait entrer, de gré ou de force, dans cette fédération douanière la Belgique, la Hollande et la Suisse. L'Autriche y est considérée d'emblée comme acquise. La France, si elle se guérit de ses velléités de conquête militaire, n'en sera pas exclue. Une représentation parlementaire commune, une flotte commune, pourraient être les premiers moyens dont userait la Confédération pour assurer l'unité de sa pensée et de son action. Mais on a bien entendu : le foyer de la Confédération, le siège de son Parlement, serait en Allemagne.

Aussitôt commencerait la mise en commun des avantages commerciaux. C'est comme une société coopérative des nations que propose List, et où tous les bénéfices seraient répartis au *prorata* des apports. L'Extrême-Orient serait mis en valeur par la vitalité, par l'intelligence et par l'ordre européens. Les ports de l'Orient deviendraient des villes libres où des agents européens seraient, auprès des autorités indigènes, des conseillers attitrés et diplomatiquement protégés. On pousserait l'Autriche jusqu'à la mer Rouge et au golfe Persique. Une marine de guerre allemande naîtrait. On fonderait des colonies prussiennes sur des terres australiennes et néo-zélandaises, où l'Angleterre a bien planté son pavillon, sans réellement les exploiter. Comment l'Angleterre résisterait-elle à toutes les marines et à toutes les forces économiques de l'Europe centrale coalisée ? Or, l'Allemagne plus que toute autre possède l'énergie vitale et l'aptitude économique ; donc on devine à quelle nation iront de préférence les bénéfices d'une association fondée pour n'assurer de privilège à aucun de ses membres.

2° C'est ce qui ressort davantage quand on examine la politique recommandée par List à l'endroit de la Russie. Un immense empire germano-magyar, qui servirait de boulevard contre la poussée slave, serait la barrière qui s'opposerait à l'avance russe dans les Balkans. La Hongrie, sans doute, a peu de sympathies pour l'Allemagne. Mais elle a vu ce que la Russie a fait de la Pologne, et « elle s'est cabrée devant un cadavre ». Il appartient à l'Allemagne d'apprivoiser par l'amitié et par des secours substantiels cette Hongrie effarouchée. Intelligemment, List trouve tout de suite la méthode que le Gouvernement allemand a toujours suivie. Il conseille au germa-

nisme des sacrifices provisoires. Il ne faut pas vouloir de force germaniser les Magyars, dont le sens
chevaleresque et le talent politique ne feraient que
se rebiffer. Il y a lieu de leur apporter les capitaux
allemands, la capacité économique allemande; de
diriger sur les plaines danubiennes le flot de l'émigration allemande, aujourd'hui perdu pour l'Allemagne.
Comment ne serait-il pas inévitable que la Hongrie
et la Transylvanie vissent doubler leur population
tous les trente ans par la prolificité allemande?
Quand elles auront soixante millions d'habitants, au
lieu des douze millions qui la peuplent en 1842, il
n'est pas de force au monde qui puisse empêcher la
Hongrie de pousser jusqu'à la mer Noire. Décisif
événement, car il enrayera pour toujours l'offensive
russe sur Constantinople. L'héritage de la Turquie
n'est promis qu'à une race : la germanique. Le germanisme opérera sa marche enveloppante, à l'abri du
musoir avancé que lui aura constitué sa position stratégique sur les Carpathes et le bas Danube, garnie
de soixante millions d'Allemands.

Faut-il dire que, dans le développement de cette
pensée, List rebroussa chemin de quelques pas,
provisoirement, lorsque, en 1840, une guerre contre
la France parut probable? Dès ce temps-là, l'Allemagne se sentait un si dévorant appétit que, pour le
satisfaire, ses penseurs la préparaient à une guerre
sur deux fronts : mais une guerre sur trois fronts,
les plus ambitieux n'y songeaient pas. Jusqu'à
Louis-Philippe, les Allemands ont cru la France
hors de jeu pour toujours, et déjà des théoriciens
tels que List conseillaient à l'Allemagne des pré-

paratifs maritimes pour menacer l'Angleterre. La guerre contre la Russie, afin de recueillir pour l'Allemagne l'héritage balkanique, fut toujours dans les prévisions allemandes.

Quand il apparut, en 1840, que la France revivait, c'est elle que l'Allemagne compta abattre d'abord : et c'est à l'Angleterre qu'elle offrit son amitié. List lui désigna l'Égypte et l'Asie-Mineure à occuper, pourvu que les Anglais voulussent bien y tolérer la colonisation allemande, et ce chemin de fer de Bagdad qu'il préconisait dès 1846, pour établir un transit direct entre la Hollande et le Golfe Persique. Transit qui serait aussi l'artère centrale sur laquelle aboutiraient les principaux canaux de circulation économique de la future confédération groupée autour de l'Allemagne.

Ainsi, par la science et par l'attitude politique, List devance la politique allemande contemporaine. Comme elle, il s'y connaît en méthodes qui joignent la pression énergique à la persuasion raisonnante. Il jugule la Hollande par la menace de graves tarifs de représailles. Pour obtenir de l'Angleterre le consentement au *Zollverein* allemand, il la met en présence du dilemme fameux qui offre l'alliance ou la guerre, mais la guerre d'abord. Il faut retenir aussi ce plan, qui, sous prétexte de revendiquer l'égalité de traitement pour les puissances germaniques, demande l'Asie-Mineure ou la Turquie pour l'Autriche ; la Hongrie et la Mésopotamie pour la colonisation allemande, la Nouvelle-Zélande et un morceau d'Australie pour la Prusse ; et avant tout l'intégration en un seul et même domaine économique géré par l'Allemagne de tous les pays compris entre Ostende et la mer Noire.

La pensée de List est restée vivante entre toutes celles que l'Allemagne a produites au xixᵉ siècle. Il n'y en a pas qui ait davantage inspiré les hommes d'État allemands contemporains. Les conseillers qui rédigent pour Guillaume II des harangues officielles puisent leurs idées d'abord dans List. C'est une continuité d'enseignement à laquelle Bismarck lui-même n'a pu se dérober. Mais le principal des disciples qui le recueillirent fut ce jeune major von Moltke qui, chargé d'une mission militaire en Turquie, écrivit de 1841 à 1845 les traités sur la question orientale qu'on peut lire à présent au tome II de ses *OEuvres militaires*. Dans cette principauté allemande que Moltke veut fonder à Jérusalem, avec un prince allemand à sa tête, avec des fonctionnaires civils et militaires allemands, on reconnaît la méthode d'infiltration préconisée par List. Dans cette prévision d'une Autriche qui saura ouvrir les bras à la Serbie suppliante, il y a toute la politique austro-hongroise ébauchée au Congrès de Berlin. Dans cette mélancolie de Moltke qui se lamente de voir la richesse du sang allemand se perdre dans le Far West, quand la Valachie est toute proche, et que jusqu'aux bouches du Danube on pourrait propager la langue, les institutions, la culture allemande, qui ne reconnaît le plan monotone, mais tenacement poursuivi, qu'on retrouve dans les écrits de la *Ligue pangermaniste* d'aujourd'hui?

IV. — *La crise de 1854 à 1859 et la nouvelle politique prussienne.*

Il n'est pas vain de rappeler ces doctrines anciennes. Elles ont été puissamment actuelles en leur temps. Elles ont été les symptômes d'un état d'esprit qui n'a pas disparu. Le plan pangermaniste a failli se réaliser vers 1854. Le projet a échoué, par l'hésitation de la Prusse et de l'Autriche. S'il y avait eu un Hertzberg en Prusse, lors de la guerre de Crimée, quand l'Autriche occupait la Moldavie et la Valachie, comment n'aurait-il pas été possible de pousser, devant la Russie, ce « verrou » qui devait lui barrer la péninsule balkanique? L'Autriche occupa les principautés balkaniques, mais, n'ayant pas déclaré la guerre à la Russie, elle ne put les garder. La Prusse, qui était tenue, par une entente, de marcher aux côtés de l'Autriche si la guerre éclatait, déconseillait cette guerre. Il s'ensuit qu'à la paix, elle ne put obtenir aucune compensation en Pologne. Une dernière fois, en 1859, l'Autriche aurait pu faire la conquête des Balkans, sans coup férir. Napoléon III et le Piémont, d'accord avec l'Angleterre, lui offraient les principautés danubiennes, en échange de la Lombardie. François-Joseph préféra la guerre contre la France alors qu'il avait hésité devant la guerre contre la Russie. Il n'eut pas les principautés et perdit la Lombardie tout de même. Aucun événement au xixᵉ siècle n'a eu plus de conséquences. Il faut nous habituer à penser que le tournant de l'histoire allemande est dans ces années qui s'écoulèrent entre la guerre de Crimée et la guerre d'Italie. Ce sont les années de la plus grande déconvenue que la Prusse et l'Autriche eussent éprouvée depuis 1815. Elles l'ont éprouvée par leur faute ; et, avec son rêve d'Orient, c'est sa suprématie en Allemagne que l'Autriche a sacrifiée alors. L'Autriche n'a dû ce déboire qu'à la faiblesse de sa politique. La Prusse doit le sien à des causes plus complexes. L'amitié personnelle étroite du roi Frédéric-Guillaume II pour le tsar y est pour beaucoup ; et de même, sa répugnance à entrer dans un nouveau système d'alliances, hostile à la Russie où, par surcroît, un Napoléon faisait la loi. Une autre cause, plus puissante, c'est que déjà la Prusse avait, à la Diète de Francfort, et qu'en 1858 elle eut, à Saint-Pétersbourg, un représentant qui soutenait une politique nouvelle « spécifiquement prussienne », et dont le but était tout d'abord de briser la Confédération germanique où l'Autriche prévalait, pour la refaire, après avoir abattu l'Autriche. Ce représentant était Bismarck.

La politique de Bismarck marque un retour au « frédéricianisme ». Elle commençait la « faute frédéricienne », reprochée par Dietrich von Bülow aux hommes politiques du grand roi et qui, au lieu d'unir la Prusse et l'Autriche, les mettait aux prises. Était-ce vraiment une faute ? Nous le croyons et les événements de 1914 à 1916 vont le montrer. Mais ce n'était pas une faute, au point de vue de la politique « spécifiquement prussienne », à supposer qu'une telle politique eût de l'avenir. Or, cette politique a donné à la Prusse les triomphes de 1866 et à l'Allemagne unifiée les triomphes de 1870, sans compter un demi-siècle d'une prospérité économique inespérée que le prestige de ces victoires et une incroyable ténacité à exploiter l'heure favorable, ont valu au peuple allemand depuis.

On a coutume de dire que l'Allemagne nouvelle date de Bismarck, ce qui est un truisme; et l'on en conclut un peu vite que le pangermanisme date de l'ère bismarckienne. Si le pangermanisme est une pensée politique, autant qu'une croyance métaphysique en une mission tout particulièrement éminente du génie allemand, cette pensée n'a pas été celle de Bismarck. Ce rude praticien n'avait pas l'habitude de faire de la « politique conjecturale » à longue échéance. Il savait que l'avenir durable des peuples se prépare par la conquête de points d'appui solides dans le présent. Or, dans le présent, loin de vouloir unir l'Allemagne et l'Autriche, il a provoqué entre l'Autriche et la Prusse la guerre que beaucoup jugeaient fratricide. Toutefois, l'instinct populaire ne se trompe pas. D'abord parce que l'orgueil nouveau du peuple allemand s'est vraiment alimenté de la victoire démesurée de 1866 et de 1870. Et sans cet orgueil, l'ambitieuse doctrine qui prétendait déverser sur l'Europe et sur le monde les masses profondes et la culture tyrannique de l'Austro-Allemagne unifiée, n'aurait pu naître. L'orgueil de race chez un Bismarck défie toute comparaison. Il fallait l'entendre à sa table, durant la campagne de France, démontrer que « l'avenir appartient aux peuples germaniques; » se rire de la race latine, grande, il en convenait, par les œuvres de son passé, mais destinée à diminuer et à disparaître. La race germanique seule, à l'entendre, avait conservé de la jeunesse, de la vigueur, et l'aptitude aux entreprises de longue haleine. Les Allemands, quand on pouvait guérir leur manie native du « particularisme », du désaccord et de l'initiative isolée, devenaient un torrent qui renverse tout obstacle sur son passage, irrésistiblement.

L'existence des petits États d'Allemagne, le droit traditionnel, étaient de tels obstacles, que la politique bismarckienne balayait en déchaînant le torrent des masses prussiennes. Ce que l'opinion publique et l'histoire retiennent, c'est la façon dont furent traités le Hanovre, la Hesse, la ville libre de Francfort. On y retrouve toute la méthode qui a présidé à la violation de la Saxe sous Frédéric II. Et au terme des efforts bismarckiens, on rencontre cette alliance avec l'Autriche, que Bismarck pensait rendre durable, organique, et où il voyait la résurrection de la vieille idée « grande-allemande » réalisée toutefois par des moyens que ses adversaires méconnurent, parce qu'ils en furent surpris. On rencontre cette Triple-Alliance, qu'il disait « prévue par Dieu même » et qui unissait de nouveau tout le grand territoire de l'Europe centrale, si longtemps déchiré, et en refaisait, par la collaboration de trois grandes puissances, le Saint-Empire romain. La France seule y manquait, pour que fût reconstitué l'empire de Charlemagne. De là peut-être des avances qu'on fit à la France pour la gagner.

Ces visées cependant restaient lointaines ; et ce qui est plus éloigné encore de la pensée bismarkienne, c'est l'idée d'une expansion allemande en Turquie. Si résolu que fût Bismarck à conserver l'Autriche intacte, il n'encourageait aucune de ses ambitions en pays balkanique ; et il se refusa toujours à déchaîner pour la Bulgarie une guerre européenne qui étendrait ses ravages de Moscou aux Pyrénées et jusqu'à Palerme. Dans ce sens, il faut dire de Bismarck qu'il est le plus modéré des pangermanistes.

Il faut le dire aussi de Treitschke, bien qu'il ait une réputation tout opposée. A coup sûr, Treitschke, selon l'exacte remarque de M. Émile Dürkheim, a « exposé avec une pleine et claire conscience tout le système moral et mental », que viennent de déceler chez le peuple allemand les faits déconcertants de la guerre de 1914-15 et qui, « constitué surtout en vue de la guerre restait, pendant la paix, à l'arrière-plan des consciences (1) ». Toutefois on peut avoir défini ce système moral et mental, moteur invisible et efficace de toute l'action allemande : on n'a pas défini par là l'objectif de cette action. La même mentalité existait déjà dans l'ancienne Prusse ; et Heinrich von Treitschke, Saxon de naissance, est surtout l'homme représentatif de la Prusse.

Sans doute, il représente une Prusse attachée à unifier l'Allemagne ; et cette Allemagne, pendant les années où elle se fondait, Treitschke ne la voulait pas fédérative ; il la voulait strictement centralisée et unitaire, comme la Prusse elle-même. Il en voulait faire une Prusse prolongée. Il faut avouer aussi que

____

(1) V. la belle analyse d'E. DURKHEIM dans *l'Allemagne au-dessus de tout*. Paris, 1915.

cet état d'esprit était une permanente menace pour tous les voisins de l'Allemagne. Pourtant l'esprit prussien, les méthodes prussiennes ne constituent pas l'essence du pangermanisme. Ils en sont seulement le moyen d'action.

Cet esprit prussien tient essentiellement dans une conception de l'État, d'où dérivent des formes d'action et de discipline sociale très redoutablement rigoureuses. Il ne faudrait pas croire qu'elles sont d'origine ethniquement allemande. Ce n'est pas sans raison que les Prussiens se sont glorifiés de leur esprit spartiate ou de leur discipline romaine. L'esprit de la Renaissance italienne, incarné par un Machiavel, ne leur est pas étranger. La monarchie militaire d'un Gustave-Adolphe est une première ébauche de la monarchie frédéricienne. Mais c'est assez dire que la Prusse d'aujourd'hui est une survivance d'une faune sociale disparue partout ailleurs en Europe.

L'État, défini par le théoricien du prussianisme, est *puissance*. Il n'est que puissance. Sa fonction unique, et par conséquent son devoir, est d'assurer et d'agrandir cette puissance. Il n'y a pas pour lui d'autre morale que de ne pas laisser entamer cette puissance par d'autres États. On s'est efforcé de définir l'essence de l'État : vaine argutie. Dès qu'il y a des hommes unis dans des formes de discipline sociale qui leur assurent de la puissance, il y a un État. Les droits de cet État vont jusqu'à la limite où s'arrête sa force. Il y a, selon Dietrich von Bülow, une sphère d'action militaire des États; et selon Friedrich List, une sphère d'action « économique » des nationalités. Treitschke généralise et reprend : les États sont définis par le rayon d'action de leur puissance. Un petit État n'en est pas un. Il ne peut se défendre. Il ne subsiste que par la tolérance des grands États. Mais la loi des grands États est celle qu'ils se sont faite ou qui leur est imposée par la guerre.

La pensée profonde de l'esprit prussien, c'est que la guerre est morale, inévitable, sainte. Elle est pour ces grandes personnalités morales, les États, le seul moyen de délimiter leurs droits. Qui en effet serait leur juge? Des États sont des puissances absolues. A supposer qu'il y eût une pensée impersonnelle pour les juger, il n'y aurait pas de force pour leur imposer les jugements de la pensée; et ils ne sauraient admettre une telle sentence à moins d'y être contraints. Ils ne se laissent contraindre que par la guerre. Dans le procès qui s'engage entre des États, dont les prétentions se heurtent, les seuls arguments décisifs sont des victoires. Et il n'y a pas de barbarie, il y a une haute moralité à enseigner aux citoyens d'une nation que leur préoccupation unique durant leur vie entière doit être de fournir à leur pays les moyens de vaincre, avec le sacrifice entier de leurs intérêts privés ou de leur agrément propre.

A ce compte, une nation vaut exactement ce que vaut son organisation militaire. Il a été juste que la civilisation trop raffinée de la Grèce fût écrasée par la civilisation de Rome. Il est équitable qu'une société qui développe trop ses libertés au détriment de sa discipline, soit vaincue par une nation disciplinée. La démonstration de ce fait résulte de l'épreuve même de la guerre où se mesurent les deux civilisations aux prises. De même la moralité vraie se reconnaît par la victoire. Les titres de l'héritage silésien de Frédéric II étaient peut-être juridiquement contestables. Peu importaient ces titres dès qu'il s'agissait de l'équilibre européen. Il n'y avait pas d'usurpation à assurer l'influence durable au seul État vivant qu'il y eût en Allemagne. C'est responsabilité grave que de commettre une telle félonie? L'audace des décisions qui engagent de telles responsabilités fait reconnaître les monarques vrais et les chefs dignes de conduire les peuples. La Prusse a eu de tels rois et de tels hommes d'État. Pas plus à l'avenir que dans le passé elle ne se laissera intimider par « les criailleries des petits États ». Elle ne se laissera pas détourner de ravir aux grands États, ses voisins, des provinces fertiles et riches en hommes robustes, comme était l'Alsace, quand on la prit à la France. Enfin, si un destin ennemi venait à hâter l'heure où la monarchie austro-hongroise serait désagrégée, il faudrait que l'Empire allemand fût prêt à sauver le germanisme du Danube, c'est-à-dire à incorporer militairement les provinces allemandes de l'Autriche. En ce sens, on peut affirmer que la méthode prussienne est l'instrument de toutes les tâches, sans en excepter le pangermanisme.

V. — *Le pangermanisme antibismarckien.*

Peut-être Treitschke a-t-il dévoilé de la sorte l'arrière-pensée de Bismarck. Mais peut-être aussi n'était-il qu'une extrême pointe d'avant-garde, qui gardait dans l'exploration de l'avenir une initiative propre dont Bismarck n'eût pas approuvé toutes les témérités. L'effort propre de Bismarck a été d'assurer par la force à la politique allemande les points d'appui dont elle avait besoin pour l'avenir. Il s'est arrêté sur ces points d'appui. Il n'y a pas de témoignages qui attestent qu'il méditât pour la Prusse et pour l'Allemagne une marche offensive par delà les frontières fixées par les traités de 1864, de 1866 et de 1871. C'est pourquoi il fut attaqué, sa vie durant, par les publicistes et les partis qui lui reprochaient d'avoir recommencé la « faute frédéricienne ». Bismarck faisait une Allemagne militairement plus forte, mais politiquement diminuée. Il n'était pas sûr que les rancunes de l'Autriche ne seraient pas tenaces. Eût-elle été réduite à l'impuissance, eût-elle été une amie conciliante, le seul fait de l'avoir exclue rendait désormais impossibles des ambitions qui pour la « Grande Allemagne » ancienne n'étaient pas chimériques. Le pangermanisme nouveau a pour soubassement l'ancien parti « grand allemand », pour qui l'Autriche devait rester partie intégrante de l'Allemagne. C'est bien le Saint-Empire romain qu'il compte restaurer, et il pense qu'il ne suffit pas, pour le ressusciter, qu'on donne le nom d'Empire allemand à la Prusse agrandie. Deux publicistes de grand talent, Paul de Lagarde et Constantin Frantz, ont représenté, du vivant de Bismarck, cette ambitieuse pensée; et parce que la politique brutale, mais prudente, du chancelier leur paraissait trahir et rapetisser la mission allemande, ils ont passé leur vie à le traquer dans des pamphlets, dans des discours et dans de vastes ouvrages. Le pangermanisme contemporain doit à ces deux hommes le plus clair de ses programmes.

Les deux écrivains furent parmi les plus écoutés de leur temps. Sans doute, l'admiration qu'on leur témoignait restait platonique. Bismarck était trop puissant et trop sûr de sa méthode d'action pour qu'un mouvement d'intellectuels éloquents pût avoir prise sur lui. Ce que Paul de Lagarde et Constantin Frantz ont préparé dans la pensée allemande, ou ce qu'ils ont deviné en elle de volontés sourdes et comprimées, mais épanouies depuis dans un énorme délire, nous le voyons aujourd'hui.

Le point de départ philosophique des deux grands pangermanistes n'est pas le même. Paul de Lagarde est issu de Fichte. Il fait effort pour réveiller en 1870 l'enthousiasme des guerres de 1813. Il représente à merveille une particularité, plus répandue qu'on ne croit, de l'esprit allemand : une hypocondrie qui, en plein triomphe, regorge encore d'amertume et verse dans le délire de la persécution. Pour ces hommes irritables, aucune précaution n'est de trop contre les voisins qu'ils jugent malveillants de ce fait seul qu'ils existent.

Pour Paul de Lagarde, il n'est pas d'autres tâches au monde que les tâches religieuses. La religion naît de la vie, comme la pensée. Toute nation se crée donc nécessairement sa religion, comme tout individu. Arrêter une nation dans sa croissance, c'est lui faire un tort beaucoup plus grand que le tort matériel : c'est empêcher de naître à la vie une grande personne morale et religieuse. C'est ôter à cette nation et à tous ses citoyens une possibilité de faire leur salut. Entreprise sacrilège et qui empiète sur les prérogatives divines. Dieu ne la permettra pas, quand il s'agit d'une race aussi hautement douée pour la recherche religieuse que la race germanique.

Dietrich von Bülow, Friedrich List, Heinrich von Treitschke assignaient à chaque nation une sphère d'action militaire ou économique, une sphère de puissance. Paul de Lagarde définit pour chacune d'elles une sphère d'action religieuse. Toutefois, cette vie spirituelle elle-même suppose des conditions matérielles. Un peuple qui doit enfanter une religion nouvelle, peut-être libératrice pour le monde, a besoin d'une suffisante étendue de terres pour y multiplier et pour s'y défendre.

Paul de Lagarde en veut à Bismarck, parce que, le pouvant, il n'a pas réalisé les conditions qui assureraient la destinée religieuse du peuple allemand. Il pouvait prendre à la France Belfort et toutes les crêtes des Vosges. Il pouvait conquérir Luxembourg. Il ne l'a pas fait. Sur la frontière orientale, même imprévoyance. La cavalerie cosaque peut saisir d'un coup de main l'embouchure de la Vistule, du Pregel, du Memel. On ne veut pas se souvenir que Varsovie a été à la Prusse ; et qu'il faut la ligne de Vilna, Grodno, Brest-Litowsk pour que l'Allemagne soit tranquille. On entretient une impossible amitié russe, quand avant tout il faut refouler la Russie de Pologne et des rives de la mer Noire.

A cette grave aberration se joint la politique de guerre contre l'Autriche. A coup sûr, l'Autriche manque d'une race dirigeante assez nombreuse. Avec ses dix millions d'Autrichiens, comment tiendrait-elle en bride autant de Magyars, et quatorze autres peuples (presque tous slaves)? La faute se paie aujourd'hui, qui remonte à Frédéric II d'avoir voulu empêcher l'Autriche de s'annexer la Bavière et de se prolonger jusqu'au Rhin. Le crime s'expie, que Bismarck partage avec Frédéric II, d'avoir jeté l'Autriche hors de l'Allemagne. Mais c'est le germanisme qui expie ce qui fut la faute de quelques hommes.

Il reste une issue : revenir au plan de Friedrich List ; coloniser la Hongrie et les régions slaves de l'Autriche. L'Allemagne a trop de princes sans principauté; trop de hobereaux sans patrimoine et qui assiègent les antichambres ministérielles; trop de prolétaires sans lopin de terre. La Hongrie et les provinces slaves de l'Autriche ont trop de nationalités sans princes; trop de régions mal administrées; trop de terres insuffisamment cultivées. On peut faire un échange. En Hongrie, en Slavonie, en Bohème, les princes allemands trouveront des souverainetés; la *gentry* allemande peut trouver des domaines et des fonctions honorifiques; l'excédent du prolétariat allemand peut trouver à bas prix des terres cultivables.

On enfermera dans des territoires réservés, comme les Peaux-Rouges d'Amérique, les peuplades non allemandes de Hongrie et des pays slaves. On déportera sur les rives septentrionales de la mer Noire évacuées par les Russes tous les Roumains de Moldavie et de Valachie pour faire place aux Allemands.

L'émigration allemande dont le flot se perd aux

Etats-Unis, sans profit pour la métropole, sera interdite pour toutes les régions autres que l'Autriche-Hongrie. Une union douanière durable et une alliance militaire permanente uniront l'Empire des Habsbourg et l'Empire des Hohenzollern. Il y aura enfin une Europe centrale, digne de ce nom, territoire cohérent et protégé que l'on pourra appeler *Germanie*. Il y aura enfin un Empire allemand, tandis qu'il n'y en a que des tronçons désunis et mal défendus. Ce plan, le seul digne, selon Paul de Lagarde, de la politique allemande, créerait le soubassement d'une culture allemande, prévue dans le plan de Dieu. S'opposer à ce plan, c'est donc attaquer les Allemands dans ce qu'ils ont de plus sacré ; et nul doute que l'Allemagne n'ait alors le droit, de par Dieu même, d'imposer par la force le plan nécessaire à son salut.

Entre Constantin Frantz et Paul de Lagarde le rapport est pareil à celui qu'il y a de Bismarck à Treitschke. Paul de Lagarde est un unitaire rigoureux comme Treitschke ; mais il prolongerait la Prusse jusqu'à la mer Noire et jusqu'à l'Argonne, quand Treitschke l'arrêtait aux Vosges et aux frontières de Silésie. Constantin Frantz est fédéraliste, comme Bismarck. Mais il est antibismarckien dans sa notion du droit public, où Treitschke donnait à Bismarck son adhésion entière.

Peut-être jamais l'Allemagne n'a-t-elle produit un génie plus opposé au génie prussien que ce Prussien de la province de Saxe, Constantin Frantz. Tout ce qui nous froisse dans la doctrine prussienne, ce rationalisme étatiste, qui met le salut public au-

dessus de la morale ; ce *jus utendi et abutendi*
qu'elle revendique pour l'État à l'endroit de toutes
les réalités sociales que sa puissance a saisies et
qu'elle traite comme en droit privé on ne traite que
des objets matériels ; la politique d'annexions cons-
tantes qui dérive de cette notion du droit et qui a
fondé l'Allemagne actuelle, tout cela a l'animadver-
sion violente de Constantin Frantz. Sa philosophie
propre de l'histoire est toute d'inspiration chrétienne. Or, le christianisme n'aperçoit aucune nation,
si ce n'est dans son rapport avec l'humanité, et
n'aperçoit l'humanité que dans son rapport avec
Dieu. Comment Frantz aurait-il approuvé une politique « spécifiquement prussienne », comme celle de
Bismarck ?

Frantz est, en effet, le dernier féal du Saint-
Empire romain germanique. Ces termes sont à
prendre dans leur sens littéral. Il s'agit d'un Empire
où l'esprit romain serait « régénéré » par le christianisme et dont la nation allemande ne serait que le
support. A ce compte, le Saint-Empire a toujours été
une institution supérieure aux nations. Notion assurément très étrangère à la Prusse, qui est un État
étroitement national et formé artificiellement dans
cette période de dissolution de l'Europe, où tous
les peuples, resserrés sur eux-mêmes, se consolidaient au-dedans par la force, sans égard aux voisins. A cette période critique déjà révolue, une ère
organique nouvelle de reconstruction succédera,
selon Constantin Frantz, qui sera l'ère de l'Allemagne impériale restaurée.

C'est un grave gauchissement, on le voit, d'une

pensée qui s'annonçait si sympathique. Constantin Frantz voit clair, quand il juge la Prusse, peuple de colons frustes qui s'est fait, dans sa rude besogne de défrichement et d'extermination, un caractère dominateur et brutal. Il est clairvoyant, quand il juge l'Autriche-Hongrie, marche militaire elle aussi, où les Magyars se sont faits, au contact des Turcs, une mentalité non moins rude de colons, et où la dynastie garde des traditions absolutistes qui sont le résidu d'une époque où il fallait comprimer par la force quinze peuples conquis.

L'Allemagne vraie n'est pas celle de ses Marches. Elle ne peut suivre ni la politique des Habsbourg, ni la politique prussienne. Elle est toute dans cette Allemagne de l'Ouest, qui est le foyer de sa civilisation la plus ancienne, et que son morcellement a rendue si impuissante. Au centre de la nouvelle Allemagne, il y aurait cette Allemagne de l'Ouest, réunie en un tout fédératif, et avec laquelle seraient réunies par un lien fédéral, et non par un lien de suzeraineté, les Marches anciennes, Prusse et Autriche, qui émanent d'elle et qui, plus tard, ont voulu la tyranniser.

Comment se fait-il que des dangers redoutables pour l'Europe soient latents, dans cette doctrine, comme dans celle de Lagarde ? C'est que, préoccupée de reconstruire une Europe centrale sous l'hégémonie allemande, elle songe à démembrer les voisins. Quel moyen de s'entendre avec le théoricien qui reproche à Bismarck de n'avoir pas humilié assez sévèrement la France ; de ne lui avoir pas arraché la Flandre et la Lorraine ? Un grand duché de Metz,

avec un prince de Nassau sur le trône (ce qui lui
ouvrirait un jour l'héritage du Luxembourg) ; une
Alsace réunie au pays de Bade ; une Franche-Comté,
une Bourgogne, une Savoie autonomes et rattachées
à la Confédération germanique : voilà le projet de
Constantin Frantz. Et il n'est pas consolant pour
nous qu'il prétende ainsi non « les conquérir », mais
« les affranchir » de la politique de piraterie française, commencée quand la France s'empara des trois
évêchés.

Sur le front Est cette politique chrétienne n'est
pas moins inquiétante. Ce n'est pas Constantin
Frantz qui aurait laissé écraser la Pologne en 1863,
comme fit Bismarck, pour obtenir la neutralité de la
Russie en 1866 et 1870. N'allons pas croire pourtant
qu'il songe à émanciper la Pologne. La grande
guerre offensive contre la Russie, qui lui paraît
nécessaire, et que l'Allemagne ferait de concert avec
l'Autriche, aurait d'abord pour objet de reculer la
frontière allemande jusque sur la Düna et sur le
Bug et jusqu'au lac Peïpous en Russie. Une vaste
circonvallation de duchés polonais, avec leurs capitales à Bromberg, à Gnesen, à Posen, à Wilna, à
Varsovie, mettrait à l'abri le cœur de l'Empire.
On pousserait l'Autriche dans la péninsule balkanique. Bismarck a prononcé une parole à jamais
scandaleuse, quand il a déclaré que la question
d'Orient « ne valait pas les os d'un grenadier pomé-
ranien ». Pour Constantin Frantz, « la colonisation
et la germanisation de l'Orient est à considérer
comme une question vitale pour l'Allemagne ».

Ainsi se constituera, au centre de l'Europe, une

fédération en tout comparable à l'ancien Saint-Empire. Le noyau central se composera des vieux États allemands à l'ouest de l'Elbe. La Prusse et l'Autriche-Hongrie, pays de colonisation, s'adjoindraient, par un traité offensif et défensif perpétuel à cette fédération vraiment allemande, et où l'esprit prussien ne serait plus dirigeant. Des traités plus lâches, des conventions militaires et douanières, délibérées dans un Parlement commun, réuniraient dans une *Confœderatio latissima* tous les États échelonnés des rives lithuaniennes par, la Bérésina jusqu'aux bouches du Danube, et tous ceux, de langue hollandaise, flamande, française ou allemande, qui, de la mer du Nord jusqu'aux Alpes de Savoie, formeraient un chapelet de duchés rattachés à l'Allemagne. Grande œuvre qui vaut bien une guerre, dit Constantin Frantz, mais cette guerre serait la dernière; et cette œuvre serait aussi l'anéantissement de la Prusse, puisqu'elle fonderait une Allemagne qui aurait pour fonction propre, comme au moyen âge, de réaliser l'union entre les peuples.

Cette politique toutefois, supposait, dans la pensée de Constantin Frantz, la neutralité de l'Angleterre. Elle supposait l'abandon d'un rêve d'une « plus grande Allemagne outre mer » conquise à force d'armements navals. La suprématie allemande sur mer ne pourrait s'élever que sur les ruines de la puissance britannique. Et l'Angleterre, si elle sent se préciser la menace allemande, se joindra aux ennemis que l'Allemagne est obligée de provoquer elle-même pour réaliser sa mission dans le monde. De tous les souvenirs orgueilleux dont est fait le rève pangermaniste, celui des Hanses maîtresses des mers est le seul que Constantin Frantz conseille à ses compatriotes de laisser sommeiller. Sage avertissement, auquel toutefois ils sont restés insensibles. C'est pourquoi se réalisera, sans phrases, par l'accession de l'Angleterre à la coalition nécessaire des États européens insurgés, l'autre prédiction de Frantz : l'écroulement prochain d'un Empire fondé sur le principe prussien de la force pure.

* *

On peut hésiter sur la portée de la démonstration que nous avons faite, et dont notre recueil permettra la vérification documentaire. Quel rapport, dira-t-on, les événements présents peuvent-ils avoir avec de vieux livres, échelonnés entre 1800 et 1900? Mais les livres des écrivains pangermanistes les plus écoutés aujourd'hui, les manifestes des ligues navales ou coloniales, les programmes des partis impérialistes ou conservateurs, puisent en foule dans ces vieux livres. Nous aurons dans d'autres recueils à entreprendre cette démonstration complémentaire. Pourtant, si minutieuse qu'on la fournisse, elle risque de ne pas paraître convaincante. Ne peut-on pas dire que ces projets seraient restés dans la chrysalide de l'utopie, sans la puissance allemande qui a essayé de leur insuffler une vie redoutable? Et dès lors que cette puissance allemande se constituait, ne devait-elle pas enfanter d'elle-même des rêves pareils à ceux qui sont décrits dans les pages qu'on va lire?

L'objection ne vaut pas. Dans l'histoire concrète,

il n'y a pas d'un côté la vie de la pensée et de
l'autre la vie active. La pensée émane de la vie et,
inversement, la stimule. Des idées sont des symptômes, mais elles sont aussi des appels. Elles tra-
duisent des besoins, urgents ou vagues, qui com-
mencent à émerger dans la conscience. Mais elles
fixent aussi et concentrent des vouloirs épars qui
n'avaient pas encore de but. Les dirigeants d'un
peuple grandissent dans cette atmosphère de pensées
ou de volontés sociales traditionnellement fixées ou
qui se cherchent. Ils s'imprègnent de ces vouloirs
collectifs par les formules que leur ont données les
livres. Ils y ajoutent; ils en retranchent; mais ils en
gardent beaucoup; et ils mènent le peuple avec les
paroles auxquelles ils savent, par éducation, qu'il est
docile. La prédication pangermaniste est vieille d'un
siècle. Elle est entrée profondément dans le peuple
allemand par l'enseignement et par une répétition si
monotone de ses thèmes principaux que le peuple
allemand, par la force même de la coutume, en est
venu à les suivre comme s'ils étaient la vérité.

CHARLES ANDLER.

LES
ORIGINES DU PANGERMANISME

I

DIETRICH VON BÜLOW (1757-1807).

BÜLOW (HEINRICH DIETRICH, BARON DE) naquit en 1757 à Falkenberg, dans la Vieille Marche, il avait pour frère aîné le feld-maréchal comte Bülow de Dennewitz. Il fréquenta dès son enfance l'Ecole militaire de Berlin et entra à quinze ans dans un régiment d'infanterie, qu'il abandonna pour passer dans la cavalerie de Reitzenstein. Le service en temps de paix ne lui disait rien; il confessa, dans une de ses œuvres, n'avoir jamais mis les pieds dans une écurie.

Aussi se mit-il à étudier Rousseau, Folard et Polybe.

En 1789, il se rend dans les Pays-Bas, où l'insurrection contre Joseph II lui ouvre une carrière conforme à ses vues. Ne trouvant aucune occasion de se distinguer, il revient en Prusse et y engage une troupe de comédiens; mais des scrupules de naissance — ou, selon d'autres, l'interdiction qui lui fut faite de jouer, par les autorités de Tangermünde — le font renoncer à ce métier. Il tente alors une spéculation sur les verroteries qui se vendaient fort cher en Amérique, mais, sans notion de commerce, il y laisse toute sa fortune. A peu près à la même époque, il semble s'être épris de la doctrine du mystique Suédois Swedenborg, qu'il prêcha aux Etats-Unis dans de pieuses réunions et qui le poussa à publier en français l'ouvrage intitulé *Coup d'œil sur la doctrine de la nouvelle église chrétienne ou le Swedenborgianisme*, 1809. L'origine de la nouvelle Eglise y est fixée aux années 1817 et 1818. A Berlin, il écrivit son œuvre capitale : *l'Esprit du nouveau système de la guerre*, grâce auquel il espérait une nomination dans l'état-major. Trompé dans son attente, il se fit écrivain pour gagner sa vie, traduisit les *Voyages de Mungo Park* et s'embarqua pour Londres dans l'intention d'y fonder un journal; il n'y trouva aucun lecteur et fit quelques mois de prison pour dettes. Il séjourna ensuite deux ans à Paris, se disant chargé d'une mission par l'ordre équestre germanique. Encore une fois à Berlin, il compose ses principaux ouvrages : *Les Principes de la guerre moderne, l'Histoire de la campagne de 1800, la Nouvelle Tactique des temps modernes, l'Histoire critique de la campagne du prince Henri*, des *Aperçus sur les événements à venir*, et enfin *la Campagne de 1805*. Tous ces écrits ne font que reproduire les idées de son œuvre fondamentale, *l'Esprit du nouveau système de la guerre.*

Il ne peut être question ni d'études sérieuses, ni de recherches consciencieuses au cours d'une vie si mouvementée et chez un homme qui écrivit tant. Mais c'était un esprit original et son œuvre capitale est pleine de pensées qui ont exercé une grande influence sur la littérature militaire et le développement de la science de la guerre. Bülow reconnaissait déjà, en 1790, que les méthodes d'attaque du grand Frédéric étaient fondées sur la faiblesse de l'adversaire et qu'il ne fallait pas — comme cela se faisait dans les milieux militaires prussiens — leur attribuer une valeur illimitée. Il fallait opposer une tactique nouvelle aux armées nouvelles de la Révolution et de l'Empire. Ainsi, Bülow disait déjà, en 1805 : « Discipline, tactique, courage, ne sont que des adjuvants; c'est la masse, la quantité des combattants qui décide; le sort des batailles de l'avenir dépendra du feu des tirailleurs. » Et à un autre endroit : « Un carré entouré d'infanterie tiraillant compte parmi les éléments les plus dangereusement exposés. »

C'est sans doute à Berenhorst qu'il doit l'idée de soumettre l'art militaire aux règles de la géométrie. Bülow réduit toutes les opérations à un seul principe qui consiste à donner une « base » à toutes les entreprises, principe auquel correspondent, dans la tactique, la retraite éparpillée (ou excentrique) et l'attaque enveloppante. Le but vers lequel une armée s'avance est « l'objet »; tout ce qui est laissé en arrière : magasins, fortifications, sont les « sujets ». Les chemins d'attaque et de ravitaillement constituent les « lignes d'opérations ». La ligne unissant les divers sujets est la « base ». Cette « base » et les deux lignes extrêmes d'opérations forment un triangle dont le sommet (opposé à cette base) doit avoir une ouverture d'au moins 90° (dans ce cas la « base » de l'entreprise est suffisante).

Ce qu'il y a de malheureux chez Bülow, c'est cet entêtement à vouloir tout considérer géométriquement, comme si le jeu sans cesse changeant des passions et des intérêts qui se heur-

tent à la guerre, pouvait se représenter par des grandeurs
mathématiques, et comme si des chemins de montagne, par
exemple, tour à tour secs ou détrempés par les pluies, pouvaient indifféremment être figurés par les mêmes lignes
droites.

La distinction qu'il fait entre la stratégie et la tactique est
aussi tout à fait arbitraire, et il semble que les Prussiens aient
payé cher, dans leur déplorable campagne de 1806, l'applica-
tion qu'ils ont voulu faire de ses retraites « excentriques ».

Il se donna pour un véritable visionnaire vers la fin de sa
vie, qui fut celle d'un malheureux détraqué. Des médecins
aliénistes l'examinèrent sur les réclamations de certains
hommes d'Etat dont il avait mal parlé. Il fut enfermé à Kol-
berg, puis à Königsberg et à Riga où il mourut en 1807, au
moment où l'on allait le déporter en Sibérie.

A. GIVELET.

DÉFINITION DES FRONTIÈRES NATURELLES DES GRANDS ÉTATS ACTUELS DE L'EUROPE. — PRÉVISIONS QUE L'AUTEUR EN TIRE POUR LES GUERRES A VENIR.

1° Tant qu'il y aura encore quelque chose à partager
et à prendre, des guerres se produiront, c'est-à-dire
qu'elles auront lieu jusqu'à ce que les grands Etats exis-
tant actuellement se soient étendus jusqu'à leurs frontières naturelles.

Il s'agit donc de savoir quelles sont les frontières naturelles des grands Etats d'aujourd'hui. Nous avons vu
que la mer, les fleuves et les montagnes peuvent seuls
former des frontières naturelles à cause des obstacles
qu'ils offrent aux rapports sociaux.

Il ne peut y avoir de frontières naturelles qu'à deux points de vue : au point de vue de la guerre et au point de vue du commerce.

Les fleuves et la mer rendent difficiles les opérations militaires, mais, d'autre part, ils facilitent les rapports commerciaux; par suite, les frontières militaires naturelles sont différentes des frontières économiques. Comme les fleuves, la mer et les montagnes sont les seules frontières naturelles, il sera facile de déterminer les limites des Etats.

Une vallée arrosée par un fleuve forme un tout, un domaine fluvial. Par les facilités de transport qu'il offre, le cours d'eau unit les deux moitiés de ce territoire dont les habitants ont les mêmes intérêts. Le grand fleuve est l'épine dorsale dont les affluents de droite et de gauche forment les côtes; il est donc naturel qu'un tel domaine fluvial, s'il ne forme pas toujours un Etat à part, ne soit au moins jamais divisé entre deux Etats indépendants. S'il en était ainsi, toutes choses se trouveraient organisées selon les saines lois de la raison.

2° D'autre part, on doit pourtant reconnaître que les fleuves, par ce fait qu'ils offrent des obstacles aux opérations, peuvent être fort bien considérés au point de vue militaire comme des frontières naturelles, et cela à plus juste titre que les montagnes, quand celles-ci ne sont pas très hautes. Il faut examiner, en outre, si l'un des deux Etats, qu'un fleuve sépare, a le pouvoir d'amener sur le bord opposé des masses militaires plus importantes que l'autre. Dans ce cas, le premier chassera tôt ou tard le second de la vallée et la lui prendra complètement.

Il n'y a pas lieu de tenir compte ici des langues et des nationalités. De nos jours des langues et des nationalités diverses se trouvent réunies dans un même État; car chaque État à un noyau central militaire, à l'intérieur duquel il soumet tout à sa volonté, étant donné qu'il peut

y mettre sur pied plus de troupes qu'aucun autre.
Actuellement c'est le pays plutôt que le peuple qui forme
l'Etat ; symbole frappant du matérialisme de la pensée
contemporaine !

3° D'après ces considérations, je ne reconnais nullement le Rhin comme frontière naturelle entre la France
et l'Allemagne. La rive gauche du Rhin jusqu'à la Meuse
appartient entièrement au noyau des forces militaires
allemandes dont l'efficacité doit prédominer sur celles
que la France peut leur opposer, à condition seulement
de supposer l'Allemagne formant un Etat ou au moins
constituée d'éléments étroitement unis. Le territoire
français entre la Meuse et la mer est trop étroit pour que
les Français puissent y rassembler autant d'éléments
militaires que les Allemands qui ont leur pays tout
entier derrière eux. Les lignes d'opérations des Allemands sont toutes rectilignes, par suite plus courtes que
celles des Français. Ceux-ci doivent d'abord faire leur
conversion stratégique à droite en Belgique, pour établir
leur front vis-à-vis de la Meuse, raison qui les empêche
d'amener directement derrière eux leurs éléments militaires. Car justement les Français ne peuvent tirer aucun
avantage de leur flanc droit, dans leur position en face
de la Meuse, à cause de la nature du pays. La pression
des forces militaires diminue avec la longueur des lignes
d'opérations, par suite les Allemands avec leurs lignes
d'opérations plus courtes ont ici l'avantage.

Si nous nous avançons davantage en Belgique, nous
nous y trouvons au contraire en état d'infériorité. De
même qu'en Bohême le cinquantième degré de latitude
marque la ligne où les forces militaires de l'Autriche et
celles de la Prusse se font équilibre, ainsi il existe en
Belgique pour les Français et les Allemands une limite
du même genre. C'est celle où les Allemands doivent
opérer leur conversion stratégique à gauche pour s'avan-

cer parallèlement à la frontière française, et les Français, leur conversion à droite pour s'avancer parallèlement à la Meuse. La Belgique demeurera donc, aussi longtemps qu'il y aura des guerres, le théâtre des armées en lutte l'une contre l'autre.

Si la Hollande est entre les mains des Allemands ou alliée avec eux, les Français pourront encore bien moins rester maîtres de la Belgique, car ils risqueront d'être pris à revers par la Hollande et chassés des positions où ils s'étaient établis contre l'Allemagne.

Si la Hollande est l'alliée de la France, les Allemands ont devant eux une surface d'autant plus considérable où ils peuvent nuire aux intérêts français. Car la Hollande est ouverte du côté de l'Allemagne et elle peut facilement être inondée de troupes allemandes; les Français doivent donc, pour en rester maîtres, jeter en Hollande des forces considérables ce qui les affaiblit en Belgique. La Prusse aurait en 1795 certainement conquis de nouveau la Hollande, si elle n'avait conclu la paix.

Par une multitude de fortifications sur le Rhin, les Français peuvent rendre difficile le passage du fleuve, mais non l'empêcher, car l'Allemagne — toujours en la supposant unifiée — peut jeter sur la rive gauche des éléments militaires en nombre supérieur et les y maintenir.

4° Du côté de l'Espagne et de l'Italie, la France a des frontières infranchissables, les Pyrénées et les Alpes. La presqu'île des Pyrénées pourrait bien, tôt ou tard, ne former qu'un seul Etat. De même pour l'Italie : Les nouvelles possessions autrichiennes dans ce pays ne pourront se maintenir contre les forces réunies de la péninsule. Les frontières du territoire arraché à la Lombardo-Vénétie sont entourées par celles des Etats italiens; toutes les opérations menées par l'Autriche contre ces derniers sont « excentriques », celles des Etats susdits contre l'Autriche sont au contraire « concentriques ». L'Autriche doit donc tôt ou tard perdre ces pays. Par contre l'Italie ne peut rien contre les frontières du Tyrol et de l'Autriche. L'Autriche doit enfin, par la force des choses, posséder toute la région du Danube jusqu'à son embouchure; elle peut ainsi s'opposer, de flanc et par derrière, à toutes les entreprises de la Russie contre la Turquie et, par son opposition, les empêcher de réussir.

5° La presqu'île grecque paraît à l'abri derrière les montagnes qui séparent la Thrace et la Macédoine de la Bulgarie et de la Serbie, et les tentatives des Russes et des Autrichiens contre elle pourraient bien rester sans résultat, tant que les Turcs seront ce qu'ils sont. Si l'Autriche possède toute la vallée du Danube et si elle sépare ainsi la Russie de la Turquie, la guerre éternelle entre ces deux puissances se trouve ainsi conjurée et l'indépendance de la presqu'île grecque garantie.

6° La région du Danube, quoique habitée par des peuples allemands, semble ne pas appartenir du tout à l'Allemagne, car le Danube se jette dans la mer Noire, tandis que les autres fleuves allemands débouchent dans la mer du Nord et la Baltique.

Au nord des Carpathes les forces appartenant au noyau militaire russe doivent être prédominantes. L'Autriche, au cours d'une guerre maintiendrait difficilement ses possessions dans cette région.

7° Dans une guerre contre la Prusse, l'Autriche paraît devoir agir de la façon suivante. Connaissant le danger, la Prusse pourra prendre — et prendra — des mesures opportunes.

Deux colonnes opéreront le long des deux rives de la Vistule; elles avanceront facilement tant que Varsovie n'est pas fortifiée; une troisième colonne assiégera Kosel en s'appuyant sur Cracovie, une quatrième, Neisse. Des démonstrations contre Glaz et Schweidnitz masqueront ces attaques ; mais en Bohême les Autrichiens reculeront devant la Prusse envahissante.

8° La Prusse orientale serait difficile à défendre contre la Russie, car elle est entourée par cette dernière et n'a pas de fortifications pour la couvrir. Graudenz peut en protéger la partie occidentale qui se trouve par derrière, mais non la partie orientale qui est située en avant. Mémel et Varsovie donneraient, ainsi que Praga, comme fortifications, une ligne de défenses pour la protection de la Prusse orientale ; on ne devrait pas manquer d'établir quelques postes intermédiaires. Varsovie est pour les possessions orientales de la Prusse, ce que Magdebourg est pour les possessions occidentales : le cœur de monarchie. Son importance n'est qu'une raison de plus pour la fortifier. Les Russes ont commis une grande faute en cédant cette ville à la Prusse. Ils auraient pu envoyer de là une colonne en avant qui aurait assuré en même temps la réussite infaillible de toutes leurs opérations contre la Prusse orientale.

La Russie paraît conserver sa supériorité en forces militaires encore au delà de la rive occidentale de la Vistule ; cette supériorité cesse à l'Oder ; mais celle de la Prusse s'étend bien à l'est de l'Oder, jusqu'aux sources de la Wartha, à cause de la courbe enveloppante de l'Oder.

Si la Prusse perdait aussi la vallée de la Vistule, elle se dédommagerait de cette perte dans le nord de l'Allemagne sans qu'aucune puissance pût l'en empêcher.

Tôt ou tard, l'Autriche doit posséder le sud et la Prusse le nord de l'Allemagne. Les agrandissements de la Prusse se feront désormais vers l'ouest. La Hollande même est exposée à ses invasions et personne ne pourrait l'en déloger si toute l'Allemagne du Nord lui appartenait. Mais elle cesserait alors de s'appeler la Prusse pour prendre le nom d'Allemagne. Les possessions da-

noises sur le continent, y compris le Jutland, ne sont pas
en sécurité contre cette puissance du nord de l'Allemagne, et cela tant que le pays danois demeurera dans la
nullité politique où il est maintenu par l'influence de
l'Angleterre.

Des précédentes considérations, il résulte que la
Prusse demeure inébranlable, même contre une coalition
de l'Autriche et de la Russie. Même si la France, qui n'y
a, certes, aucun intérêt, même si le Danemark et la Suède
s'unissaient à cette coalition, celle-ci n'aurait d'autre
effet que d'accélérer l'extension de l'Etat prussien au
nord jusqu'à ses frontières naturelles. Car, tandis qu'il
perdrait les régions de la Vistule, il viendrait occuper le
nord de l'Allemagne. Les entreprises des Français ne
consisteraient qu'en des offensives qui seraient repoussées à la fin de la campagne.

9° L'Europe va donc très probablement tôt ou tard se
composer des Etats suivants : l'Espagne, la France et la
République Batave (si celle-ci ne revient pas à l'Allemagne du Nord), l'Italie, la Suisse (dont la partie mon-
tagneuse se maintiendra vraisemblablement toujours
indépendante), la vallée du Danube ou Autriche (avec
l'ensemble des pays méridionaux allemands), l'Allemagne du Nord (actuellement la Prusse), le Danemark,
la Suède, la Russie, la presqu'île grecque (ou Turquie),
les Iles-Britanniques. Cela ferait donc douze Etats.
Quelle forme de gouvernement auront-ils ? C'est ce qui
m'importe fort peu, car ils doivent durer, quelle que soit
d'ailleurs leur constitution.

Geist des neuern Kriegssystems, III., § 10. (*Militä-
rische und Vermischte Schriften*, p. 333 (*1853*).

CRITIQUE DE FRÉDÉRIC II. — D'UNE SCIENCE NOUVELLE : LA STRATÉGIE POLITIQUE.

L'auteur considère une armée comme un capital qu'il faut faire fructifier. — Conséquences de la conquête de la Silésie par le grand Frédéric. — Considérations sur la stratégie politique.

La rage de thésauriser qu'on applique aussi bien aux armées qu'à l'argent, dans un esprit absolument opposé à celui de Jules César dont les vues ne manquaient pourtant pas d'ampleur, est cause qu'on n'entend rien à la façon de tirer parti de son argent — ou de ses soldats — et de faire fructifier ce capital qu'est une armée. L'armée, d'ailleurs, même pour le prince qui manque d'argent, est un capital plus sûr qu'un trésor sans armée ou joint à une mauvaise armée.

Celui qui par horreur de la guerre laisse son armée — c'est-à-dire son capital — moisir dans la vie de garnison, où elle se rouille, où elle s'abâtardit, où elle dégénère en un lamentable amas de bourgeois mesquins, de cette espèce que les étudiants allemands traitent de philistins, et que l'on peut mettre en fuite à la première occasion avec des tailleurs, des apothicaires et des perruquiers, celui-là doit voir combien il s'appauvrit, tandis que des spéculateurs toujours en éveil, en faisant circuler leur argent (c'est-à-dire en utilisant leur armée), acquièrent autour de lui des richesses, de la puissance, des territoires et des sujets. Lui, au contraire, languit dans l'inactivité, il se voit frustré peu à peu de ses ressources, il perd sa puissance et, par suite, son indépendance, de deux manières : d'abord parce qu'il reste en arrière, loin derrière les autres, tandis que ceux-ci accroissent leurs forces, et ensuite, parce qu'un capital s'amoindrit réellement par le seul fait qu'il ne se multiplie pas.

Aussi Napoléon m'apparaît-il comme un monarque sans cesse en éveil qui tire continuellement parti de son capital. Les autres, ou bien entreprennent des spéculations mal calculées, ou bien s'abandonnent à la paresse d'une imbécillité effrayante et s'étonnent ensuite, en s'éveillant douloureusement d'un rêve léthargique et d'un sommeil de plomb, du nouveau genre de sujétion où ils sont tombés tout d'un coup. Seule, leur ignorance crasse, conséquence de leur éducation défectueuse, les empêche de se représenter dans toute son étendue les suites d'une telle situation.

Nous n'avons en Europe aucun Mithridate qui, pour conserver son indépendance, combattrait jusqu'à son dernier souffle. Si j'avais été un monarque européen pourvu d'une armée, j'aurais, ou bien fait cause commune avec la France, et, en me lançant vers les quatre points cardinaux sur le lâche troupeau des Européens d'aujourd'hui dont la couardise souffre tout ce que leur impose un général audacieux, j'aurais agrandi mes États et assuré leur indépendance ; ou bien je serais, dans le cas contraire, tombé en combattant pour la liberté, ou bien encore je l'aurais arrachée de haute lutte. Mais jamais je n'aurais conclu une paix néfaste, ce premier pas vers le déclin.

En ce qui me concerne personnellement, je n'occupe en Europe aucune situation qui exige de moi un sacrifice héroïque et l'indépendance des rois de cette partie du monde ne m'importe guère. Elle m'est indifférente et j'aime à croire que la Providence mettra une fin à ces éternelles alternatives de poussées en sens contraires qui forment ce que l'on appelle un « équilibre européen » ; car il y a là un obstacle sérieux à la civilisation. Je me suis supposé un instant à la place d'un roi et pour le reste j'ai raisonné tout simplement comme un homme.

* *

La Prusse a déjà, par le seul fait de son existence, mis fin à l'existence nationale des Allemands. Il s'est produit en Allemagne une division dans les intérêts ; cette scission est cause que l'Empire a été trop faible pour résister aux Français. La première faute en incombe à Frédéric le Grand. Si ce prince n'avait pas conquis la Silésie, il n'aurait pas déchiré le lien qui unissait le Nord au Sud de l'Allemagne. Impuissante à se détacher des autres Etats allemands, la Prusse aurait dû toujours rester unie avec eux pour combattre la France.

Si par contre Frédéric s'était proposé dans la guerre de Sept ans de conquérir toute l'Allemagne, s'il avait été doué du génie militaire de Charles-Gustave de Suède ou de Napoléon ; s'il avait su, en un mot, réaliser le grand plan de Winterfeld, l'Allemagne aurait alors été réunie en un empire capable de résister à la France. La Providence en a décidé autrement.

Sans capitale, il était impossible aux Allemands d'arriver jamais à une existence politique et à la formation d'un esprit national.

L'organisation est impossible sans un centre. Le premier précepte d'une stratégie politique préoccupée de fonder un Etat, une puissance indépendante, est d'établir une capitale comme centre d'action à un endroit convenable : c'est ainsi que dans la matrice, c'est toujours par la tête que commence le développement de l'embryon humain. De petites capitales, des capitales incomplètes sont un moyen d'entretenir la demi-civilisation, le mauvais goût et la corruption, sans la décence qui y remédie. Le goût n'est pas autre chose qu'un jugement rapide. La formation du goût est donc de toute importance pour la bonne administration politique et guerrière ; car ces institutions ne peuvent être érigées sans jugement, *sine judicio*, et le bon goût suppose aussi un bon jugement, *judicium*.

Ce bon goût fait donc défaut chez les Allemands, parce qu'ils n'ont pas de capitale.

** * **

La stratégie politique — non la stratégie diplomatique, car les diplomates sont rarement de bons politiques — est une science encore inconnue dont je vais révéler les bases au public sous le titre de « Principes de la stratégie politique », quand bien même on ne devrait pas manquer de lampes fumeuses qui prétendraient vouloir l'éclairer,

Il faut attaquer l'avant-garde et l'étrangler avec toute la puissance dont on dispose, quand le « corps de bataille » (1) se trouve encore trop en arrière pour l'appuyer et surtout quand la queue, semblable à celle d'une comète, suit péniblement par derrière. Comme la tactique n'est que de la stratégie appliquée à un espace restreint et qu'elle va de pair avec cette dernière, on doit se servir des principes de cette science pour la stratégie et passer de celle-ci à la stratégie supérieure ou politique.

C'est-à-dire qu'il faut se précipiter sur ceux des Etats alliés ennemis qui se trouvent en avant et sont les plus voisins et leur jeter la corde au cou — on voit avec quelle noble esthétique mes images sont choisies — avant de laisser les autres accourir à leur secours : telle est la stratégie politique. Il faut anéantir l'armée de première ligne appartenant à l'un des Etats ennemis, toutes les fois que cela est possible, avant qu'une armée de renfort n'arrive à son secours : telle est la stratégie militaire. Il

---

(1) En français dans le texte allemand.

faut exterminer une avant-garde avec toute la puissance dont on dispose quand l'armée est encore en arrière : c'est en cela que consiste la tactique. Car je découvre trois degrés dans l'art militaire dont les critères sont les grandeurs de l'espace et du temps, et je pose le principe suivant comme le premier de ceux de la science que je me propose d'établir : « La stratégie politique est à la stratégie militaire ce que celle-ci est à la tactique, et la stratégie politique est la plus haute de ces sciences. De même que la stratégie militaire organise les opérations d'une campagne ou tout au plus celles d'une guerre, ainsi la stratégie politique s'occupe d'assurer l'éclat et la durée des empires pour des centaines et des milliers d'années. »

Der Feldzug von 1805.
Ibid., p. 95 sq. ; 98 sq.

COUP D'ŒIL SUR DES ÉVÉNEMENTS A VENIR (1806).

L'hégémonie future de la Prusse. — La douceur d'âme de Frédéric-Guillaume III. — Comment Frédéric II avait réduit les hommes d'Etat prussiens à l'état d'automates.

Au cas d'une guerre avec la France, il serait sans doute important pour la conservation de la Prusse que le nord de l'Allemagne fût soumis à un seul pouvoir. La guerre serait alors menée avec beaucoup plus d'énergie, car l'unité de gouvernement donne plus de force aux mesures à prendre.

En cette occurrence, il serait évidemment nécessaire de déposséder les petits princes de leur souveraineté. Mais le crime ne serait pas grand, car, tout d'abord, le pouvoir suprême n'est pas une possession à proprement parler.

étant donné que les peuples ne sont pas des choses qui appartiennent en propre à des personnes.

. . . .

Les petits princes du nord de l'Allemagne ne seraient nullement pour cela dépouillés de ce qui leur appartient. Seulement ils ne pourraient plus disposer des biens de ceux qui étaient jusqu'ici leurs sujets et les gaspiller à leur aise; il ne leur resterait que leurs propres domaines ou ceux de leurs familles; on pourrait alors leur donner dans la nouvelle constitution allemande une situation analogue à celle des membres du Parlement anglais; je ne vois pas ce qu'ils perdraient au change. Le nord de l'Allemagne aurait alors une existence nationale et un esprit national, si la monarchie prussienne se transformait en monarchie germanique.

En second lieu, les petits princes ne peuvent absolument pas faire dériver leur droit de souveraineté de la constitution allemande. Qu'ils se rappellent donc leur ancienne situation vis-à-vis de l'Empereur et de l'Empire. Ils n'auraient donc pas lieu de se plaindre si la Prusse rétablissait dans le nord de l'Allemagne la constitution primordiale allemande. Leur indépendance est fondée sur un abus; elle est usurpée. Ces considérations devraient suffire à tranquilliser la conscience du monarque et du cabinet prussien.

. . . .

J'ai lu dans *les Voyages de Mungo Park* en Afrique que le gouvernement des petits princes nègres n'est pas le meilleur, quoique cette affirmation puisse souffrir bien des exceptions. Je ne veux rien dire ici contre de grandes monarchies, mais je ne puis vivre dans un petit État despotique, où le Despote connaît chaque individu et où tout son Empire l'entend quand il éternue sur son trône.

La Prusse semble vouloir séparer le nord du sud de l'Allemagne; et Hildesheim, en diverses circonstances, semble déjà avoir été considérée en quelque sorte comme la Ratisbonne du nord. Une telle opération serait aussi dangereuse que celle que l'on vient de considérer sans offrir les mêmes avantages. Ce serait une demi-mesure, une mesure faible, tandis que l'incorporation de cette ville serait une mesure énergique qui imposerait à toute l'Europe (1).

Mais rien n'est plus invraisemblabe qu'un événement d'une telle importance. Il faut pour cela une haute dose de hardiesse, d'esprit dominateur, de pénétration politique, de technique guerrière, une grande perfection d'armements; les premières de ces qualités étant nécessaires pour commencer l'entreprise, les dernières pour se maintenir dans ses nouvelles possessions. Le roi actuel de Prusse (2) est trop doux, trop bienveillant, trop content de sa situation présente pour s'exposer aux risques d'une telle entreprise dans le but d'agrandir son royaume qu'il considère comme suffisamment étendu. Des caractères trop sensibles aux joies domestiques et qui préfèrent les embrassements d'une gracieuse épouse aux attraits de la Renommée, ne sont pas ceux qui changent la face du monde par des révolutions. Le monarque prussien ne dépouillera aucun prince de ses Etats et le cabinet prussien actuel est trop honorable — qu'on me passe cette expression exacte ici — pour conseiller d'importants agrandissements et indiquer les moyens de les réaliser, quand bien même la nature du monarque actuel, si bien intentionné, rendrait la chose possible.

Le Grand Frédéric lui-même ne songeait pas à des agrandissements sérieux. C'était plus un philosophe

------

(1) L'auteur veut sans doute faire allusion à la médiatisation de la ville de Ratisbonne qui eut lieu, en 1806, au profit de l'archi-chancelier Dalberg. (Note du traducteur.)

(2) Il s'agit de Frédéric-Guillaume III.

qu'un héros. Il ne semble pas avoir pensé à élever son
pays au rang des premières puissances. Il n'était pas
insensible à la jouissance d'un repos voluptueux. Il se
hâtait de jouir aussitôt qu'il avait acquis. Nulle ardeur
infatigable à réaliser les desseins sans limite de la
gloire ne venait troubler cette jouissance. C'était plus un
homme de talent qu'un homme de génie; et le bon sens
d'un épicurien philosophe était plus sa caractéristique
que la hauteur d'âme d'un Alexandre.

Ses désirs de conquête étaient fort limités. Il en ressentit seulement un accès dans sa jeunesse lorsqu'il
conquit la Silésie. Il se contenta de cette acquisition, les
autres guerres furent faites pour la conserver et non pour
l'augmenter. Et ce sont des caprices de la fortune qui lui
mirent entre les mains ses autres agrandissements,
presque sans sa participation. Il souffrit même par
amour du repos que les autres puissances prissent à
la Pologne un morceau plus important que le sien. Son
impatience à finir la guerre de Sept ans fut cause qu'il
laissa échapper l'occasion d'affermir considérablement sa
domination en Westphalie. Il ne caressa jamais de projet
plus élevé que celui de fonder un Etat moyen et de laisser
à sa famille un héritage un peu plus grand que celui
qu'il en avait reçu. Il regardait autour de lui d'un œil
trop pénétrant pour pouvoir devenir un héros. Il lui
manquait cette illusion de la passion qui entraîne les
grandes âmes aux grandes actions. L'utile et non le beau
était le mobile de ses actes, et l'éclat de la gloire pâlissait
devant son froid regard de philosophe.

Il conclut en hâte une paix séparée après la conquête
de la Silésie, alors qu'il pouvait conquérir encore davantage et peut-être renverser la maison d'Autriche, s'il avait
poussé les choses à l'extrême. Il aima mieux se hâter de
jouir et préféra la certitude d'une possession médiocre,
mais sûre, à l'incertitude d'une grandeur à venir. On peut

se demander si Frédéric, avec l'esprit d'Alexandre, ne serait pas devenu le maître de toute l'Allemagne. Mais si son esprit était capable de forger des plans gigantesques, son cœur était trop faible pour vouloir les mettre à exécution.

Si la soif de conquête était loin d'être un trait dominant de son caractère, l'amélioration du peuple dont il était le maître était loin aussi d'être son souci principal. Des projets élevés de législation morale ne sont jamais entrés dans son âme, soit qu'il considérât comme indigne d'elle les hommes et, en particulier, ceux qu'il commandait, soit qu'il estimât qu'il aurait travaillé à l'encontre de ses vues et particulièrement de sa façon de gouverner.

. . . .

Conscient de sa supériorité sur ceux qui l'entouraient, il ne leur permettait que d'être les instruments serviles de sa volonté. Cette façon de gouverner était impropre à former d'habiles hommes d'Etat. Quand un autre pense et veut à notre place, nos facultés de réflexion et de volonté s'assoupissent faute d'exercice. Nous ne ressemblons plus alors qu'à ces conduites d'eau qui laissent venir de la source le fluide fertilisateur sans le purifier. La comparaison avec un filtre pourrait convenir, si un filtre n'épurait pas. Des hommes habitués à se laisser façonner d'une manière toute passive ne seront guère aptes à donner eux-mêmes la première impulsion, ainsi qu'un *primum mobile* (1) actif.

Le roi Frédéric semble avoir été d'avis que, dans une monarchie, le monarque doit s'élever d'autant plus au-dessus de ses serviteurs par la grandeur de son esprit qu'il leur est davantage supérieur en puissance. Il aurait eu raison, à ce qu'il me semble, si la monarchie avait dû

---

(1) En latin dans le texte allemand : premier mobile.

rester telle quelle. Le roi Frédéric régna uniquement selon son bon plaisir et n'en fit qu'à sa tête, tant que sa façon de régner resta originale. Cette méthode avait une conséquence excellente : l'unité dans le gouvernement. Dans sa façon de gouverner tout était d'une pièce. Tout était systématique et cohérent, car l'esprit de suite était un trait dominant de son caractère. Il ne se repentait jamais d'une erreur dont il s'était aperçu et cela, à mon avis, en vertu d'une très grande sagesse politique, car l'hésitation au sujet des mesures à prendre enlève tout prestige au gouvernement et l'étrange spectacle des projets que l'on fait et défait tour à tour, loin d'être une preuve de sagesse, ruine les forces de l'Etat.

Comme des esprits éminents ne sont pas de si bonnes canalisations (selon l'expression que j'ai adoptée plus haut) que des hommes très moyens, et comme ces esprits s'immiscent volontiers dans les affaires et y ajoutent volontiers du leur, Frédéric II n'aimait pas à en avoir autour de lui et ce n'était pas ces intelligences d'élite qu'il appelait aux fonctions de l'Etat. Si cela était arrivé de temps en temps, il ne faudrait voir là que des exceptions qui démontreraient que même les caractères les plus conséquents ne le sont pas toujours.

Au cours de ses premières années il choisissait de ces esprits supérieurs comme compagnons de ses divertissements. Mais un tel choix le dégoûta bientôt, car il aurait voulu se distinguer en toutes choses, ce qui n'était guère possible en pareille compagnie. Voilà pourquoi il se contenta en fin de compte de rester en correspondance avec des hommes de génie et se choisit des compagnons de l'espèce moyenne. Il est digne d'intérêt, en tout cas, de faire remarquer que, comme il parlait avec une abondance extraordinaire, il ne pouvait apprendre à connaître les gens auxquels il ne laissait pas dire un mot.

Comme, en général, il ne choisissait que des hommes

médiocres comme instruments de ses volontés et qu'encore il ne les laissait que rarement juger et agir par euxmêmes, on comprendra bien facilement qu'il ne forma et ne laissa derrière lui aucune pépinière d'hommes d'Etat hardis capables de concevoir et d'exécuter les projets les plus gigantesques. Comme, en outre, ce monarque luimême n'était pas un génie excentrique et qu'il ne sentait son âme tourmentée d'aucune ambition démesurée et d'aucun désir sublime de changer la face du monde, il pouvait encore moins imprimer à sa monarchie un caractère intellectuel qui n'était pas le sien. En conséquence, il laissa après sa mort un Etat qui mérita d'être aimé par ses voisins plus que cela n'arrive d'habitude, car, en vertu de son caractère, cette monarchie ne pouvait que protéger les autres et non leur nuire et, en ne menaçant l'indépendance d'aucun Etat allemand, elle assurait la liberté de tous.

Blick auf zukünftige Begebenheiten.
Ibid. p. 100-105.

L'ESPRIT DU NOUVEAU SYSTÈME DE LA GUERRE

1. On ne doit faire que des guerres offensives.

Dans une guerre défensive, toutes les positions et toutes les marches parallèles sont inutiles : elles ne peuvent opposer une digue à l'ennemi, comme on s'en rendra compte bientôt. Défendez une position, si forte soit-elle, si bien protégée contre toute attaque de front, si bien choisie qu'elle puisse être pour couvrir le pays, l'ennemi vous en expulsera. Il atteindra rapidement ce résultat par des manœuvres sur vos flancs, surtout s'il vous est supérieur.

Je puis donc hardiment affirmer, bien que cette règle

soit neuve, qu'on ne doit jamais faire une guerre proprement défensive, mais qu'on doit reprendre au plus tôt le rôle de l'agresseur en opérant sur les flancs et les derrières de l'ennemi.

2. *L'avantage du nombre est décisif dans la guerre moderne.*

La supériorité réelle que donne l'avantage du nombre, dans le nouveau système de la guerre, s'explique déjà par ce fait qu'une armée ne doit pas se laisser déborder et a tout intérêt à déborder elle-même l'ennemi. Si l'on a plus d'hommes que l'adversaire et si l'on sait tirer de cet avantage un habile parti, ni son grand talent militaire, ni la vaillance de ses soldats ne lui serviront de rien. Les meilleures troupes ne peuvent, en effet, que vaincre l'ennemi qu'elles ont devant elles; mais, tandis qu'elles le renverseront, un autre ennemi les attaquera par le flanc.

Qu'on ne dise donc pas : « Avec trente mille hommes exercés et courageux, je puis forcer un ennemi trois fois plus nombreux à quitter le champ de bataille. » A l'enveloppement par des forces plus grandes, les plus braves et les mieux disciplinés doivent céder.

3. *C'est donc le nombre et la masse, plutôt que la vaillance et le talent qui assureront désormais la victoire.*

Par la « masse » il faut entendre aussi bien les éléments matériels de la guerre que le nombre des combattants, car les uns sont indispensables à l'entretien des autres. La quantité des vivres, des habits, des armes, des canons et des munitions décide autant de la victoire que la multitude des hommes... Tels sont les éléments qui, dans la guerre moderne, assurent le triomphe d'une armée.

Dans la mesure où l'on peut tout se procurer avec de l'argent, la quantité d'argent que l'on possède est décisive elle aussi. Or, l'appât du gain est si irrésistible que l'on peut acheter ses fournitures de guerre même dans les pays ennemis, quand on ne les trouve pas dans le sien... et je ne parle pas de l'avantage qu'a le plus riche d'arriver à ses fins par la corruption. A ce sujet Montecuculli disait déjà : pour faire la guerre il faut posséder trois choses, à savoir de l'argent, de l'argent et de l'argent.

Mais les matériaux nécessaires pour faire campagne ne dépendent pas de l'argent qu'on possède, dans la mesure où il est important de les avoir sous la main et d'en pouvoir rassembler plus vite que l'ennemi une plus grande masse. Un Etat qui posséderait plus d'argent que son adversaire, mais moins de ce qu'il faut pour faire la guerre, — par là j'entends aussi les hommes, — devrait tout faire venir de loin, peut-être d'au delà des mers. C'est un retard qu'il ne pourrait rattraper ; et son ennemi, plus pauvre d'argent, mais plus riche en éléments matériels, en rassemblerait avant lui une plus grande masse et l'écraserait sous ce poids.

4. Conséquence de ce qui vient d'être exposé : Les petits
États seront engloutis par les grands Empires.

Si la quantité des ressources militaires doit décider tôt ou tard de la victoire, il est bien clair que les petits Etats ne peuvent rien contre les grands, mieux pourvus des matériaux d'une guerre. Chez les anciens le courage et la discipline, opposés à la plus grande masse, la compensait... Mais aujourd'hui toute l'énergie morale, tout le talent militaire individuel du petit nombre échoue nécessairement contre le grand. On doit bien entendu savoir faire de sa supériorité numérique un usage conforme au nouveau système de la guerre ; mais il reste certain que, dans les luttes des temps modernes, les faibles n'ont vaincu les puissants que par la faute de ces derniers. Au surplus, les nouvelles méthodes de guerre ne se sont développées qu'à une époque toute récente : on saura mieux, dans l'avenir, tirer profit de tous ses avantages.

Non seulement les grands empires sont plus riches, mais encore leurs frontières sont plus étendues que celles des petits Etats limitrophes. Le pays le moins vaste se trouve même souvent enfermé dans les limites du plus grand... Quel double avantage pour celui-ci !

Je ne parle que des petits Etats limitrophes, car, selon la nature des choses, on attaque d'abord son voisin avant d'en venir au plus éloigné. Si on ne se conforme pas à cette règle, les pays qui séparent les deux adversaires peuvent se déclarer pour ou contre le grand empire. S'ils sont contre lui tout est changé; car une coalition de petits Etats en fait un grand. Même dans ce cas, pourtant, la concentration des pouvoirs et des moyens coërcitifs dans les mains d'un seul corps politique donne encore au grand empire un avantage militaire sur toute fédération d'Etats indépendants.

5. *Les grandes puissances se partageront donc un jour l'Europe entière.*

Il existe déjà en Europe plusieurs puissances dont les forces sont à peu près égales. Il n'est donc plus possible aux unes d'engloutir les autres et de mettre fin à leur existence politique. Mais au milieu d'elles il s'en trouve de plus petites qui doivent, tôt ou tard, devenir leur proie. Cela arrivera dès qu'il semblera bon aux grandes puissances de s'entendre sur le partage.

S'il n'y avait en Europe qu'un seul grand Etat au milieu de plus faibles, le premier subjuguerait tous les autres et une « monarchie universelle » serait fondée...

Puisqu'il existe plusieurs grands empires, il est clair qu'il faudra considérer l'Europe comme une « aristocratie ».

A cet égard encore on pourra donc dire en vérité : « A celui qui a déjà, on donnera jusqu'à ce qu'il ait sa suffisance ; et à celui qui n'a rien, on lui prendra ce qu'il croit posséder. » ......

...Ainsi, plus tôt l'Europe sera partagée entre diverses puissances séparées par leurs frontières naturelles, plus tôt le règne de l'éternelle paix s'établira. Il serait donc à souhaiter que s'accomplisse au plus vite cette salutaire opération.

Geist des reuern Kriegssystems, I, § 10,
II, §§ 1, 2, 3, 6 (Ibid. pp. 202, 256, 259-60, 275).

II

Ernst-Moritz ARNDT (1769-1860).

Ernst-Moritz ARNDT est né à Schoritz, dans l'île de Rügen (Suède), le 26 décembre 1769. Il vient en Allemagne étudier la théologie, embrasse la carrière ecclésiastique, mais l'abandonne trois ans après. Il parcourt l'Europe et finit par se fixer comme professeur d'histoire à l'Université Greifswald, en Allemagne, vers 1800. C'est alors qu'il commence à écrire ses ouvrages politiques. — Les événements de 1806 le mènent en Suède ; l'inaction lui pesant, il repasse en Allemagne au moment où Napoléon vient de l'en bannir (1809). — Il échappe aux recherches, se rend à Berlin où sa maison est le centre de réunions patriotiques, fréquente — surtout à partir de 1812 — Blücher, Scharnhorst, Gneisenau, se lie avec le baron de Stein qu'il accompagne dans ses voyages en Russie et en Allemagne, et contribue puissamment par ses pamphlets et ses poésies au soulèvement de 1813.

Suspect de « jacobinisme », il encourt la disgrâce de son Gouvernement (1819). Il connaît de longues années de mépris et d'oubli : ce n'est qu'en 1840 qu'il recouvre sa place de professeur d'histoire à Bonn. — L'estime et l'admiration de ses compatriotes, les honneurs, lui reviennent ; et c'est en pleine gloire qu'il meurt, le 29 janvier 1860.

Arndt jouit en Allemagne d'une grande popularité aussi bien par ses poésies violentes et haineuses que par ses œuvres politiques. — Aussi est-il intéressant de connaître ses idées et de se rendre compte de la part de responsabilité qui lui revient dans la mentalité allemande.

Les extraits qui vont suivre sont empruntés à des œuvres publiées à des dates très différentes. Par cela même, elles permettent de suivre l'évolution de la pensée politique de leur auteur.

Ces œuvres sont :

1° *Germanien und Europa (La Germanie et l'Europe)* (1803) ; 2° *Der Geist der Zeit (L'Esprit du temps présent)*, 4 volumes (1806-1809-1813-1818) ; 3° *Pro populo germanico* (1854). On citera ces deux derniers ouvrages d'après l'édition Meisner, Schirmer et Lorenz. 1892 sq.

Arndt, dans ces livres, s'élève avec énergie contre la suprématie de la force — entendez la domination napoléonienne. — Il appelle l'Allemagne à l'union, au patriotisme et, par là, à la grandeur. — A cela nous n'avons rien à redire. — Mais, par un singulier manque de logique, ce qu'il reproche aux puissances « abusives » de l'Europe, l'Angleterre et la France, Arndt l'accorde à la puissance « lésée », l'Allemagne. Il envisage la possibilité d'annexer les petits Etats, de dépouiller l'Angleterre et la France au profit de l'Allemagne, d'augmenter la force de celle-ci, afin qu'elle puisse revendiquer les droits d'un peuple de maîtres. Le monde tout entier est ouvert à la domination allemande. Bizarre justice ! Là se trouve déjà en germe le délire conquérant dont nous subissons aujourd'hui l'assaut.

Les Allemands mettent Arndt au rang de leurs prophètes. Ils n'ont jamais eu plus raison. Car si jadis ses prévisions se réalisèrent, je dirai qu'actuellement encore elles se réalisent, jour après jour, heure après heure. N'a-t-il pas écrit en parlant du peuple conquérant : « Ce peuple devient instable et cruel tout ensemble ; il devient brutal parce qu'il ne rencontre aucune résistance, mais qu'il règne en despote. Il devient même, à la fin, faible et lâche ; et si un choc inattendu survient, le matador s'écroule et se brise. »

Et nous dirons avec lui ce que ses fervents eussent dû méditer davantage : « L'injustice et l'infamie des Etats reçoivent leur châtiment tout comme l'injustice et l'infamie de l'individu. »

J. MONIER.

I. DES FRONTIÈRES NATURELLES DES ÉTATS.

Arndt expose longuement ses idées sur ce que doit être un Etat, et il insiste particulièrement sur les conditions géographiques qui le déterminent.

Je veux que, par ses lois géographiques, l'Etat reçoive d'abord une base solide, et qu'il se développe ensuite au gré du hasard et de sa propre nature. On ne lui posera pas d'autres limites que celles que lui ont données la nécessité du climat, du pays lui-même et des territoires environnants. Oui, chaque Etat a droit à de fermes réclamations vis-à-vis des Etats voisins, quand ceux-ci lui

ravissent injustement l'air et la lumière dans lesquels il
doit croître et se développer.

Germanien und Europa, 1803, p. 326.

2. TOUT ÉTAT DOIT AVOIR L'ACCÈS DE LA MER.

Il faut que chaque pays, si la nature n'y a pas mis d'obstacles, obtienne sa mer : car, par le commerce, par l'activité et l'industrie qu'elle suscite, la mer est le plus grand instrument de culture.

Germanien und Europa, p. 327.

La Pologne ne sut pas reconnaître que son devoir de nation était avant tout de défendre sa frontière maritime et d'en chasser les chevaliers teutoniques.

Cette négligence fut la mort de la Pologne.

Lorsqu'au XVIIIe siècle la Prusse et la Russie s'emparèrent complètement de son domaine maritime — car géographiquement le nord de la mer Noire appartient pour la plus grande partie à la Russie — autant valait dire que la Pologne n'existait plus ; sans mer, entourée de puissants voisins, n'ayant aucun instrument de culture supérieure, n'ayant pour la défendre aucune des frontières assurées par la nature, il lui était impossible de devenir jamais quelque chose : elle devait disparaître tôt ou tard.

Ibid., p. 329 et 330.

La Russie qui, depuis le XIIIe siècle, subissait le joug des Mongols, fit au XVe siècle les premières tentatives pour s'en libérer. Au XVIe, elle combattit — en vain, il est vrai — pour aboutir quelque part à la mer : la Suède ne la laissa pas jouir longtemps du coin de mer Baltique qu'elle avait conquis.

Enfin, Pierre le Grand arriva au pouvoir. Ce que d'autres souverains n'avaient pu apprendre de toute l'expérience et de toute la culture dont ils étaient entourés, Pierre le Grand le saisit du premier coup d'œil : « Il lui fallait conduire son peuple à la Baltique et à la mer Noire pour pouvoir le civiliser. »

Cela lui réussit : il vit les premiers vaisseaux russes voguer sur la Baltique et, par le Don, il ouvrit à son peuple la domination de la mer Noire.

Ibid., p. 330 et 331.

La Hongrie n'a jamais eu ses frontières naturelles, ni l'étendue de mer qui lui revenait, aussi la nation n'est-elle pas encore devenue ce qu'elle aurait pu être et ce qu'un jour peut-être elle sera. La Hongrie n'est jamais parvenue à sa mer.

Ibid., p. 332.

Mais Arndt répare cette injustice en partageant l'Europe du Sud-Est d'après les principes géographiques, linguistiques et ethniques précités. Il obtient ainsi deux États : l'un d'eux serait une Grande Grèce ; l'autre serait la Hongrie.

L'État septentrional que, probablement à tort, nous nommons l'État hongrois, recevrait une partie de la mer Noire et de l'Adriatique comme l'organe de civilisation qui lui est dû. La frontière occidentale serait constituée par la Marosch, et, en partant de ce fleuve et descendant vers le Sud, par la frontière ouest de la Dalmatie. Les Karpathes et le Dniester jusqu'à son embouchure limiteraient cet État au nord ; quant à la frontière sud, elle serait fermée par l'Hémus et les montagnes qui séparent l'Albanie de la Dalmatie, quand on trace une ligne presque droite de Varna sur la mer Noire à Raguse sur 'Adriatique. C'est là un État magnifique, mais qui doit avant tout être un État unique, s'il veut assurer sa complète sécurité, compromise par ses nombreuses frontières continentales, et empêcher que la mer lui soit jamais fermée.

Ibid., p. 333.

3. DU « DROIT A L'EXISTENCE » DES PETITS ÉTATS.

Les événements, dit Arndt, ont prouvé qu'il n'est pas bon d'être
un petit État.

La Pologne qui était petite en tout, sauf en étendue,
la Suisse, Venise en sont de grands exemples. Au
moyen âge, où les grands Etats n'existaient que subdi-
visés eux-mêmes en une infinité de petits, ces petits Etats
ont pu avoir assez de puissance et d'éclat. Mais ils ont
généralement pris aux dépens de tout un pays la meilleure part géographique.

D'après notre conception des choses ces petits Etats
doivent disparaître, parce que géographiquement il leur
est rarement donné de subsister.

La frontière naturelle de la Pologne était lésée par la
Prusse, la Courlande et la Livonie ; et cette « lésion » fut
assurément la principale cause de la mort politique définitive de ce pays.

Jusqu'aujourd'hui la Hollande constitue l'atteinte la
plus criante à la frontière naturelle de l'Allemagne.

Ibid., p. 337.

4. LES FRONTIÈRES DE LA FRANCE. — LE RHIN.

La question des frontières naturelles de la France a pour Arndt
un intérêt tout particulier. — La France revendique comme
telles les Pyrénées, les Alpes, le Jura et le Rhin. — Les Pyrénées et les Alpes semblent à Arndt frontières indiscutables ; le
Jura moins ; le Rhin doit être allemand sur ses deux rives.

Le pays qui s'appelle maintenant l'Allemagne doit *seul*
posséder le Rhin et la mer des deux côtés du fleuve
comme ses frontières naturelles.

La France, dans ses anciennes limites, a deux fois autant
de mer — par suite deux fois autant de moyens de culture
et de défense que l'Allemagne.

Géographiquement, la Somme en Picardie pourrait

déjà former sa frontière nord, et l'Allemagne n'aurait par là que la mer qui lui revient en raison de sa situation générale.

Si nous faisons intervenir aussi la seconde loi des frontières naturelles — savoir la langue, — loi qui cependant doit toujours être subordonnée à l'autre, — la France s'étend alors jusqu'à l'embouchure de l'Escaut, et de là par Bruxelles, Liége, Luxembourg jusque vers Landau et le Rhin.

De quel droit, si ce n'est de celui de la force et de la pure convenance, la France prend-elle maintenant tous les territoires de la rive gauche du Rhin, et pose-t-elle ce fleuve comme sa limite nord, jusqu'à ce qu'il lui plaise d'en faire autant du Spessart, de l'Odenwald et de la Weser?

Bien plus, la frontière du Rhin paraît déraisonnable au point de vue politique, — du moins à l'heure actuelle — étant donné qu'elle est injuste, parce qu'elle ferme encore davantage la mer à l'Allemagne, et qu'elle est inutile parce que la France, même dans ses anciennes frontières, n'a aucun ennemi à redouter.

Ibid., p. 386 et suiv.

5. LES FRONTIÈRES NATURELLES DE L'ALLEMAGNE.

Considérons un instant l'Allemagne comme une *unité*, — ce qu'elle aurait pu certainement devenir à l'exemple de la France et de la Grande-Bretagne, mais ce qui ne lui fut pas permis —; quelles sont ses frontières naturelles?

Au sud, les Alpes et l'angle nord de l'Adriatique. Au point de vue géographique et linguistique, la Suisse presque entière rentrerait dans ces limites.

À l'ouest : la mer des Pays-Bas français et bataves; dès le XVIe siècle cette frontière fut lésée.

L'Allemagne a de plus des droits à faire valoir sur la
mer du Nord. D'après sa situation, en effet, tout le sud de
l'Allemagne est obligé de tendre vers cette mer, en
empruntant le cours du Rhin, pour recueillir richesses
et culture.

Au nord, la frontière légitime de l'Allemagne est
l'Eider et la Baltique. A l'est, l'actuelle frontière politique se trouve être aussi frontière géographique, puisque, par un hasard heureux, elle concorde presque
complètement avec la frontière linguistique.

Ibid., p. 411.

6. LA FRONTIÈRE DU RHIN.

C'est vers le Rhin que devront se porter nos premiers
grands efforts. Peut-être sera-ce une tâche longue et difficile, mais qu'il faudra nécessairement accomplir, si l'on
ne veut pas rester à mi-chemin et retrouver d'ici quelques années les Français là où ils sont maintenant. Il
faut à tout prix que ce peuple turbulent et avide de
conquêtes cesse de posséder la frontière du Rhin. Et, en
effet, nous aurons beau accumuler en un traité, les
clauses, les serments écrits et les engagements, et les
personnages les plus divers pourront apposer leurs
signatures — la force naturelle est toujours supérieure à
une force de conventions lorsque les fondements de la
paix sont peu certains.

Instrument de l'ennemi, le coude du Rhin s'avance
impitoyable dans la chair allemande et sa pression n'en
sera pas plus légère, même si on nous promet ou si nous
exigeons qu'il soit enveloppé de [la] laine ou de [la] soie
moelleuses [des traités].

Quel avantage pour la France, si elle continue à posséder le Rhin et les places fortes qui le dominent! Dès

lors, les Pays-Bas, la Suisse et la majeure partie de
l'Italie septentrionale lui sont soumises. L'Allemagne lui
est ouverte jusqu'à l'Elbe et aux monts de Bohême; ses
armées peuvent violer impunément nos frontières, dé-
vaster les territoires avoisinants et pénétrer aussi loin
qu'il leur plaît, au cœur même de l'Allemagne. Par
contre, aucune force ennemie ne peut avancer jusqu'au
Rhin et à plus forte raison traverser ce fleuve. Si donc
on veut dépouiller la France de cette supériorité, et cela
autrement qu'en apparence, il faut que l'Allemagne
reconquière ses anciennes limites. Ainsi les deux peuples voisins se dresseront face à face dans des conditions
analogues et cette crainte réciproque sera une garantie
plus certaine de la sécurité des marches, de l'équilibre et
de la paix européenne que toutes les bulles et tous les
traités du monde dont les engagements et les promesses
ne se maintiennent qu'à la pointe de l'épée.

D'ailleurs, les Allemands ne réclament que ce qui leur
est dû. Ils veulent s'adjoindre à nouveau ces hommes de
leur pays et de leur langue qui leur ont été arrachés
sous Louis XIV, sous Louis XV, et durant toute la période de brigandage français. La frontière germanique
primitive est marquée par les Vosges, le Jura et les
Ardennes, les mœurs et la langue des habitants de ces
contrées en sont une preuve incontestable; et puis, que
les Allemands se gardent bien de s'approprier ou même
de convoiter cet élément de corruption que serait pour
eux une portion de la terre française.

Arndt se pose alors une objection assez naturelle : — En s'em-
parant du Rhin ne donnera-t-on pas la supériorité à l'Allemagne ?

Eh bien ! je répondrai que non, les cas sont tout à fait
différents et l'Allemagne accrue des pays rhénans et des
provinces autrefois perdues fera alors seulement équi-

libre à la France. Le Rhin fut de toute antiquité un fleuve germanique, les pays qu'il traverse sont allemands, ils le furent et le restèrent jusqu'au siècle dernier; et pourtant, l'Europe eut-elle jamais à subir le joug allemand? De tout temps, les Germains furent pacifiques autant que valeureux, jamais ils ne partirent à la conquête de pays lointains, jamais ils ne cherchèrent à anéantir les peuples voisins, si toutefois l'on excepte cette période de trouble et de bouleversement universels, généralement connue sous le nom de Migration des Peuples (1) et où, sous l'influence d'une poussée gigantesque des hommes et du destin, la plupart des peuples se virent chassés de leurs territoires et contraints dans leur fuite à déplacer les peuples voisins.

. . . .

Nos empereurs repoussaient les attaques ennemies, mais jamais ils ne prenaient l'offensive et seules les intrigues, les provocations, et l'insatiable cupidité du peuple romain purent les engager à leur tour à des incursions et à des conquêtes. Ainsi « l'homme aiguise l'homme et le fer aiguise le fer ». N'ayons aucune crainte à ce sujet. Les Français sont avides de conquêtes, jamais leurs possessions ne répondent à leurs ambitions ; quant aux Allemands, plus justes et plus pondérés, ils se contentent de bâtir sur le sol de leurs ancêtres.

Et Arndt arrive à cette conclusion :

Déclarons donc à la France une guerre rapide et sans merci, que notre puissant effort se porte promptement au delà du Rhin, et ne remettons pas l'épée au fourreau avant d'avoir émancipé et ramené à l'empire allemand tous ces peuples de langue germanique, tant ceux qui

---

(1) C'est le nom allemand de l'Invasion des barbares.

habitent la Lorraine et l'Alsace que ceux du Luxembourg
et des Flandres. Voilà la tâche et voilà le but. Et si on ne
les délivre pas, si les efforts de chacun ne tendent pas à
la réalisation de cette tâche, autant vaut ne rien entreprendre, en vain Dieu aura offert aux Allemands des
trésors qu'il leur reprendra s'ils sont trop paresseux pour
en jouir.

Geist der Zeit., t. III,
Ed. E. Schirmer, p. 215.

7. LE PÉRIL AUTRICHIEN

Pendant de longs siècles l'Autriche avait réussi à con-
tenir et à diriger les aspirations des nombreuses races
et des lambeaux de peuples qui se partagent son sol. En
dépit des difficultés que suscitait la grande diversité de
langues, de mœurs, d'habitudes et de lois, cet ordre
avait été assez bien réalisé par un gouvernement tyrannique et absolu en quelques endroits, mais le plus souvent dénué de toute forme et de toute tendance générale.
Ce furent alors 1848 et 1849, les années de tourmentes ;
après divers essais infructueux, les soldats furent chargés
d'assurer l'établissement d'une constitution nouvelle et
définitive, et ce fut le règne de l'autorité militaire dans
toute sa brutalité et dans toute son intransigeance : fusion
des éléments les plus divers, pétrissage d'une pâte telle
que ne l'eût pas désapprouvé l'antique Médée et d'où
l'Autriche devait sortir rajeunie et vivifiée. Lorsque rap-
pelé à cet effet du champ de bataille, le téméraire
Schwarzenberg eut réalisé dans sa patrie cette refonte
générale, il risqua ses regards vers le nord et le nord-
ouest, et l'idée lui vint qu'il ne serait pas si mal de faire
entrer dans la pâte tous les peuples établis entre la Baltique, la mer du Nord, le Rhin et la Vistule et de créer,
par l'adjonction de ces braves Allemands, un nouvel

État, du genre persan ou chinois, un « Empire du Milieu » des temps à venir. Ce qu'il venait d'accomplir pour l'Autriche avec une extraordinaire fermeté, il résolut de l'essayer aussi en Allemagne, et il pensait sans doute que la tâche rendue si difficile par l'entêtement farouche des Magyars et des Slaves, serait grandement facilitée par la mollesse et la malléabilité du peuple allemand.

Comment ! l'Autriche espère trouver en nous cette faiblesse sans recours, ce complet oubli des sentiments de l'honneur, elle veut nous unir aux plus diverses et aux plus barbares des races étrangères ; cette proposition, elle ose la faire au moment où tout ce qu'il y a de noble en nous ne rêve qu'unité, puissance et rétablissement de la force et de l'honneur allemands, et il n'y aurait pas là de quoi réveiller notre juste colère, de quoi arracher des étincelles au cœur le plus indifférent !

Pro populo germanico, 180.

8. ERREUR DE LA POLITIQUE AUTRICHIENNE EN ITALIE

Les frontières actuelles déterminent pour l'Autriche et pour l'Italie une situation difficile et vraiment tragique.

.   .   .   .

En Italie, l'Autriche se proposait avant tout l'arrondissement de son territoire, mais elle croyait très sérieusement y obtenir la prépondérance, ou tout au moins y neutraliser l'influence française. Je ne crois pas qu'elle ait atteint ce but et il me semble qu'elle accroîtrait à moins de frais sa puissance et qu'elle assurerait de façon plus noble l'intégrité de son sol en réorganisant l'Italie ou en aidant à cette réorganisation.

L'Autriche nous rappelle sans cesse ses 5 ou 6 millions de Lombards et elle en fait un des éléments de sa force. Mais cette force étant illusoire est, en réalité, une faiblesse pour elle. Les Italiens sont et resteront Italiens, tout comme nous sommes et resterons Allemands. Les Français, inconstants et volages, leur sont, il est vrai, peu sympathiques ; et cependant ils se sentent plus proches d'eux que des Allemands qu'ils n'ont jamais pu souffrir. Quant aux Autrichiens, ils les détestent et leurs manières ne leur inspirent que haine et mépris.

Quel bénéfice l'Autriche tire-t-elle donc de cette Italie enchanteresse ? Certes, il lui est permis en temps de paix de l'exposer aux regards comme un des joyaux les plus riches de la couronne, mais que deviendra ce joyau, le jour où la trompette guerrière ira partout répandre l'alarme chez les peuples voisins ? En temps de paix, l'Autriche entretient en Italie de 70.000 à 80.000 soldats allemands ou hongrois, elle transporte les Italiens au delà des montagnes, au cœur même du pays, et il y a peu de chances qu'elle puisse compter sur eux au jour du danger.

Mais, dira-t-on,... l'Autriche n'est-elle pas contrainte à garder vis-à-vis de la France une telle situation ? Non, répondrai-je, il faut à tout prix abandonner une politique hostile d'où ne peuvent naître que haines, révolutions et violences. Si l'Autriche voulait agir au mieux de ses intérêts, tout en ménageant l'Italie, elle irait occuper en arrière les positions naturelles que Dieu lui a données, les plus fortes et les plus belles au monde. Du haut des cîmes alpestres, elle assisterait aux évolutions de la politique européenne et elle remplirait sa destinée de gardienne et d'amie des peuples.

. . . .

L'Autriche aurait dû profiter des années 1814 et 1815 pour réorganiser avec justice et humanité l'Italie démem-

brée, y fixer la part d'indemnités et de satisfactions territoriales qui revenait à chacun : Pour elle, ses vues devaient
se diriger ailleurs. Elle n'a pas besoin de l'Italie, ses
frontières naturelles sont les plus fortes qu'on puisse
imaginer ; et, campée sur la crête des Alpes tyroliennes
dont elle commande toutes les vallées, elle domine aisément l'Italie tout entière. Il lui suffirait de construire
une forteresse à la frontière du Frioul, sur l'emplace-
ment de l'antique Aquilée, pour qu'on puisse la considérer comme inaccessible de ce côté.

Si toutefois l'Autriche désirait s'agrandir, elle aurait
dû diriger ses regards d'un tout autre côté, suivre droit
devant elle la grande voie mondiale du Danube et si ses
vues, attardées sur le Levant, s'y étaient fixées chaque
jour plus nettes et plus précises, le centre de gravité de
sa puissance serait aujourd'hui déplacé, les Russes ne
commanderaient pas en maîtres à Bucarest et à Jassy ;
enfin il leur serait impossible de contraindre les Turcs
de Constantinople à signer des traités avec eux.

Ibid., p. 187 sq.

9. L'AVENIR DE L'AUTRICHE EN TURQUIE

Qu'adviendra-t-il de la Turquie et le moment est-il venu
de se poser cette question ?

Ici encore les Russes sont déjà maîtres de territoires
qui revenaient aux Autrichiens dès l'instant où les Turcs
n'étaient plus capables de s'y maintenir. En effet, les lois
divines de la Nature n'ont-elles pas assigné aux seigneurs
du Danube ces provinces de Bessarabie, de Moldavie, de
Valachie qu'aujourd'hui la Russie serait presque en
droit d'appeler siennes ?

Le jour où la Turquie s'effondrera, où on la démembrera et où les peuples se précipiteront pour partager cette proie, il faudra que l'Autriche intervienne et de l'épée se fraye un passage jusqu'à la mer Noire. La Bessarabie, la Moldavie, la Valachie, les provinces danubiennes de Bulgarie, de Serbie, de Bosnie et toutes celles qui s'étendent au sud jusqu'au pied des hautes montagnes de Grèce, en un mot, le bassin du Danube inférieur revient tout entier au souverain de Pannonie, dont le trône impérial est établi à Vienne.

Les Carpathes au nord, à l'est les marécages et les steppes qui bordent les deux rives du Dniestr, marquent les limites naturelles de ces provinces et forment ainsi la zone de contact de deux peuples très différents : les Autrichiens et les Russes.

Dès lors, tout diplomate autrichien, ayant l'expérience du monde et de son histoire, capable d'apprécier les forces géographiques et les conséquences qu'elles ont pour la situation mondiale d'un Etat, n'hésitera pas à attaquer le tsar de Pétersbourg et à lui dire bien en face : « Que t'importent les territoires au sud du Dniestr et du Dniepr? Tu n'as rien à voir de ce côté-ci des fleuves, laisse-nous donc le chemin libre ! »

En temps de guerre, cette frontière serait plus avantageuse encore ; les Russes se verraient contraints à déployer leurs forces dans ces contrées qui sont marécageuses et, par suite, fort pauvres. Les Autrichiens, au contraire, recevraient en abondance par le Danube les approvisionnements que leur fourniraient les riches plaines de Hongrie.

Une seule grande victoire remportée sur les Russes au bord du Pruth ou du Danube, et la situation de ces derniers sera trois fois plus difficile à rétablir dans cette région, que ne le serait celle des Autrichiens s'ils étaient vaincus dans les mêmes conditions.

Le choc des deux grands empires est-il proche ou éloigné? Qui le sait? Seuls le développement et la destinée
de la Turquie et de l'Orient pourront en décider. Mais
bien des questions sont soulevées et bien des rapports
dressés à ce sujet dans les différents centres diplomatiques d'Europe. Quoi qu'il en soit, je l'ai déjà dit et je le
répète, si la Turquie est incapable de demeurer ce qu'elle
est, il faut que l'Autriche déverse ses armées sur les territoires précédemment indiqués et qu'elle en chasse violemment les Russes.

Pour l'instant une note d'amitié, voire même de reconnaissance, semble se glisser dans les relations entre François-Joseph et le tsar; quelques hommes politiques vont
même jusqu'à déclarer sottement que, par reconnaissance,
l'Autriche ne devra jamais chercher à supplanter la
Russie et lui laisser; au contraire, prendre partout les
devants. Je ne sais où en sont les sentiments d'amitié et
de gratitude qu'éprouve le jeune empereur d'Autriche
pour le vieux tsar de Russie, mais je puis affirmer que
jamais l'Autriche n'aura le droit de se subordonner à la
Russie, fût-ce même par reconnaissance.

Sans doute, on allègue la révolte hongroise qui s'est
produite lors des troubles de 48 et 49. On rappelle l'aide
salutaire que nous apporta l'armée russe, on dit avec
quelle noblesse, avec quel désintéressement le tsar libé-
rateur envoya ses troupes au delà des Carpathes; mais
moi je répondrai : « En luttant sur la Theiss et sur le
Danube, la Russie n'a fait que défendre sa propre cause,
elle a mis ses armées en campagne pour réprimer une
révolte qui la menaçait aussi bien que l'Autriche; et
croyez-vous donc, par hasard, que le calme se serait
maintenu au nord des Carpathes et sur tout le territoire
polonais, si la République avait triomphé, grâce aux généraux de Kossuth? »

Ibid., p. 193, sq.

10. COLONISATION DE L'ASIE

Enfin, j'attirerai de nouveau l'attention sur un point qui nous a plusieurs fois déjà arrêtés et qui frappe tout homme politique soucieux d'examiner l'état actuel des choses. Admettons que la paix se maintienne dix ans, qu'aucune épidémie, peste ou autre mal jusqu'alors inconnu, ne s'abatte sur les populations qu'elle décimerait, et maints pays d'Europe, notamment l'Allemagne, la France et l'Italie, regorgeront d'habitants. De ces trois peuples, l'Allemand est celui qui s'expatrie le plus volontiers pour des destinations diverses et surtout pour l'Amérique.

Mais il est possible qu'un jour s'arrête cet écoulement de forces vers le Nouveau-Monde. Déjà le fait se produit pour les Français qui ne possèdent plus en Amérique que de rares colonies. Et alors, où se répandra donc l'essaim bourdonnant de ces émigrants français qui s'éparpillent, tout comme les Allemands, dans le vaste monde? Où faudra-t-il qu'ils aillent et où voudront-ils se fixer? Mais, en Allemagne! en Allemagne! Les Français ne se gênent pas pour nous le dire et nous le saurions, quand bien même ils n'en souffleraient mot.

Telle est la perspective qui nous attend. Certes, nous n'allons pas trembler, hésitants, à cette pensée. Il n'y a pour nous aucun danger, si une concorde fraternelle resserre les liens qui nous unissent; mais il n'en est pas moins vrai que cette perspective d'incessantes querelles au sujet de riens ne peut guère nous causer de joie.

Une nécessité à la fois religieuse et politique nous contraint donc à trouver un nouveau champ de travail

où l'Europe pourra utiliser de manière plus noble l'excès
de sa population. Il est temps maintenant d'abandonner
l'Ouest, et il nous faut diriger nos regards vers l'Est;
que l'Europe se souvienne de ces terres qui furent le
berceau de sa civilisation. Quelle belle et noble tâche
là-bas pour la Sainte-Alliance! Il faut que le flot européen s'écoule vers l'Asie et l'Afrique, afin de rajeunir par
le christianisme et par l'humanité ces peuplades que la
barbarie la plus grossière a perdues pour le travail et la
civilisation. D'ailleurs elles habitent des contrées mer-
veilleuses. C'est la Barbarie, l'Égypte, la Syrie, l'Asie-
Mineure et la Grèce toute frangée d'îles charmantes. Si
la Chrétienté entreprenait sous forme de croisade ce
grand acte d'humanité, si des armées et des flottes européennes allaient s'emparer à l'avance des forteresses et
des ports et si, les suivant, de joyeux colons allaient
occuper le pays, l'Asie et l'Afrique redeviendraient enfin
chrétiennes et l'Europe glorifiée de ce côté de la mer
cesserait d'être inquiétée là aussi. L'exécution d'un tel
plan serait facile, l'Égypte l'a bien prouvé, puisque avec
3o.ooo hommes un général français en fit la conquête en
quelques semaines et s'y installa si solidement que les
Européens seuls purent l'en chasser.

Là du moins notre sang serait répandu pour des fins
hautes et sacrées, pour la civilisation et le christianisme.
Mais ne faut-il pas compter avec la politique, l'égoïsme,
la jalousie et les passions particulières des différentes
puissances? Si simple que cela puisse être avec un peu
de bonne foi, jamais la concorde libre et chrétienne des
peuples ne pourra opérer cette grande œuvre.

Geist der Zeit, IV, 43.

II. SUPÉRIORITÉ DU PEUPLE ALLEMAND

I. — *Supériorité intellectuelle*

Nous autres, Allemands, nous sommes décidément les champions de la lutte intellectuelle.

Et cependant la philosophie allemande n'a guère été épargnée par les critiques. Que faut-il penser des reproches qu'on lui fait ?

Nombreuses furent les accusations portées autrefois contre les philosophes de la Grèce ! Le spirituel Aristophane ne s'avisa-t-il pas de nous montrer Socrate, installé dans un panier à volaille, d'où il érigeait son système et endoctrinait ses élèves ? Il semble bien que Kant, Fichte et Schelling soient aujourd'hui en butte à des accusations tout aussi ridicules. Que l'on pense au grand nombre des insensés, des fous et même des criminels suscités par la prédication du christianisme, la religion sainte entre toutes. Osera-t-on après cela demander raison à la philosophie, de tous les passionnés et de tous les imbéciles qui se drapent de son manteau et s'ornent de ses insignes ?

D'ailleurs tout ce qu'il y a d'impur dans la philosophie allemande vient de l'étranger.

Avec raison nous repoussons bien loin de nous toute cette ordure, car elle nous vient de l'étranger. Que les Français accueillent et admirent les doctrines corrompues que les Babœuf, les Saint-Simon, les Fourier ont revêtues des noms les plus divers ; elles sont la conséquence de leur légèreté coupable et de la dissolution des mœurs parisiennes. Ce n'est pas là de la philosophie allemande, mais bien plutôt une sorte de peste venue de l'étranger, une marchandise de contrebande, dissimulée à grand'peine sous quelques termes philosophiques, agrémentée de quelques arabesques, d'expressions empreintes de l'humanité la plus généreuse et du christianisme vivant des premiers siècles. Sans doute cette peste s'est propagée chez nous; le misérable état sanitaire de certains milieux le lui permettait, mais la contagion est restée bien loin de Schelling et de Hegel.

Arndt ayant ainsi dénoncé et qualifié le mal philosophique dont souffre l'Allemagne, passe en revue la situation correspondante des divers États européens : France, Angleterre, Suède, Danemark. Sans doute le peuple allemand est le siège de querelles intestines et les philosophies étrangères y ont semé la discorde, mais de l'examen des différentes tendances philosophiques, religieuses et sociales, Arndt tire une conclusion consolante :

Cette activité même qui tourmente notre peuple n'est-elle pas un gage et une affirmation de l'esprit allemand? N'est-ce pas une garantie certaine pour l'avenir? Certes, nous n'avons guère fait jusqu'ici que prendre notre élan, et les déceptions ne nous ont pas manqué durant cette période de préparation, mais bientôt elle prendra fin. Jamais un peuple aussi courageux et intelligent que le nôtre ne deviendra la proie de voisins inférieurs. L'aspiration d'un grand peuple vers l'honneur, la puissance, la majesté doit nécessairement se réaliser un jour. Confiance donc, et demeurons fermes dans une union indissoluble.

II. — *Courage militaire et civique.*

Dire que les Allemands manquent de force, de vigueur et de courage, qu'ils n'ont aucune aptitude à l'indépendance et à la domination serait une honteuse calomnie que contredit déjà l'examen le plus superficiel de l'état actuel des choses. Jusqu'ici, aucun ennemi n'a osé nier l'esprit guerrier des Allemands; or, lui seul peut conduire à l'hégémonie et, seul, il permet de la manifester.

Le Français, qui se glorifie volontiers de son esprit, de sa finesse et même de ses tromperies et de ses ruses comme si elles étaient l'expression d'une finesse plus parfaite, se moque de cette humeur guerrière allemande qu'il qualifie dédaigneusement de « courage brutal ».

C'est possible! Il est vrai qu'il y a quarante ans la France a durement ressenti les atteintes de la brute germanique.

Considérons, en second lieu, cette forme du courage et de la vaillance politique et sociale, qui permet à l'homme de se faire une place dans le monde à la faveur des combats entre citoyens ou entre peuples, et de s'avancer en jouant des coudes à travers les vagues agitées et mugissantes de la vie humaine.

Quels peuples oseront nous contester cette adresse et ce courage civique, et des peuples présomptueux et courtisans comme les Français et les Russes s'en aviseront-ils, eux qui nous sont bien inférieurs sur ce point?

Et cependant, une puissance rivalise ici avec l'Allemagne, une puissance germanique qui, profitant d'avantages momentanés, s'est montrée supérieure à nous sur quelques points et, de la sorte, nous a ravi la première place sur la scène mondiale. Je veux parler de l'Angleterre et du peuple anglo-saxon.

Comment se manifestent cette force vitale et cette activité allemandes? Par l'émigration et l'infiltration progressive dans les différentes colonies étrangères.

III. — *Aptitude à l'émigration et à la colonisation.*

Partout les Allemands ont pris la direction des industries humaines, ils se sont mis à la tête des entreprises politiques et sociales : création et organisation de comptoirs coloniaux, navigation, commerce, agriculture, etc..., et là même où les circonstances géographiques les vouaient à un échec certain, ils ont réalisé des bénéfices doubles et triples de ceux de voisins deux ou trois fois plus favorisés qu'eux.

Voyez la Méditerranée, ses rives sont partout occupées par des peuples latins, et cependant, allez à Cadix, à Barcelone, à Livourne, à Naples, allez même à Alexandrie et à Smyrne, vous trouverez bien, de ci de là, une maison française d'importance, mais partout, luttant avec les plus industrieux parmi les indigènes, ce sont les Anglais et les Allemands qui dirigent le mouvement commercial et économique. Et si vous allez à Rio-Janeiro ou à Buenos-Ayres, si vous avancez vers le nord dans la direction de la Nouvelle-Orléans et de New-York et que, quittant le nouveau continent, vous débarquiez à Copenhague, à Stockholm ou à Pétersbourg, vous trouvez partout confirmée la supériorité des Germains sur les Latins.

A Pétersbourg, il y a un nombre considérable de grandes maisons anglaises, mais il y en a plus encore d'Allemandes. 40.000 Allemands habitent cette ville et l'on n'y compte guère plus de 6.000 Français. Les grandes affaires sont partout entre les mains des Allemands et des Anglais ; quant à la France, elle n'est représentée que par des aventuriers, enfants perdus de la fortune : limonadiers, parfumeurs, maîtres d'escrime, maîtres de danse, de langue, etc.

Quittez avec moi la Méditerranée et la Baltique et voyons ce qui se passe en Amérique, vous y ferez la même constatation qu'en Europe, vous verrez combien la ténacité entreprenante, la hardiesse active et le travail opiniâtre des Germains parviennent partout à exclure les Latins et leurs descendants, comment ils réussissent, en une certaine mesure, à les abaisser et même à les chasser par leur travail.

La Louisiane était autrefois une colonie française, elle était habitée par des Français, les maisons et les terres y étaient entre les mains de Français; puis les modifications, intervenues pendant la dernière moitié de notre siècle, ont fait de ce riche bassin du Mississipi une possession américaine. Mais que s'est-il produit pendant ce temps à l'intérieur du pays? Toutes les grandes entreprises, les meilleures propriétés, les plantations les plus riches sont tombées peu à peu entre les mains des Américains, des Anglais ou des Allemands, et les Français ont été bientôt réduits aux travaux les plus insignifiants. Cette transformation ne s'explique ni par des actes de violence, ni par des exils, ni par des répressions générales; elle est la conséquence pure et simple du travail, de l'assiduité et de la vigueur des nouveaux arrivants.

Que prouvent ces observations nombreuses et en apparence assez décousues? Elles montrent que l'Allemand belliqueux, entreprenant et résolu a été créé pour coopérer à la domination mondiale et avant tout pour établir chez lui une forte unité nationale.

Pro populo Germanico. Ed. Lorenz, p. 147, sq.

III

Friedrich-Ludwig JAHN (1778-1852).

Friedrich-Ludwig Jahn naquit en 1778 à Lanz, près de
Lenzen, en Priegnitz, c'est-à-dire dans la partie du Brandebourg
qui avoisine le Mecklembourg. Il eut pour premier maître son
père qui était pasteur du village. Puis il alla au gymnase de
Salzwedel et à Berlin, et fréquenta une dizaine d'universités.
N'ayant été astreint à aucune discipline dans son enfance, il
ne put supporter l'autorité de ses maîtres, ni s'accorder avec
ses camarades et eut une jeunesse désordonnée. C'est ainsi
qu'il vécut un certain temps retiré dans une caverne, à Giebi-
chenstein-sur-la-Saale; dans cette retraite, la lecture d'un
roman patriotique lui donna l'idée d'écrire sa première œuvre,
Sur le développement du patriotisme en Prusse, courte brochure qui parut à Halle en 1800 sous le nom d'un étudiant
auquel il avait vendu son manuscrit dix thalers (1). Après
avoir été précepteur à Mecklembourg, il mena longtemps une
vie errante. En 1806, il veut s'engager dans l'armée qui se
forme en Thuringe, mais il ne prend du service que le jour
de la retraite d'Iéna et, après mille péripéties, il parvient à
gagner Lübeck. La campagne terminée, il fait de nombreux
voyages dans toute l'Allemagne, afin de recueillir des observations et des documents pour les études qu'il se propose
d'écrire. En 1809, ayant dans sa poche le manuscrit de son
livre, *Nationalité allemande (Deutsches Volkstum)*, qui ne
parut qu'en 1810 à Lübeck, il arrive à Berlin le jour de
l'entrée de Frédéric-Guillaume III et il y demeure comme
professeur, d'abord dans un collège, puis à l'institution
Plamann. Dès lors, Jahn se consacre à la fondation des
Sociétés de gymnastique qui devaient rendre son nom si
populaire et grâce auxquelles il voulait réconcilier les différentes classes de la nation et rendre la race allemande plus

---

(1) *Ueber die Beförderung des Patriotismus in preussischen
Reiche. Allen Preussen gewidmet von O. C. C. Höpffner.*

vigoureuse et plus consciente de sa force. En 1811, il inaugure le premier gymnase installé sur la *Hasenhaide*, terrain des environs de Berlin. En 1813, il s'engage dans le corps des volontaires de Lützow où il commande une compagnie, il prend part à quelques combats et va entretenir l'agitation en Westphalie. Après avoir publié ses *Feuillets runiques (Runenblätter)* en 1814, il regagne Berlin où on lui assure un traitement de cinq cents thalers. En 1815, le chancelier Hardenberg l'appelle à Vienne où il plaide la cause des Sociétés de gymnastique qui se multiplient et, en 1816, il fait paraître en collaboration avec son élève, Ernst Eiselen, *la Gymnastique allemande (die deutsche Turnkunst)*. Mais, pendant la réaction qui suivit la Sainte-Alliance, l'agitation entretenue par les Sociétés fut jugée dangereuse par les souverains. On vit dans cette agitation la cause première du meurtre de Kotzebue par Karl Sand (23 mars 1819) et Jahn fut arrêté (1819). Il ne fut relâché qu'en 1825, mais il lui fut défendu de séjourner dans toute ville ayant une Université ou même un collège. Il se retira à Fribourg-sur-l'Unstrut où il écrivit encore quelques opuscules. En 1840, Frédéric Guillaume IV montant sur le trône leva l'ordonnance de police qui le frappait encore et lui donna la Croix de Fer. En 1848, Jahn fut élu député au Parlement de Francfort et, en 1852, il mourut à Fribourg après une courte maladie.

Le souvenir de Jahn est aujourd'hui encore extrêmement vivant en Allemagne. On l'a appelé *le Père des gymnastes (der Turnvater)* et il n'y a guère de cérémonies patriotiques où l'on ne vende des médailles à son effigie. Il est un de ceux qui ont fait l'unité morale de l'Allemagne avant l'unité politique. Grâce à son œuvre et à son action, la gymnastique est devenue un élément de la culture allemande ; depuis 1871, les Sociétés fondées suivant ses théories ont pris une grande importance politique surtout à l'étranger où elles constituent des noyaux de vie allemande. Ainsi, en 1867, déjà les gymnastes germano-américains réunis à Cincinnati décidèrent que, désormais, dans leurs réunions, la langue allemande et le tutoiement fussent de rigueur. La statue qu'on a élevée à Jahn, à la *Hasenhaide*, se dresse sur un socle fait de tous les quartiers de roche qu'ont envoyés les gymnastes allemands d'au delà des mers, d'Amérique, d'Asie et même d'Australie.

Le livre de Jahn, *Nationalité allemande (Deutsches Volkstum)*, fut accueilli avec enthousiasme. Plus d'un soldat l'avait dans son sac, en 1813, et Blücher le considérait comme « le petit livre de prix le plus allemand ». Dans un style emphatique et rugueux, Jahn proclame la nécessité de l'unité allemande que seule la dynastie prussienne est capable de réaliser. C'est lui qui demande, dans son patriotisme farouche, que les Allemands cessent d'apprendre les langues étrangères et qu'on cache la nudité des statues pour ne plus offenser la vieille pudeur germanique. Enfin, on discerne dans son livre une des premières expressions de la tendance pangermaniste. Pour lui, le peuple allemand est le peuple prédestiné à recueillir le christianisme primitif. Par malheur, Frédéric II a édifié un Etat et non un peuple. Jahn veut qu'au milieu de l'Europe, le peuple allemand arbitre ait le droit d'arrondir son territoire et il pousse déjà l'Autriche vers l'Orient.

R. LAMBERT.

I. LE PASSÉ DE LA NATION ALLEMANDE.

« Être un peuple et une nation », voilà vraiment le souverain bien, ce qui l'a été aussi pour la Grèce et pour Rome, tandis que chez nous c'est encore, toujours, une injure. « Il est tombé plus bas que le peuple, » disons-nous d'un de ces misérables vagabonds qui désertent d'une armée pour toucher une nouvelle prime en s'engageant dans une autre et qui servent sept potentats dans une paire de souliers. Quand nous parlons d' « être vraiment peuple », l'usage veut que nous pensions à des bohémiens, à un ramassis de fripons, à des chemineaux et à des colporteurs juifs. Herder a bien raison de dire que nous sommes « la nation avortée ». Pourtant il fut une époque à laquelle cela nous faisait moins souffrir. Hélas! mieux qu'aujourd'hui nous avons su *être un peuple, former une nation* intimement unie, mais nous pouvons à peine évoquer ce souvenir comme le vieillard décrépit celui de sa vigoureuse jeunesse. Comme peuple, nous ne nous sommes jamais relevés du funeste et honteux traité de Westphalie. Ce traité nous était funeste parce qu'il nous amputait des Provinces-Unies et de la Confédération suisse; c'est alors que le Rhin cessa d'être le vieux rempart de l'Allemagne, car à ses sources et à ses embouchures, dans des régions fortifiées par la nature, n'habi-

taient désormais que des demi-frères des Allemands.
Mais, bien plus, ce traité était honteux parce que des
peuples étrangers dictaient aux Allemands les conditions
de la paix qu'il leur fallait signer, et il demeure infâme
parce que nos propres alliés nous pillèrent des territoires, parce que des Allemands éloignés les uns des
autres, cherchaient à attraper comme des restes les
terres dont personne ne voulait. Du moins c'est pendant
la grande guerre allemande que parut une gravure
prophétique... On y voit l'aigle impériale allemande
dans sa plus profonde humiliation; quelqu'un de fort
qui porte une couronne royale et un manteau par-
semé de lis a saisi son aile droite et lui arrache ses meilleures plumes; de l'autre côté un lion affamé joue des
griffes, et à l'arrière-plan un bourreau à la face menaçante
lève son glaive et lui insinue en ricanant : « Ne te débats
pas, car tout est au mieux pour toi. »

Deutsches Volkstum.

Edition Reclam ; pages 32 et 33.

2. LE PEUPLE PRÉDESTINÉ.

Quelle est la nationalité qui a fini par être l'expression
la plus parfaite et la plus complète de l'humanité pure?
C'est celle qui s'est assimilé ce que la notion d'humanité
comporte de divin, celle qui en est comme l'image réduite,
sans lui faire perdre son caractère universel. Ainsi dans
l'histoire de l'humanité les races saintes ont été jadis les
Grecs, en tant que nation, et maintenant encore les Allemands en tant que peuple cosmopolite.

Quelles sont les nations qui s'écartent le plus de l'humanité pure? Ce sont celles qui ne réalisent qu'une partie
de la nature humaine par leur langue, leur esprit, leur
raison, leur pensée, leur action, leurs institutions, celles
qui ne saisissent pas l'unité transcendante de la nature

humaine dans sa totalité, celles qui ne conçoivent pas
plus le domaine invisible et saint dont participe l'humanité que nous, Allemands, le domaine dont participent
les chiens, les ânes, les brebis ou les cochons !

Ibid. p. 38.

3. LE PEUPLE ALLEMAND HÉRITIER DE L'HELLÉNISME ET DU CHRISTIANISME PRIMITIF.

Quelle est la nationalité de l'Europe qui se rapproche
le plus de la nationalité grecque ? Quel est le peuple occidental qui se souvient le mieux d'avoir connu jadis une
culture orientale ? Lequel a conservé le plus longtemps
cette pureté d'esprit qui émane de la civilisation primitive ? Nous répondrons à la première question que c'est
la nationalité allemande, après avoir comparé la souplesse et la force d'expression des deux langues et ap-
précié les analogies des deux poésies. De même les autres
questions seront résolues à notre avantage, s'il est vrai que
nos vieilles affinités avec les Perses et les Indiens demeu-
rent réelles, bien que sans doute quelques-uns des
rameaux du grand arbre généalogique des races soient
morts ou ne soient pas connus de l'histoire...

Parmi les nationalités encore vivantes, quelle est celle
qui répond le mieux au christianisme primitif ? Il est
impossible que l'on en désigne une autre ; c'est la nationalité pure, naturelle et vraiment humaine, la nationalité
allemande. On s'explique alors parfaitement que parmi
les peuples de race germanique soit née la Réforme allemande dont la nouvelle se propagea, comme un éclair, du
cap Nord aux glaciers des Alpes, de l'Irlande à Narwa
et à travers la Hongrie jusqu'en Transylvanie. C'était
comme la découverte soudaine et imprévue d'un parent
inconnu, la reconnaissance d'un ami longtemps disparu.

Ibid. pp. 106-107.

4. L'AVENIR DE LA NATION ALLEMANDE.

Si les faits accumulés de l'histoire de la civilisation ne peuvent mentir, si les études historiques ont une fin supérieure à la satisfaction d'une curiosité désœuvrée, si enfin il y a une philosophie de l'histoire et si tout le passé n'a pas été le jeu d'un destin aveugle, mais qu'au contraire, une puissance sage régisse le monde moral, comme le monde physique, suivant des lois éternelles et immuables, l'Allemagne en deuil peut être consolée : elle a devant elle des années plus brillantes qui suivront certainement notre époque sans gloire. A coup sûr, il viendra et il faut qu'il vienne, le temps où l'Allemagne aura des lois sages et sera unie sous un monarque fort; elle fera entendre de nouveau sa voix toute-puissante dans le grand conseil des États européens, non comme un maître absolu, mais comme l'un des peuples souverains. L'histoire même de l'Allemagne nous ouvre ces perspectives rassurantes; l'Allemagne n'a pas encore vu se dérouler toutes les révolutions qu'elle doit voir pour accomplir la destinée que lui a assignée la grande voix de la nature.

Ibid., p, 89.

5. L'AVENIR DE L'AUTRICHE.

Vienne est la perte de l'Autriche, car elle ne donne aucune cohésion aux pays qui constituent l'Empire. Comme la femme de Loth, qui fut changée en une colonne de sel lorsqu'elle jeta un regard derrière elle, les Habsbourg furent immobilisés dès qu'ils voulurent affluer autre part que dans le bassin magnifique du Danube. L'Empire d'Autriche ne peut plus être fondé sur une seule nationalité.

Il ne peut devenir une grande puissance qu'en réunissant dans une confédération plusieurs nationalités différentes, qui auraient besoin, pour durer, de se soutenir les unes les autres. La devise de l'empereur Frédéric III, A. E. I. O. U. pourrait aisément vouloir dire : « Allerlei Erdreich ist Œsterrichs Unglück (1). » Il y a là une dynastie que le ciel a faite riche en princes ; elle aurait dû depuis longtemps constituer ces pays-frontières, où il y a des difficultés et de l'opposition, en autant d'États confédérés qu'il y a de nationalités distinctes. La république de Venise, vieille de dix siècles, n'aurait pas dû périr ; elle aurait dû renaître à la vie et recouvrer une nouvelle jeunesse avec un doge héréditaire de la maison des Habsbourg. Les cinq millions de Galiciens pourraient aussi avoir leur Habsbourg et ils seraient, pour la dynastie-sœur de Hongrie, un rempart plus solide que les Carpathes mêmes ! Frédéric II délivra les Habsbourg d'une lourde charge en les débarrassant de la Silésie et de la Bavière. S'ils avaient voulu comprendre l'avertissement, ils auraient abandonné la Bohême, la Galicie, le reste de la Silésie et ils auraient suivi le cours du Danube qui les auraient conduits à deux mers, en Istrie, en Dalmatie, en Bosnie, en Serbie, en Bulgarie, en Bessarabie, en Valachie et en Moldavie. Pour capitale ce grand *État de l'Est* ne peut pas avoir celle de l'Autriche, qui est sa partie occidentale, mais seulement Belgrade et Semlin.

Ibid., pp. 82-83.

6. LA CAPITALE DE L'ALLEMAGNE.

Teutona, la capitale de toute l'Allemagne, devrait se trouver sur l'Elbe, à une place bien marquée, à peu près

---

(1) Une macédoine de terres fait le malheur de l'Autriche.

à mi-chemin entre Genève et Memel, entre Trieste ou Fiume et Copenhague, entre Dunkerque et Sandomir. Il est difficile de dire aujourd'hui comment pourra renaître l'unité. Que Dieu veuille nous l'accorder! Un peuple qui a produit Arminius et Luther n'a jamais le droit de désespérer. Qu'il garde pour emblème « le soleil qui se lève sur six fleuves »!

Ibid., pp. 84-85.

7. LE LIVRE DU GERMANISME

Tout Allemand devrait demander une œuvre parfaite sur le germanisme qu'on pourrait déposer aux pieds du roi et présenter au peuple assemblé, qui serait lue à l'autel et à la chaire, dans la famille et au bivouac, aussi loin que retentit la langue allemande et partout où le germanisme n'est pas négligé comme une chimère. Un tel livre est absolument nécessaire! Il nous exciterait à tenir solidement ce que nous possédons encore, il nous encouragerait à ne pas nous laisser arracher ce qu'on essaiera de nous prendre, il nous ferait voir ce que nous n'avons pas compris ou ce que nous avons mal compris, il nous tirerait de notre rêverie somnolente et nous sauverait de la léthargie qui nous anéantit. Tous ceux qui ont ranimé les souffles de vie qu'il y avait encore en Allemagne et qui ont l'audace de leur consacrer leur sensibilité, leur imagination, leur pensée, leur action et leur vie, qui fondent sur eux leur espérance, leurs désirs, leurs pressentiments et leur foi, tous demandent toujours un *livre symbolique de la nationalité allemande.*

Voici le sommaire d'un manuscrit oublié et détruit :

A. Avant-propos. Les nationalités et les peuples ; leur formation, leur épanouissement; période d'éclat et de décadence; chute, résurrection;

B. Une chose d'essence temporelle, mais qui dure toujours.

C. Remarques sur la nature et l'art dans les pays allemands.

D. Voyages à travers la patrie, avec une carte routière présentée sous une forme saisissante et un guide avec itinéraires et distances.

E. Traits caractéristiques de l'histoire de l'Allemagne.

a) C'est l'histoire du plus vieux et du plus grand des peuples primitifs qui vivent encore en Europe. Le peuple allemand est un peuple indompté; ses mœurs ont pu conserver leur pureté première; sa langue pleine de vie a moins emprunté aux autres langues vivantes qu'elle ne leur a elle-même prêté.

b) Cette histoire a une cohésion parfaite, aucune ne comporte moins d'incidents nés pour interrompre le cours des événements.

c) Elle se mêle à l'histoire de tous les autres Etats européens et la plupart des autres histoires sont incompréhensibles à l'origine sans l'histoire de l'Allemagne.

d) Les plus parfaites institutions de la civilisation européenne qui permettent aux peuples modernes de se dresser en face de l'Antiquité comme une nouvelle humanité sont dues à la culture allemande...

e) L'histoire de l'Allemagne prouve comment, dans le cours des siècles, un type particulier de l'espèce humaine peut se développer suivant un génie primitif; aucune histoire ne met mieux en lumière un tel génie.

f) Depuis quelques siècles elle n'est constituée que par un ensemble extraordinaire d'histoires particulières; ces histoires subsistent isolées les unes des autres, mais c'est l'histoire de l'Allemagne qui leur donne une unité.

g) Nulle part la grande idée d'une justice internationale et d'une fédération cosmopolite n'a été plus mise en lumière qu'en Allemagne depuis que la paix publique règne partout. On y voit comme en petit les Etats-Unis du monde, où l'on ne connaît point d'absolutisme écrasant et où l'on respecte chaque nationalité inférieure, chaque autonomie et chaque indépendance.

F. Traits principaux de l'histoire de l'Allemagne.

G. Ce que les Allemands ont fait pour l'humanité.

a) Amélioration de la condition de la femme (1).

b) Conception plus pure du christianisme.

c) Liberté de penser et tolérance.

d) Formation des Etats avec un droit public.

e) Les derniers peuples sauvages de l'Europe sont humanisés.

f) Luttes contre les tentatives d'hégémonie mondiale et contre les conquérants absolutistes.

α. Victoire remportée sur les Romains. — Lutte pour la délivrance. — Arminius et Winfeld. (Art. 9.)

β. Répression de l'invasion des Huns. — Bataille libératrice des Champs Catalauniques (451).

γ. Arrêt de la propagation du mahométanisme. — Charles Martel. — Bataille libératrice de Tours (732) (2).

δ. Etablissement des Magyars et des hordes asiatiques

---

(1) C'est là une idée chère à Jahn. Il la développe dans la partie de son livre consacrée à *la vie privée.* Cf. Edition Reclam, p. 245. « Plus un peuple se rapproche de l'humanité pure, plus il respecte la femme. *Deutsch* devrait être le troisième mot sacré que toute petite fille aurait à balbutier après les mots de père et de de mère. On ne connaît aucun autre peuple dans l'histoire qui ait fait plus pour la femme... »

(2) Jahn se trompe; ce n'est pas à Tours, mais à Poitiers, que Charles Martel vainquit les Sarrasins en 732.

qui leur sont alliées. — Henri et Othon. — Batailles libératrices de Mersebourg et d'Augsbourg (933-935).

ε. Guerre contre les Mongols; bataille de Liegnitz (1241); son importance considérable.

ξ. Lutte contre la papauté.

η. Les Valois sont chassés et sont calmés. — Bataille de Pavie (1525).

θ. Maurice, simple électeur de Saxe, contre le grand empereur Charles-Quint. — Les Espagnols échouent dans leur tentative d'hégémonie mondiale.

ι. La chrétienté occidentale et la culture européenne sauvées de la conquête turque. — Vienne deux fois asiégée en vain (1529 et 1683).

κ. Abaissement des Bourbons. — Hochstädt et Turin (1704-1706).

H. Bienfaits indubitables dus au génie allemand.

I. La langue allemande.

Pureté de sa grammaire. — Son histoire par des exemples pris dans tous les temps. — Esprit de la langue. — Anthologie variée.

K. Propagation de la race allemande.

Dans l'Allemagne depuis longtemps française, dans l'Allemagne française depuis peu, en Hongrie, en Russie, en Amérique du Nord, en Pologne, au cap de Bonne-Espérance, aux Indes orientales, dans les autres contrées d'Europe.

L. Tableaux synoptiques du monde allemand.

M. Valeur de l'Allemand.

a) Sa complexité et son universalité. — Le mineur, le marin, le chasseur de chamois, le baleinier, le pâtre des Alpes, le laboureur, le charretier, l'ouvrier, le soldat, le savant, l'artiste, le commerçant, le prince, le sujet.

b) La souplesse de caractère.

c) Institutions caractéristiques. — Féodalité. — Chevalerie. — Sainte-Vehme. — Hanse. — Sociétés de tir. — Diètes. — L'Empire allemand.

d) Plaisirs particuliers.

e) Jugements des pays étrangers et des pays allemands.

f) Histoire du costume allemand.

N. Vie allemande.

O. Grands hommes tirés de l'histoire de l'Allemagne, pour servir de modèles.

Ibid., p. 224-227.

IV

Friedrich LIST (1789-1846).

Friedrich List a dit lui-même que, pour expliquer son œuvre, il faudrait ressusciter pour le moins la moitié de sa vie. Mêlé de bonne heure à l'activité politique et économique de son pays, ce sont des expériences souvent cruelles qui dirigent son attention et ses efforts vers les questions d'économie politique et qui l'amènent aux grandes idées à la défense desquelles il consacre sa vie.

Né à Reutlingen en 1789, d'une famille de la bourgeoisie moyenne, les démêlés des siens avec l'Administration wurtembergeoise lui inspirent dès sa jeunesse une profonde antipathie contre tout fonctionnarisme étroit et toute puissance absolutiste. Il débute comme simple scribe à Tübingen; mais, bientôt, ses travaux et son intelligence attirent l'attention du ministre libéral Wangenheim qui le nomme professeur de droit économique à l'Université de la même ville (1817).

Une Allemagne morcelée, privée d'institutions libérales, encore divisée par des douanes intérieures qui entravent l'industrie et le commerce, s'offre à ses études. Dès lors, List se donne pour tâche de travailler au relèvement et à la prospérité de son pays qu'il aime ardemment et à la constitution de l'unité complète économique et politique de l'Allemagne. Il se fait en 1819 un des promoteurs les plus ardents de l' « Association allemande ». Elu aux états de Wurtemberg, il se lance dans le mouvement libéral. Il élabore de vastes plans : élargissement de la souveraineté nationale, suppressions des douanes intérieures, union postale, système de droits protecteurs communs. Il s'élève déjà contre le libre-échange qui amènerait la création d'une sorte de république universelle et aboutirait à l'oppression des nations attardées. De plus, l'industrie naissante de l'Allemagne ne peut se développer que si on la protège contre la concurrence étrangère. Cette protestation contre les abus administratifs entraîne son exclusion du Parlement et sa condamnation à dix mois de prison. Il s'enfuit. Mais, après avoir essayé vainement de s'établir en Alsace, dans le duché de Bade, en France et enfin en Suisse, il revient en 1825 subir sa peine. Il est autorisé alors à émigrer en Amérique à la condition d'abandonner sa dignité de citoyen wurtembergeois. Il s'établit en Pensylvanie. L'état de l'industrie américaine l'affermit encore dans sa haine du libre-échange. Puis, pour l'exploitation d'une mine qu'il avait découverte, il fait établir un chemin de fer et voit immédiatement ce qu'un tel moyen de transport pourrait apporter à l'Allemagne. Il y rentre et séjourne comme Américain à Leipzig (1839), à Paris (1840), à Augsbourg. En 1840, il publie son œuvre principale, résumé de vingt années de travaux et d'expériences : *le Système national d'économie politique.*

Il insiste sur le rôle de la nation dans la vie économique : la nation constitue l'intermédiaire entre l'individu et l'humanité et le progrès de la nation est nécessaire au progrès de l'humanité. Le stade suprême de ce perfectionnement est le seul qui assure son indépendance; la nation l'atteint lorsque son industrie, son agriculture et son commerce extérieur s'équilibrent heureusement. Ce degré de développement, l'Angleterre l'a atteint déjà et l'Allemagne *doit* y parvenir, car c'est le peuple élu désigné par la Providence pour remplir trois grandes tâches : diriger les destinées du monde, peupler les territoires incultes, civiliser les pays barbares. Mais il lui faut auparavant appuyer sa puissance économique sur une puissance politique. L'Allemagne doit donc réaliser son unité; elle doit ensuite utiliser mieux ses forces productives. L'expansion des peuples germaniques dans les Amériques, dans l'Inde, en Australie et en Nouvelle-Zélande, la création d'une flotte, enfin une politique continentale dirigée, de concert avec les autres puissances européennes, contre la suprématie anglaise, conduira encore à ce but.

A la même époque, List fonde le *Journal de l'Union douanière* et, en 1842, paraît la brochure où il assigne une nouvelle direction à l'expansion allemande : la colonisation de l'Orient.

Ceci l'amène à s'occuper de la Hongrie dont il voudrait faire une province de l'Allemagne. Il publie *Die Ackerverfassung und die Auswanderung (le Régime agraire et l'Emigration)* 1842, et *Die national-ökonomische Reform Ungarns (la Réforme économique de la Hongrie)* 1845. Il faut diriger l'émigration allemande vers cet immense pays tout proche et qui pourrait devenir fertile, salubre, riche. Colonisé par des Allemands honnêtes et laborieux, il nourrirait facilement la moitié de l'Allemagne.

De nouvelles idées germent. L'Angleterre est un danger pour l'Allemagne, mais le danger de la France et de la

Russie réunies n'est-il pas plus grand encore ? Ne serait-il pas possible d'y faire face par une alliance avec l'Angleterre ? List s'efforce de démontrer que les deux nations en tireraient des avantages : politiques pour l'Angleterre, économiques pour l'Allemagne. Grâce à ce système d'ailleurs, l'Angleterre elle-même se laissera infiltrer peu à peu par l'Allemagne. En 1845, il va à Londres pour négocier cette alliance et envoie aux gouvernements anglais et prussien sa brochure : *Valeur et conditions de l'alliance anglo-allemande*. Tous ses efforts échouent; découragé et malade, il se suicide en 1846.

On peut dire que toutes les idées de List, unité de l'Allemagne, développement des chemins de fer, politique douanière nationale, ont été réalisées. Son œuvre est, de plus, une mine où les pangermanistes ont puisé largement. Ils y ont trouvé une méthode d'investigation scientifique et historique, un système politique qui ne tient aucun compte des droits des autres nations, un programme d'extension coloniale avec l'idée de la supériorité de la race germanique. Son influence et son retentissement moral ont été très grands.

« List avait touché, dit l'économiste Rau, une corde qui devait vibrer puissamment à travers toute l'Allemagne. »

Les passages cités sont empruntés, pour le *Système national d'économie politique*, à l'édition de Th. Eheberg, 1883, et pour les autres écrits aux *Gesammelte Schriften*. Ed. L. Haeusser, 1850.

M. Chrétien.

I. L'EXEMPLE DE LA LIGUE HANSÉATIQUE DU MOYEN AGE.

Il est entendu que l'Allemagne doit devenir une forte nationalité. Or, toute nation pour se constituer a besoin d'une population suffisante pour la défendre, d'un territoire qui facilite cette défense. Le grand exemple des Hanses en est une preuve.

Poursuivant uniquement la richesse matérielle, les villes hanséatiques avaient totalement négligé de s'occuper de leurs intérêts politiques.

Au temps de leur puissance, elles semblèrent même ne plus appartenir du tout à l'empire germanique.

Ces bourgeois bornés, égoïstes et orgueilleux étaient flattés de voir des princes, des rois, des empereurs solliciter leur faveur, et se plaisaient à jouer au souverain sur les mers.

Combien il leur eût été facile, lors de leur splendeur maritime, de s'unir avec les Fédérations des villes de la haute Allemagne pour fonder une puissante Chambre des Communes faisant équilibre à l'aristocratie du pays. Combien facile encore, avec l'aide de la puissance impériale, d'atteindre à l'unité nationale en faisant une seule nation des territoires de tout le littoral depuis Dunkerque jusqu'à Riga.

Ainsi il était possible et de réaliser et de conserver la suprématie commerciale, industrielle et maritime du peuple allemand.

Mais en réalité, lorsque le sceptre de la mer s'échappa de leurs mains, il ne leur restait même pas assez d'influence pour faire valoir devant la Diète de l'Empire l'intérêt national de leur commerce, tandis que l'aristocratie faisait tout son possible pour opprimer ces bourgeois humiliés.

Les villes de l'intérieur tombèrent peu à peu sous l'autorité absolue des princes, et les villes maritimes perdirent ainsi toute relation avec le pays lui-même.

Système national d'économie politique,
p. 38, Ed. Eheberg, 1883.

2. LA GUERRE EUROPÉENNE INÉVITABLE.

Tout a une fin sur cette terre ; la paix universelle elle aussi aura une fin. Personne n'incriminera la diplomatie

par ce qu'elle fait actuellement tous les efforts possibles
pour conserver la paix; au contraire, quiconque possède
un peu de raison et de cœur s'en réjouira fort. Mais
aucun politicien éclairé ne pourra se dissimuler qu'il
viendra un temps où il ne serait ni permis ni possible à
des anges mêmes, s'ils descendaient sur la terre pour y
remplir des fonctions diplomatiques, de conserver la
paix.

La puissance croissante des États-Unis, pour l'Angleterre la nécessité toujours plus grande qui en découle de
faire des efforts extraordinaires en vue d'augmenter sa
richesse et sa puissance, la passion d'agrandissement et
l'esprit belliqueux de la Russie et de la France, enfin
l'écroulement complet et prochain de l'empire turc fini-
raient par amener fatalement des complications qui ne
pourront plus être dénouées à l'amiable. La plus importante de ces raisons est sans doute l'écroulement de
l'empire turc. C'est pourquoi la diplomatie s'est donnée
tant de peine pour trouver des plans qui résolvent cette
question à l'amiable, notamment le projet de partager les
provinces turques entre la Russie, la France et l'Angleterre.

Il est possible que la paix puisse être conservée de cette
façon un peu plus longtemps. Mais la passion d'agrandissement de la Russie et de la France sera-t-elle apaisée
par là? Cela est très douteux. Au contraire il est bien
plutôt à craindre que, de quelque façon qu'ait lieu le
partage, l'appétit de ces deux puissances pour les
pays de l'Asie centrale et méridionale n'en soit d'autant
plus excité. Un tel partage nous paraît un palliatif qui ne
servirait qu'à prolonger la maladie qu'il s'agit de guérir.

En tous les cas, pour l'Angleterre, une alliance avec
l'Allemagne sera toujours le seul et véritable moyen de
faire contribuer l'Asie et l'Afrique à sa grandeur future.
Mais cela ne peut évidemment pas se réaliser avec

l'Allemagne telle qu'elle est actuellement, mais avec l'Allemagne comme elle devrait être et telle qu'elle pourrait devenir avec l'aide de l'Angleterre.

> *Valeur et conditions d'une alliance entre la Grande-Bretagne et l'Allemagne*, dans *Gesemmelte Schriften*, Ed. Haeusser, 1850, t. II, p. 452 et 453.

Non seulement la guerre peut arriver, mais encore elle peut être légitimée.

Il ne faut pas nier que ce ne soit un des besoins essentiels des nations d'« arrondir » leur territoire ; tendre vers ce but est bien légitime, et dans bien des cas la guerre peut être justifiée par ce besoin.

> *Système national d'économie politique*, p. 332.

3. LES TROIS RACES POLITIQUEMENT PRÉDOMINANTES.

Il n'y a pas encore longtemps qu'on parle en politique d'une race germanique, d'une race latine et d'une race slave ; mais cette distinction semble devoir acquérir une grande influence sur la politique pratique de l'avenir. A la tête de ces trois races sont l'Angleterre, la France et la Russie.

a) *La race latine.*

Les Français, cela ne fait aucun doute, forment une nation brave et douée de grands talents, mais la nature a refusé à la race gauloise les qualités indispensables pour élever une nation au degré suprême de puissance et de richesse. Ils n'excellent ni dans l'agriculture, ni dans la manufacture, ni dans le commerce, ni dans la marine, et

ils doivent leurs succès dans ces diverses branches
surtout à celles de leurs provinces dans lesquelles domine
le génie allemand : l'Alsace, la Lorraine, la Normandie
et la Flandre française. Aucun système protecteur n'a
jamais été assez puissant pour faire fleurir leur marine
marchande et leur pêche en haute mer. Ils n'ont jamais
pu arriver à fonder des colonies importantes, à les civiliser et à s'y maintenir, et encore bien moins à leur donner
un génie et une vie propres.

Ainsi, il leur manquait tous les éléments fondamentaux pour faire d'eux une grande puissance maritime.
De même, leur flotte a été de tout temps une flotte de
parade, une sorte de mulet incapable de propager sa
race qui, lorsqu'il disparaît, ne peut être remplacé que
par une création artificielle et par un élevage pénible et
long.

Aux défauts déjà mentionnés, les Français ajoutent un
extrême amour de la gloire et principalement de la
gloire militaire qui a fait d'eux de tout temps l'instrument
docile de grands généraux. Même ils n'estiment pas tant
la liberté et la richesse nationales à cause du bien-être
qu'elles procurent que pour les avantages que leur puissance militaire en recueillera.

Les Français n'ont jamais songé à appliquer le principe de démocratie, cette source si riche de prospérité
et de puissance nationales, et nous pourrions presque
croire qu'ils n'ont jamais su ce qu'on entend exactement
par ce mot ; leurs villes et leurs départements se montre-
raient incapables d'en faire aucun usage utile au cas où
leur gouvernement aurait, de son propre chef, l'idée
subite de les doter du droit de s'administrer eux-mêmes.
Après soixante années d'agitation intérieure et de luttes
extérieures pour la liberté et la grandeur nationale, l'organisme politique de la France n'est rien de plus qu'une
machine construite et combinée dans le but de faire la

guerre au continent européen ; même ses récentes conquêtes en Afrique ne sont appréciées et utilisées que comme un champ de manœuvres pour y former des généraux et des armées en vue de conquêtes continentales.

Les Français n'ont jamais cessé et ne cesseront jamais de convoiter la frontière du Rhin. Ils semblent pour cela avoir des raisons beaucoup plus profondes que celles derrière lesquelles ils se retranchent. Notamment, les Français n'auront pas de peine, quand ils posséderont la Belgique et la Hollande jusqu'au Rhin, comme cela est déjà arrivé une fois, à conquérir aussi la Hollande et les pays sur les bords de l'Ems, du bas Weser et de la basse Elbe. En greffant de la sorte la partie la plus vigoureuse de la race germanique du continent sur la branche latine de leur nation, ils fournissent à leur caractère national les qualités indispensables à la réalisation de la suprématie du monde : une grande capacité de production dans l'industrie et le commerce et une aussi grande habileté pour le relèvement de la navigation, des colonies florissantes et de leur puissance maritime.

Valeur et conditions d'une alliance entre
la Grande-Bretagne et l'Allemagne,
p. 442-43.

b) *La race slave.*

Depuis que l'Europe connaît un Etat russe, elle s'est aperçue que la nature de cette nation est essentiellement conquérante et qu'il n'y a rien d'autre à attendre d'elle pour l'avenir.

La puissance qui réunit en une nation une masse aussi compacte de hordes barbares est purement militaire et ne repose presque sur aucune base solide. Dans un tel pays, la marche habituelle et rationnelle de la civilisation est beaucoup trop lente pour permettre au gouvernement d'arriver dans un délai relativement court, à donner à sa puissance une base plus solide convenant mieux au bien-être des individus. Créée par la baïonnette, maintenue et soutenue, agrandie et fortifiée par la baïonnette, c'est seulement par la baïonnette qu'elle a un avenir dans la main. Si elle s'écartait le moins du monde de ce principe vital, elle abdiquerait.

La conquête est un besoin naturel pour la Russie, comme pour les bêtes fauves la chasse des animaux plus faibles et inoffensifs. Parfois aussi, les bêtes féroces, surtout lorsqu'elles reposent, semblent calmes et paisibles, mais aucun naturaliste ne se laisse tromper sur leur véritable nature; il sait que leur tranquillité indique seulement qu'elles digèrent leur pâture matinale, que le sommeil répare leurs forces épuisées, ou encore qu'elles pensent à une nouvelle proie et la guettent.

Pour ce qui est de la Russie, la circonstance qui a prêté à cette bête fauve, par un jeu bizarre de la nature, un esprit humain et pensant, bien loin de changer son caractère féroce, contribue seulement à la rendre encore plus redoutable en lui donnant la facilité de suivre ses instincts bestiaux avec plus de conséquence, de persévérance, d'astuce et sous une apparence de modération et d'humanité.

La nation russe se compose en majeure partie de laboureurs, de bergers, de chasseurs, de nomades. Sa force industrielle, son éducation littéraire, sa culture, tout ce qui lui donne un vernis de civilisation est feinte pure. En particulier son industrie, créée de toutes pièces, ne sert qu'à dégager les finances du pays de toute influence extérieure. Le libre-échange n'y réussirait jamais aussi bien. L'effet civilisateur s'arrête aux classes supérieures de la société et, de longtemps encore, il ne

pénétrera pas les couches sociales moyennes et infé-
rieures. L'influence de chacune des découvertes, des
inventions, des améliorations, par lesquelles la production agricole, dans les pays civilisés, s'est élevée aussi
extraordinairement au cours de ces cinquante dernières
années, n'a pas été médiocrement sensible en Russie.
Mais l'exportation de ses produits est loin d'être en
rapport avec l'accroissement de sa production agricole
qui agit naturellement sur l'augmentation de la population ; en vérité, cela est si frappant que, si je ne me
trompe, elle s'élève dès à présent de 1 à 2 % annuellement. Le chiffre de la population actuelle est d'environ
60 millions et au cours des 50 ou 60 années prochaines,
elle atteindra le chiffre de 100 millions d'hommes. C'est
une population qui a été élevée et a grandi dans la barbarie, elle est habituée aux aliments grossiers, aux privations et aux fatigues de toutes sortes dès la jeunesse,
elle ne connaît pas d'autre commandement que celui de
son souverain militaire, elle considère la vie de soldat
comme sa vocation, la guerre comme un bonheur qui ne
dérange en rien sa destinée ou son administration ; au
contraire elle est habituée à espérer uniquement le butin
et l'assouvissement de ses penchants dans une vie dé-
pravée, irrégulière et aventureuse. Il n'en est pas de
même chez les peuples civilisés où la seule crainte de la
guerre met le désordre partout et paralyse toutes les
forces.

La Russie tout entière est une grande colonie militaire
dont la force armée double tous les cinquante ans, et elle
diffère totalement des colonies militaires de l'Autriche en
ce que la Russie a tout calculé pour l'agression, tandis
que l'Autriche s'est seulement organisée pour la défense
de son territoire.

Que la richesse du pays et la population cessent de
croître, que l'esprit public et la force militaire ne se

développent plus à côté d'une puissance barbare qui croît de jour en jour, et le pays sera surpassé et débordé, sa force intérieure diminuera ; bien plus, dans le cas présent, *ce serait se préparer à la mort politique.*

Dans ces conditions, il est un seul vrai moyen pour l'Autriche et l'Allemagne de subsister : c'est de grandir en influence et en puissance à l'extérieur comme en force à l'intérieur. La Russie s'en rend compte et dirige toute sa politique contre ces visées, politique évidemment instinctive et qui n'a pas clairement conscience de son formidable but.

C'est, en outre, un malheur pour la Russie que la France soit actuellement si tranquille, qu'elle s'engage pour longtemps, peut-être pour toujours, à demeurer tranquille ; comme conséquence l'attention et la force de l'Autriche se retournent de l'ouest vers l'est.

Supposons que la plaie hongroise soit encore ouverte, qu'elle s'aggrave par des froissements irritants. Il est naturel que le parti de l'opposition hongroise saisisse toute occasion aux cheveux pour avoir des prétentions très élevées au moment de l'embarras extrême du Gouvernement autrichien. Ce serait alors pour la Russie le moment favorable, d'une part, pour rompre avec la Turquie sous n'importe quel prétexte, afin de la surprendre et se découper la part du lion dans ce cadavre, et, d'autre part, pour entrer pour la première fois dans le rôle de médiatrice entre l'Autriche et la Hongrie et dès lors pour jouer ce rôle jusqu'au bout comme elle l'a toujours fait ; et, selon une expression populaire, pour « faire ainsi d'une pierre deux coups ».

Réforme nationale économique du royaume
de Hongrie, dans Schriften, t. II, p. 314.

c) *La race germanique.*

La race germanique, cela ne fait aucun doute, a été désignée par la Providence à cause de sa nature et de son caractère même, pour résoudre ce grand problème : diriger les affaires du monde entier, civiliser les pays sauvages et barbares et peupler ceux qui sont encore inhabités. Aucune des deux autres races ne possèdent les qualités indispensables pour émigrer en masse vers les pays étrangers, pour y fonder des communautés nouvelles et plus parfaites en leur donnant le droit d'autonomie, le droit de se rendre justice eux-mêmes et celui de s'organiser librement, ni les qualités nécessaires pour se maintenir indépendants des indigènes barbares ou à demi-barbares. Il est notoire que les Français ou les Espagnols, par exemple, ont tendance à prendre les vices des races étrangères avec lesquelles ils se trouvent en contact, plutôt qu'à les élever autant qu'il est possible à leur propre degré de moralité.

> *Valeur et conditions d'une alliance entre la Grande-Bretagne et l'Allemagne,* dans *Schriften,* t. II, p. 445.

Mais la race germanique est représentée par l'Allemagne et l'Angleterre. Laquelle de ces deux nations aura la suprématie? L'Allemagne en est incapable actuellement à cause de sa désagrégation; pour y arriver il lui faut une unité et une forte nationalité. Elle doit englober les Pays-Bas et la Suisse. D'ailleurs pourquoi pas? Ils lui reviennent de droit!

d) *Les Pays-Bas et la Suisse, pays germaniques.*

L'esprit et les mœurs, la langue et la race de leurs

habitants faisaient des Pays-Bas, autant que les relations politiques et la situation géographique, une dépendance de l'empire germanique.

Tout d'abord, par sa présence fréquente et la proximité de sa résidence, il est possible que Charlemagne ait agi infiniment plus sur ces provinces que sur les régions plus éloignées de l'Allemagne. Puis les dispositions naturelles favorisaient tout particulièrement l'agriculture et l'industrie des Flandres et du Brabant, et l'élevage, et le commerce de la Hollande. Enfin, nulle part en Allemagne le trafic intérieur n'était soutenu par une navigation fluviale et maritime aussi développée et aussi propice que dans ces pays essentiellement côtiers. Les Flandres arrivèrent à leur plein épanouissement parce que leurs comtes, plus que tous les autres princes régnants de l'Allemagne, comprirent l'importance de la sécurité publique et la valeur des routes, des manufactures, des villes florissantes.

La Confédération suisse n'est pas autre chose qu'une agglomération de « villes d'empire allemandes » fondée et cimentée par la population libre des pays situés entre elles.

Actuellement la suprématie appartient à l'Angleterre qui a évité toutes les fautes de la Hanse.

L'Angleterre a évité toutes ces fautes ; la navigation et le commerce extérieur avaient, chez les Anglais, une base solide dans l'agriculture et l'industrie du pays. Le commerce intérieur se développait au même degré que le commerce extérieur, et la liberté individuelle s'affirmait de plus en plus sans porter préjudice à l'unité et à la puissance nationales. Les intérêts de la couronne, de l'aristocratie et du peuple se consolidaient et s'unissaient de la façon la plus heureuse.

Mais une telle suprématie est dangereuse pour les

autres puissances. Celles-ci pourraient lui résister victorieusement, si l'Allemagne se mettait à la tête de cette
lutte qui sera menée à la fois sur le terrain politique et
économique.

Système national d'économie politique, p. 40.

4. UNION DE L'EUROPE CENTRALE CONTRE L'ANGLETERRE

Actuellement, l'obstacle même à une union plus
étroite entre les puissances de l'Europe est le fait que
son centre n'occupe pas encore le rang qui lui revient de
droit.

Par sa situation géographique, sa constitution fédérale qui garantit aux autres nations son esprit pacifique,
par sa tolérance religieuse et ses tendances cosmopolites,
il est destiné à servir d'intermédiaire entre l'est et l'ouest
de l'Europe, à décider dans toutes les questions de partage, de principes constitutionnels, d'autonomie et de
puissance nationales. Mais dans la réalité, bien au contraire, il constitue la pomme de discorde ; il est la cause
des querelles de l'Orient et de l'Occident européens. En
effet, de chaque côté, on s'efforce de gagner pour soi cette
puissance intermédiaire, affaiblie par le manque d'unité,
sans cesse indécise et flottante.

Par contre, si l'Allemagne, y compris les côtes qui lui
reviennent légitimement, ainsi que la Hollande, la Belgique et la Suisse, avaient constitué une forte unité ; si ce
puissant corps national avait fondu autant que cela est
possible les intérêts monarchiques, dynastiques et aristo-
cratiques déjà existants avec les institutions du régime
représentatif, il aurait pu tout à la fois répondre longtemps de la paix européenne et constituer le cœur d'une
alliance continentale durable.

Il est clair que la puissance maritime anglaise dépasse
de beaucoup celle des autres nations, sinon par le nombre
des voiles, tout au moins par sa force combative et que,
par suite, les nations moins puissantes ne peuvent lui
faire équilibre sur mer qu'en unissant leurs forces de
combat.

En face de l'Angleterre, la France, l'Amérique du
Nord ne peuvent que perdre, si la puissance maritime de
la Russie décroît et réciproquement. Toutes ces nations
ont à gagner si l'Allemagne, la Hollande et la Belgique
forment un seul Etat maritime. Les derniers pionniers
de la suprématie anglaise se trouveraient ainsi séparés et
dans leur union ces puissances renforceraient l'opposition contre la suprématie anglaise.

Ibid., p. 40 sq.

5. NÉCESSITÉ D'UNE COLONISATION ALLEMANDE EN HONGRIE. — VISÉES SUR LA TURQUIE

Toute nation qui, de nos jours, cesse de s'accroître, est
condamnée à disparaître, parce que toutes les autres
nations croissent de jour en jour. Par conséquent, la
meilleure garantie de son indépendance, sa force propre,
diminue de jour en jour chez la nation qui n'avance pas
en face d'autres nations qui progressent. L'Allemagne
peut encore grandir considérablement, grâce au développement de son industrie intérieure, de son agriculture et
de son commerce intérieur et extérieur. Mais elle peut
croître surtout si elle utilise convenablement sa surpo-
pulation actuelle. Comme l'Angleterre s'accroît prodi-
gieusement de cette façon! Mais nous, avant de penser à
des colonies ou à des relations plus étroites et plus impor-

tantes avec des Etats indépendants d'outre-mer, au moyen desquelles nous pourrions donner à notre émigration une direction conforme à notre industrie nationale et à notre puissance, nous devons d'abord acquérir manufactures, commerce, navigation, flotte et, avant tout, la bonne volonté qui créera ces moyens d'action.

Mais pourquoi tourner les yeux vers les pays d'outre-mer, quand nous trouvons à notre frontière du sud-est d'immenses étendues de pays vers lesquelles nous pourrions diriger facilement l'excédent de notre population, à l'aide d'un de nos propres fleuves qui est navigable sur presque tout son cours en Allemagne? Au moyen de ce fleuve, nous pourrions entrer en relations commerciales avantageuses avec ces régions. Toutefois, le chemin qui y conduit passe par la Hongrie, et tant que la Hongrie ne sera pas *un corps et une âme* avec l'Allemagne, il n'y aura pour nous rien de durable à créer, ni là-bas, ni au delà; au contraire, avec le concours de la Hongrie, tout nous serait possible. La Hongrie est pour l'Allemagne la clef de la Turquie, de tout le Levant et de l'Orient; c'est en même temps un rempart contre une trop grande puissance septentrionale. Un royaume magyar libre, peuplé, riche, libéral et puissant sera non seulement capable d'ouvrir ces pays à la culture allemande et au commerce allemand, mais aussi il sera contraint, par la nature même des choses, à nous jurer une éternelle fraternité!

Parmi les Allemands, ceux qui, jusqu'ici, ont rêvé de germaniser la Hongrie, étaient dans une erreur profonde. Quant à nous, au contraire, nous pensons que, si la nationalité magyare ne s'était pas éveillée d'elle-même, c'eût été notre avantage de la réveiller, et que maintenant les plus chers intérêts de l'Allemagne exigent des Allemands, non seulement qu'ils viennent avec des émigrants et des capitaux à l'aide des Magyars, mais aussi qu'ils accélèrent la magyarisation des Allemands émigrés en

Hongrie, ce qui ne dépend que d'eux. De même, nous sommes convaincus que, sans les Allemands, la Hongrie n'a pas d'avenir ou, du moins, n'a qu'un sombre avenir devant elle.

Il peut difficilement exister un mariage duquel on puisse espérer une plus belle harmonie, une plus riche descendance, une prospérité matérielle et intellectuelle plus grande que l'union entre les Allemands et les Magyars. Cela vaut donc bien la peine d'oublier mutuellement les folies de jeunesse et les mauvaises plaisanteries, d'éviter les occasions de contrariété et de suspicion réciproques, de reconnaître les supériorités de chacun et de se faire mutuellement les concessions nécessaires. L'un des partis apporte la fécondité, la force productive pour l'agriculture, le capital pour les industries et le commerce, le sens de l'organisation et de l'ordre bourgeois; il apporte aussi une haute culture dans les sciences et les arts ainsi qu'une riche littérature. L'autre apporte un caractère chevaleresque, un esprit guerrier, un grand talent pour la politique et la rhétorique, un patriotisme ardent, des institutions politiques tout à fait excellentes dans leurs principes, qui n'ont plus besoin que d'un coup de lime pour rendre autant de services que les meilleures de leur espèce; enfin, il apporte de grandes quantités de capitaux en nature.

Le feu hongrois animera le flegme allemand et même sera tempéré par celui-ci. L'Allemagne pourra donner à la Hongrie annuellement un demi-million d'hommes et augmenter cependant de beaucoup sa propre population. La Hongrie avec la Transylvanie, au lieu de 11 à 12, pourra facilement nourrir de 25 à 30 millions d'hommes, et avec les autres pays danubiens jusqu'à 50 ou 60 millions. Si la liberté des personnes et des propriétés s'y répand, si les lois et les institutions n'y font pas obstacle, tout établissement d'Allemands actifs, honnêtes, dans ce

pays fertile, doublera sa population tous les 3o ans. Et
sitôt que la Hongrie sera fortifiée à l'intérieur et organisée politiquement, sitôt que l'élément magyar ne fera
plus qu'un cœur et qu'une âme avec l'élément allemand
et que tous deux seront en harmonie avec le pouvoir
royal, le slavisme hongrois se verra contraint de se
magyariser, et aucune puissance de la terre ne pourra
empêcher que la Hongrie n'étende son pouvoir jusqu'aux
Balkans, jusqu'aux rivages de la mer Noire, ni qu'elle
passe au rang des premières nations de l'Europe.

Considérons les forces matérielles de la Hongrie. Que
sont-elles en comparaison de ce qu'elles pourraient-être?
Des torrents impétueux ravagent le pays et le rendent
presque inhabitable. (En une seule année la perte causée
par les inondations s'élevait à 4o millions de florins...)
Domptés par la main de l'homme, ils fertiliseraient le sol,
actionneraient des machines, seraient les porte-faix d'une
riche population et transformeraient le pays en un jardin
salubre, en un vrai paradis ! Le profit à tirer de là peut
s'élever à des milliers de millions...

La Hongrie pourrait produire du chanvre pour la
moitié de l'Allemagne, du vin pour toute la Galicie, la
Bohême, la Saxe et la Prusse occidentale; du tabac pour
la moitié de l'Allemagne ; de la soie brute autant que
l'Italie septentrionale ; des céréales ; enfin elle serait
capable de livrer à une grande partie de l'Allemagne
tout le sucre dont elle a besoin.

Régime agraire et émigration,
dans Schriften, t. II, p. 24o.

Quel flot prodigieux de puissance l'Allemagne du sud-
ouest laisse s'écouler vers l'Océan! Combien ce flot pour-
rait-il produire s'il était dirigé vers le canal du Danube?
Rien de moins que la fondation d'un puissant empire

germano-magyar oriental, baigné, d'une part, par la
mer Noire, de l'autre par la mer Adriatique et animé
de l'esprit allemand et hongrois. Si la Sublime-Porte
doit tomber un jour, et elle tombera aussi certainement que tombent les feuilles sèches à l'automne; à qui
la nature reconnaîtra-t-elle cette parcelle de sa succession? Aux Italiens? Ils n'ont encore fondé aucune colonie!
Aux Français? Partout ils n'ont commencé leur colonisation que pour étaler au grand jour leur incapacité
complète! Aux Russes? Ils ont déjà chez eux à coloniser
et à civiliser pendant des siècles plus qu'ils n'en seront
jamais capables. A qui alors, sinon aux Hongrois alliés
aux Allemands? Non seulement ils en sont capables,
mais encore ils le doivent, contraints par le principe de
conservation et par l'expansion de leurs forces intérieures. Et ils le feront, aussitôt qu'ils seront arrivés à la
conscience de leur force et de leurs intérêts communs,
aussitôt que ces deux nations auront compris que la
nature leur a assigné de marcher la main dans la main
vers la grandeur nationale et de l'assurer et de la maintenir la main dans la main.

Régime agraire et émigration, Ibid, p. 209.

Si en Hongrie la confiance remplaçait la défiance, si
l'espoir était à la place du doute, si la réalisation suivait
immédiatement les promesses, que n'obtiendrait-on d'une
nation ardente, imaginative et aux sentiments élevés
comme la nation hongroise! La conciliation des lois et
des institutions se rapportant à la propriété, au crédit
et au développement des forces productives, avec le
prompt rétablissement d'un système complet de transport et d'immigration en grand élèverait comme avec une
baguette magique la richesse, la population, la civilisation et, par suite, la force combative morale et matérielle

du pays. Cette conciliation doublerait les forces financières et combatives de la monarchie entière et transformerait la Hongrie non seulement en rempart contre la Russie, mais encore en instrument de conquête pacifique de tous les pays du Danube.

Il est aussi naturel que la Hongrie libre, riche par son industrie et son commerce, cultivée et civilisée, attire ces pays à elle par le moyen pacifique des relations commerciales, qu'il est peu naturel qu'un pays barbare conquière un autre pays barbare par la force des armes et qu'il s'y maintienne et y règne la baïonnette en main. La Russie regorge par elle-même de produits surabondants, et elle se trouve elle-même au premier stade de la civilisation. Comment pourrait-elle par son commerce exercer une influence civilisatrice sur d'autres pays barbares qui, en échange des objets manufacturés dont ils ont besoin, ne peuvent lui offrir que des produits naturels. Ces pays changeraient seulement un état de barbarie et de despotisme tolérable contre un état de barbarie et de despotisme sévère. Il est faux de croire que les tendances de l'industrie hongroise portent préjudice à l'industrie autrichienne : c'est le contraire qui est vrai.

Une réforme économique et politique en Hongrie se montre de plus indispensable. L'Autriche répugne à s'y soumettre, mais menacée un jour ou l'autre à l'extérieur, elle pourrait bien y être contrainte. Ne vaut-il pas mieux pour elle de s'y décider dès maintenant, pour que la Hongrie soit non seulement conservée à la monarchie autrichienne, mais aussi pour s'assurer sa sympathie et son attachement? Si l'on connaît cette fin dernière et capitale, on ne doutera plus un instant du but vers lequel les mesures du gouvernement doivent tendre et qui sont à prendre dès maintenant; on n'aura pas non plus de doute au sujet des moyens à employer. Il faut une réforme nationale et économique aussi prompte que possible, une réforme politique graduelle, la réforme et la réunion de la constitution fondamentale des institutions et des lois de la Hongrie, d'après le modèle des pays qui sont partis d'un état primitif semblable à celui de la Hongrie ; ces pays, avec le temps, sont parvenus au plus haut degré de perfectionnement politique en suivant un plan tracé à l'avance, avoué ouvertement et sans détour.

Le principal moyen, c'est l'alliance du gouvernement avec la partie intelligente et civilisée des classes dirigeantes, pour dompter la partie encore plongée dans la barbarie et l'amener à la réforme.

Lorsque je prétends que tous les esprits peuvent être gagnés, même ceux qui agissent dans les directions les plus contradictoires, je suis loin de vouloir donner à entendre que le gouvernement doive faire usage de moyens avilissants. Pour une nation patriotique et chevaleresque, la corruption, par exemple, surtout dans les circonstances où se trouve actuellement la Hongrie, est non seulement inefficace, mais c'est encore un expédient nuisible ; et surtout dans l'état actuel, c'est une erreur grossière de croire fortifier un gouvernement par la corruption. Par ce moyen, on ne peut que tuer les forces morales de ceux que l'on corrompt ; les places qu'ils auront laissées libres du côté de l'opposition seront vite comblées par des forces nouvelles peut-être encore plus puissantes. Rien ne peut compromettre davantage la confiance du peuple dans le gouvernement que s'il s'aperçoit et soupçonne seulement qu'on a détourné ses orateurs ou ses guides par des moyens immoraux.

La réforme économique de la Hongrie,
dans Schriften, t. II, p. 320.

6. PROGRAMME COLONIAL

Toutes les puissances continentales ont intérêt à ce que les routes de la Méditerranée à la mer Rouge et au golfe Persique n'appartiennent pas exclusivement à l'Angleterre et ne soient pas non plus rendues impraticables par la barbarie asiatique. Évidemment, c'est en attribuant les points importants à l'Autriche que l'on donnerait de meilleures garanties aux nations européennes.

Toutes les puissances européennes ont un intérêt commun au maintien du principe: « Libre navire, libre cargaison » (1). D'après ce principe américain, elles ont à respecter le blocus effectif de quelques ports, mais non pas la pure déclaration de blocus s'appliquant à des côtes entières. Enfin, il semble qu'une revision des lois réglant l'occupation des régions sauvages et inhabitées s'impose dans l'intérêt de toutes les puissances continentales.

De nos jours, on sourit à l'idée que le Père céleste se serait astreint à faire la distribution des îles et des continents, à partager le globe terrestre d'un trait de plume et à en donner une part aux uns, et une part aux autres. Serait-il beaucoup plus raisonnable de reconnaître la propriété de toute une partie de l'univers à celui qui, n'importe où, fiche en terre le premier une hampe de bois avec un chiffon de soie au bout?

Que cela puisse se justifier raisonnablement pour des îles de petite étendue, soit. Mais lorsqu'il s'agit d'une île aussi vaste qu'un grand empire européen, comme la

---

(1) Frei Schiff, frei Gut.

Nouvelle-Zélande, ou d'un continent plus grand que l'Europe, comme l'Australie, seule une occupation rendue effective par la colonisation peut logiquement donner droit à la propriété exclusive, propriété d'ailleurs strictement limitée au territoire réellement colonisé. Et je ne vois pas pourquoi les Allemands ou les Français n'auraient pas le droit de fonder des colonies sur les points les plus éloignés des établissements anglais.

Le but de l'Allemagne doit être dirigé principalement vers le développement de son commerce avec l'Amérique du Nord, l'Amérique du Centre et l'Amérique du Sud, ou avec les marchés libres de l'Est de l'Inde. Sur ce point, la ligne de conduite est la suivante : il faut établir un courrier commercial régulier entre les ports allemands et les principaux ports de ces pays, y diriger l'émigration, affirmer et élargir les relations amicales entre eux et l'Union douanière et développer en général leur culture.

Système national d'économie politique, p. 339-340.

7. PÉRIL FRANCO-RUSSE

Un revirement se fait chez List. Il se demande si la Russie et la France ne sont pas un plus grand danger pour l'Allemagne que l'Angleterre.

La France et la Russie sont tout d'abord attirées l'une vers l'autre par le sentiment de l'insuffisance de leurs qualités nationales. Toutes deux se rendent compte que, pour les compléter, il leur faut absorber la race continentale de la race allemande.

Ceci est manifestement la cause dernière d'une sympathie réciproque, que seuls des événements passagers ont pu dissimuler pendant un certain temps, sympathie qui se manifeste actuellement de plus en plus et qui les amènera naturellement à conclure ce qu'on aime à appeler, depuis quelque temps, « l'Entente cordiale ».

Le premier but de cette alliance est d'opprimer l'Allemagne, ou du moins de la soumettre autant qu'il est nécessaire pour faire servir les Allemands au but commun de l'alliance, c'est-à-dire pour menacer la suprématie anglaise en Europe et en Asie.

Je ne puis m'empêcher de faire allusion aux vœux et aux aspirations du peuple français, en vue de conclure entre la France et la Belgique une union commerciale semblable à « l'union douanière », d'y faire allusion comme à un mouvement qui visiblement jaillit de ces aspirations à un agrandissement national dans le sens du Rhin et de la mer. L'union commerciale allemande n'est que raisonnable, naturelle et bienfaisante, parce qu'elle est un élément de l'unité nationale. L'union commerciale et l'union politique sont deux sœurs jumelles; l'une ne peut naître sans que l'autre la suive. Ainsi nous avons vu que l'union politique des trois parties insulaires a entraîné l'union commerciale entre la Grande-Bretagne et l'Irlande. De même nous verrons que l'union commerciale allemande entraînera une union politique plus parfaite entre les États confédérés allemands.

Serait-il possible que l'on se fît illusion en Belgique au sujet des désirs d'union du peuple français ?

Quelque puissante que soit actuellement l'influence du gouvernement et des classes moyennes de la France sur le maintien de la paix, quelque sincères et influents que puissent être les sentiments d'amitié des principaux membres des deux dynasties l'un pour l'autre, aucun homme politique éclairé n'accordera à ces affirmations et à

ces sentiments assez de force pour transformer complètement le caractère national français; aucun ne pourra croire
qu'elles soient capables de calmer cette soif ardente de
gloire militaire, d'apaiser cette aspiration passionnée
vers une grandeur nationale incomparable auxquelles la
nation française a de tout temps tout sacrifié.

Envers l'Allemagne, la France poursuivra sans aucun
doute, au début, sa tactique ancienne; elle déploiera pour
la seconde fois la bannière de la liberté et de la fraternité des peuples, et personne n'est capable de dire ce que
les libéraux allemands feront, si la bureaucratie allemande et la politique commerciale de l'Angleterre continuent encore longtemps à pousser dans les bras des
Français tout ce qui en Allemagne possède esprit et patriotisme.

La Russie, simple agglomération d'une foule de hordes
barbares, doit son accroissement et sa grandeur surtout
à sa puissance absolutiste qui repose d'une part sur la civilisation debordante de l'Allemagne, d'autre part sur une
organisation militaire extrêmement étendue. Il manque
à l'absolutisme de ce pays toutes les garanties que seul un
degré supérieur de civilisation, des institutions politiques
et un caractère national raisonnable peuvent donner à un
gouvernement; la force du gouvernement russe et la sécurité du monarque reposent uniquement sur les baïonnettes sur lesquelles il règne. Cette puissance, devenue
grande par les baïonnettes et les conquêtes, ne peut se
maintenir que par la baïonnette et les conquêtes. La
guerre, le plus grand fléau des nations civilisées, est là-
bas l'élément de vie de la dynastie, le rêve de la noblesse
et l'espoir de toutes les classes populaires; personne, en
effet, ne peut y perdre; tous, au contraire, ne peuvent
qu'y gagner. Il n'importe pas de savoir quels sont les sentiments du monarque de Russie en ce qui concerne la paix
mondiale et le bien-être de l'humanité. Quels que puis-

sent être les principes, les intentions, les desseins des souverains de grandes nations barbares, dans le cours de périodes plus ou moins longues, ils se verront toujours forcés de s'abandonner aux passions grossières du corps national dont ils sont la tête.

> *Valeur et condition d'une alliance entre la*
> *Grande-Bretagne et l'Allemagne, dans*
> *Schriften*, t. II, p. 442.

Depuis Pierre le Grand nous voyons la Russie progresser irrésistiblement sur le chemin de la conquête sans jamais faire un pas en arrière. Depuis qu'une dynastie et qu'un esprit allemands président aux destinées de cette puissance barbare, nous les voyons poussés sans relâche par la force des circonstances, renier et trahir leur mère.

Si la politique de sentiment et de circonstance porte toujours des fruits amers, elle ne peut que perdre l'Allemagne dans le cas qui nous occupe. Les sympathies qui existent de gouvernement à gouvernement, de souverain à souverain, de dynastie à dynastie, d'aristocratie à aristocratie, d'homme à homme, toutes sont inconsciemment exploitées par la Russie pour satisfaire l'instinct de sa nation par des triomphes immédiats et en perspective.

Les relations de famille déjà existantes sont cultivées et exploitées, des mariages sont projetés et conclus, on simule ou dissimule les sympathies ou les antipathies politiques, le tout en vue de conquêtes ou d'agrandissements présents ou futurs.

Pas d'équilibre à l'intérieur, un abîme sous ses pas, un gouffre derrière lui, dans ces conditions que pourrait faire un tel gouvernement, sinon aller de l'avant? La comparaison avec une boule roulant du haut d'une montagne, et dont la vitesse et la force s'accroissent pendant la descente, est ici frappante. Jusqu'ici la Russie a en-

glouti seulement quelques membres des corps politiques
étrangers; actuellement elle a l'espoir de s'approprier
une grande quantité de pays barbares et de se placer à
la tête de tous les barbares d'Europe et d'Asie dans le
plus bref délai. La proie qui s'offre est dépouillée de
toute force de résistance, elle est déjà prête à être dévorée;
il ne s'agit plus que de paralyser les pays capables de
s'opposer énergiquement à cette agression. Parmi eux
l'Autriche se place au premier rang, par suite de sa situation géographique, de ses intérêts les plus proches et de
sa puissance.

La conquête est la condition vitale du corps politique
russe ; actuellement il ne peut satisfaire ce besoin qu'au
sud-ouest de l'Asie et au nord-est de l'Europe. Son ambition ne peut être couronnée de succès que si les puissances les plus voisines, c'est-à-dire les Etats allemands,
sont inquiétées par la France; de plus, désunis entre eux,
il serait possible qu'ils tombassent en décadence. Ce sont
là deux cas que je n'ai pas besoin d'expliquer, étant donné
que la politique russe a depuis longtemps suivi cette
tactique et qu'elle l'a expérimentée avec succès.

Je ne sais si ce que les journaux relataient il y a un an
est vrai, à savoir que la Russie avait protesté contre
l'extension de l'Union douanière. Vraisemblablement il
n'en est rien, car cette puissance n'est pas habituée à se
trahir d'aussi grossière façon, ni à élever une protestation
dans laquelle le droit du peuple et l'espoir de succès
entrent pour si peu.

Mais ce que je sais, c'est que, d'après l'esprit de sa
politique, la Russie a toutes les raisons pour laisser courir
ses plumes les plus secrètes comme les plus influentes,
afin d'empêcher que l'union douanière n'arrive à un
développement complet et, en particulier, que sa réunion
prochaine avec l'Autriche ne se réalise. Jusqu'ici la politique prussienne de sentiment et d'affinité a parfaitement

réussi à la Russie. Combien de temps durera-t-elle encore? est-ce bientôt ou dans longtemps que l'aversion instinctive de l'armée et du peuple prussiens se fera jour? Je laisse cette question à résoudre.

Ibid., t. II, p. 316 sq.

8. UNION AVEC L'ANGLETERRE

L'Allemagne pense avec répugnance à la suprématie future de l'Amérique du Nord; elle craint celle de la France et elle exècre celle de la Russie.

Chez ces trois nations, l'idée prédominante est assurément de rivaliser avec l'Angleterre dans l'avenir au sujet de l'hégémonie mondiale; aucune d'elles n'a perdu l'espoir, même si elle n'atteint pas ce but, d'agir avec quelque succès à l'encontre des visées de l'Angleterre.

L'Angleterre aurait peu à craindre la France et la Russie, si l'Allemagne tout entière avec ses 70 ou 80 millions d'habitants la soutenait matériellement et moralement.

S'il est vrai que l'industrie de l'Allemagne ne peut prospérer sans système protecteur, s'il est vrai encore qu'une nation qui ne subsiste pas par elle-même, tant par son industrie que par son agriculture, son commerce et sa navigation, ne peut développer une grande force nationale, si cela est vrai, il n'y a pas d'effort plus hostile à l'Allemagne que celui de l'Angleterre qui tente actuellement à faire d'elle une puissance essentiellement industrielle. Le résultat de cet effort sera beaucoup plus nuisible pour l'Allemagne que celui d'une guerre d'invasion faite par la France ou la Russie ou par les deux à la fois. Une telle invasion conduirait l'Allemagne ou à une prompte mort ou à une vie d'une puissance incomparablement plus forte ; au contraire, l'effort de l'Angleterre pour détruire les racines de la puissance nationale allemande plongerait le pays tout entier dans un état de langueur permanent qui lui tiendrait sans cesse devant les yeux l'image effrayante de la mort politique.

En effet, pendant que l'Allemagne serait d'année en année plus affaiblie par l'invasion industrielle et commerciale de l'Angleterre, ses voisins de droite et de gauche se fortifieraient toujours de plus en plus par le maintien de leur système protecteur ; mais si l'une perd, de jour en jour, de ses forces intimes et de ses espérances en un avenir meilleur, pendant que l'autre s'accroît de plus en plus, il est facile de prévoir de quelle façon s'établira finalement entre elles le rapport entre les forces matérielles et intellectuelles et la puissance politique. A cet égard, le système protecteur de l'Allemagne, par toutes ses conséquences et par son but dernier, est plutôt dirigé contre la France et la Russie que contre l'Angleterre, l'Allemagne atteignant par là la force intellectuelle et matérielle nécessaire pour résister avec succès à toutes les deux ; finalement, le résultat ne pourrait que tourner à l'avantage de l'Angleterre elle-même parce que l'Allemagne ne peut devenir l'alliée puissante et active de l'Angleterre et collaborer avec elle énergiquement et de tout son cœur que si elle est un pays riche et puissant.

Il est en somme impossible de dire dès maintenant en faveur de qui l'industrie allemande est finalement sacrifiée. De plus, il est possible que le mouvement maritime soit interrompu pendant un temps plus ou moins long par des guerres sur mer et, par suite, que l'Allemagne, si son industrie est interrompue temporairement, soit sous la dépendance industrielle de la France ; en ce cas, la ruine industrielle de l'Allemagne ne servirait qu'à fortifier l'industrie française. Cela est même certain si une invasion française réussissait à soumettre en partie l'Allemagne. Alors les Anglais n'auraient fait de l'Allemagne une « table rase » industrielle que pour ménager aux Français un champ où ils réussiraient à faire fleurir leur industrie.

Ibid., t. II, p. 441, sq.

V

Helmuth von MOLTKE
(1800-1891)

Helmuth Karl-Bernhard von MOLTKE est né le 26 octobre 1800 à Parchim (Mecklembourg-Schwerin).

Il fait ses débuts dans l'armée danoise, où son père, officier prussien, avait pris du service. Le 12 mars 1822, il entre comme sous-lieutenant au 8ᵉ régiment d'infanterie prussienne. De 1823 à 1826 il fréquente l'Ecole de guerre de Berlin où il se fait déjà remarquer par l'étendue de ses connaissances.

En 1835 il entreprend un voyage en Orient, séjourné à Constantinople, réorganise avec le sultan Mahomed II l'armée turque, fortifie les villes de Varna, Schoumla, etc., et les Dardanelles. En 1838 il visite l'Asie Mineure qu'aucun Européen n'avait encore vue.

Revenu en Prusse (1839), il fait une carrière rapide dans les services d'état-major.

En 1858 il devient chef de l'état-major de l'armée prussienne avec la direction des affaires.

Il prend part à la guerre contre le Danemark (1864); il dirige la guerre contre l'Autriche (1866), prépare et dirige jusque dans les moindres détails la guerre de 1870.

Le 28 octobre 1870 de Moltke est nommé comte et grand'croix de l'ordre de la Croix de fer. En 1871 il devient feld-maréchal et se rend à Pétersbourg et à Moscou sur l'invitation du tsar. Il meurt en 1891.

De Moltke écrivit un grand nombre d'articles, puis deux ouvrages concernant la Turquie. Il s'occupa aussi des ouvrages écrits sur la guerre d'Italie (1859) et sur les guerres de 1866 et 1870.

Tous les morceaux ci-dessous font partie du second volume des œuvres complètes de von Moltke (*Gesammelte Schriften und Denkwürdigkeiten*, 1881, sq.), et sont empruntés à trois articles écrits en 1841 :

La Question de la frontière occidentale ;
L'Allemagne et la Palestine ;
Situation militaire et politique de l'Empire ottoman.

G. Mendel.

I. LE DESPOTISME DE LOUIS XIV.

Non content d'avoir établi la monarchie absolue en France, Louis
songe à faire la conquête du monde et pousse l'audace jusqu'à
vouloir se faire élire empereur d'Allemagne.

On peut avec raison considérer la transformation de la
France sous Louis XIV comme une réaction gallo-romaine
contre l'élément germanique qui, jusque-là, avait continué
de prédominer, comme un anéantissement des anciennes
libertés franques et de la représentation des États, comme
un retour à l'ancien despotisme romain tel qu'il avait
régné en Gaule durant cinq cents ans, de César à
Clovis. De là aussi le grand changement qui s'accomplit
dans le goût, l'art, la littérature. La cour de Louis XIV
s'entoura de souvenirs de l'antiquité romaine et d'imita-
tions du goût antique. La mythologie se ranima. Les
statues et les images des dieux antiques remplissaient les
palais et les jardins : le théâtre, l'opéra, la poésie, tout
prit le même caractère. Ce fut l'époque de la Renaissance,
de la régénération, de l'esprit gallo-romain qui était athée,
immoral, impie, despotique et servile.

Cet esprit ne rappelait malheureusement en rien celui
des anciennes et solides républiques grecques et romaines,
mais avait au contraire adopté l'esprit pervers qui régna
plus tard dans l'empire romain.

La cour française se vautrait dans les vices de l'ancien
monde et donnait dans la vie publique l'exemple d'une
impudeur dont les peuples n'avaient plus aucune idée,
mais que les savants, en prouvant qu'elle était classique,
baptisèrent de ce nom.

Louis XIV adopta malheureusement aussi le système
romain des conquêtes, du plus profond mépris de tous
les droits, et tandis qu'il se prenait lui-même pour l'héri-

tier de la civilisation romaine, il se plaisait à ne voir dans les Allemands que des barbares. Il croyait avoir le droit de les soumettre par la ruse et par la violence, comme les empereurs romains l'avaient jadis prétendu. Les rois français ses prédécesseurs avaient déjà, il est vrai, suivi la même politique et n'avaient jamais pris en considération les droits de leurs voisins allemands, mais Louis XIV fut plus systématique. Conquérir le monde et le soumettre tout entier à la monarchie française, tel fut à partir de ce moment la pensée dirigeante du cabinet français et de la nation française facilement gagnée.

C'est en devenant empereur d'Allemagne que Louis aurait pu le plus facilement greffer son système romain sur l'Europe politique d'alors.

Il se serait trouvé en mesure de refouler les institutions germaniques dans l'Empire allemand comme il l'avait fait en France et de mettre à leur place les institutions du despotisme romain, de transformer insensiblement l'empereur allemand en un imperator, de ramener l'Empire fondé par Charlemagne au temps d'Auguste. Son influence en Allemagne était grande, celle de la maison de Habsbourg bien affaiblie depuis la guerre de Trente ans, et après la mort de Ferdinand III son jeune fils Léopold, plus nonchalant, ne sembla pas un adversaire assez redoutable pour que Louis renonçât à tenter l'entreprise. Il la tenta. Bien que les circonstances lui fussent on ne peut plus favorarables, il échoua comme tous les autres rois de France, dans des circonstances analogues, lors des élections. Les princes allemands se laissèrent souvent suborner par la France, souvent ils se laissèrent entraîner au soulèvement et à la révolte ouverte contre l'Empire et l'empereur, ils acceptèrent des subsides, mais jamais ils ne se vendirent assez pour favoriser la France aux élections impériales. Ils conservèrent toujours sur ce point une certaine fierté

et se montrèrent moins dociles que la France ne s'y
attendait.

La Question des frontières de l'Ouest, 1841,
Schriften, t. II. p. 188, sq.

2. LES RAPPORTS DE LOUIS XIV AVEC L'EMPIRE GERMANIQUE.

Moltke vient de montrer comment Louis XIV a gagné à sa cause
les princes de la Confédération du Rhin et nous expose les
motifs qui poussèrent le grand roi à entreprendre la conquête
de la Hollande.

A ce moment-là, Louis XIV n'osa pas encore s'attaquer
directement à l'Empire allemand et faire un essai de
conquête dans son territoire pour ne pas effaroucher les
princes de la Confédération du Rhin et ne pas se les
aliéner à nouveau.

Il avait encore besoin d'eux. Il tenait surtout à s'assurer en premier lieu la Suisse et les Pays-Bas, ces deux
bastions de l'Allemagne. Ce but une fois atteint, et il
espérait justement y arriver avec l'aide de la Confédération du Rhin, il pouvait, sans la ménager davantage,
fondre sur les provinces allemandes de l'Empire.

Il gagna la Suisse comme la Confédération du Rhin, en
la subornant. Attaquer la Suisse eût été dangereux et complètement superflu. Les Suisses s'offrirent d'eux-mêmes à
servir la France, et Louis eut dans toutes ses guerres environ vingt à trente mille Suisses à sa solde, qui étaient
toujours en avant, décidaient de la victoire ou empê-
chaient la défaite. La diplomatie suisse se mit aussi à la
remorque de la diplomatie française. Les dirigeants de la
Confédération suisse étaient achetés par la France, faisaient tout ce que la France voulait, arrêtaient les gestes
de l'Empereur, s'opposaient à toutes les exigences de

l'Empire allemand et agissaient absolument comme si la
Suisse avait été une province française. Zürich seule
secoua la tutelle de la France.

Tout sentiment de nationalité allemande était éteint
chez les Suisses, qui pourtant sont Allemands. Toute clair-
voyance politique les avait abandonnés. Eux, des répu-
blicains, se soumettaient à un despote; en qualité de voisins, ils renforçaient une puissance qui tôt ou tard devait
leur devenir aussi funeste qu'aux autres pays frontières.
Si les Suisses avaient mis leurs bras vigoureux au service
de l'Allemagne, jamais la France ne serait devenue aussi
puissante. Jamais la France n'a remporté un avantage
sur l'Allemagne, si ce n'est au moyen de bras allemands,
avec l'aide d'Allemands traîtres à leur patrie.

Sûr de la Suisse, grâce à ses ruses et à son argent,
Louis chercha dès lors avant tout à s'emparer des Pays-
Bas. Le roi Charles II Stuart, restauré en Angleterre
après une grande révolution, entra complètement dans les
vues de la politique française et entreprit de distraire les
Hollandais attentifs par une guerre maritime.

Les Pays-Bas espagnols, que ni la Hollande ni l'Empire
allemand ne soutinrent, furent inondés d'armées françaises et éprouvèrent leur faiblesse. Louis détacha Arras,
Hesdin et quelques autres villes des Pays-Bas espagnols
et les réunit à la France. Personne ne s'en soucia. Ce
n'était pas encore le moment de prendre tous les Pays-
Bas. Louis voulait d'abord avoir la Hollande, car une fois
en possession de cette dernière, les Pays-Bas espagnols
lui seraient naturellement revenus.

Cependant, pour conquérir la Hollande, il avait de
nouveau besoin de la Confédération du Rhin qui lui
assurait en partie l'alliance et en partie la neutralité de
l'Empire allemand. Il fit jouer tous les ressorts de la
diplomatie. La Confédération dut mettre des troupes à
sa disposition. Lobkowitz décida l'Empereur lui-même à

voir s'effectuer, sans bouger, la conquête de la Hollande, les Hollandais n'étant après tout que des hérétiques calvinistes ; par jalousie commerciale les Anglais se laissèrent aussi persuader de soutenir les Français contre la Hollande.

Celle-ci semblait perdue ; mais l'élan magnifique des Hollandais et le talent avec lequel ils se servirent de la masse des eaux, en ouvrant les écluses et en perçant les digues, pour se défendre contre l'ennemi, arrêtèrent la marche triomphale des 200,000 hommes que Louis avait concentrés sur l'Escaut. En même temps le puissant Electeur de Brandebourg s'efforçait activement de décider l'Empire à protéger la Hollande. L'Empereur se remua enfin, son général en chef Montecuculli était d'ailleurs, malgré les mesures entravantes de Lobkowitz, tout à fait hostile aux Français. Louis n'osa pas jouer le tout pour le tout et laissa la Hollande en paix.

Ibid., p. 191-192.

3. COMMENT LA FRANCE S'EST TOUJOURS AGRANDIE AUX DÉPENS DE L'ALLEMAGNE.

La succession d'Espagne s'ouvre ; la guerre éclate. Malgré la défection de l'Angleterre qui abandonne l'Empire et son champion, le prince Eugène de Savoie, la France n'obtient que le maintien du duc d'Anjou en Espagne. Les Pays-Bas, Naples et le Milanais reviennent à l'Autriche.

Mais ces avantages furent bientôt en partie perdus : l'empereur Charles VI n'avait pas de fils ; pour assurer la succession à sa fille, la célèbre Marie-Thérèse, il acheta au prix de lourds sacrifices le consentement des autres Etats, de la France en particulier, à qui dans ce but il céda de plein gré tout Naples et la Lorraine.

L'importante cession de la Lorraine fut à cette époque

habilement déguisée : le jeune duc de Lorraine, François, qui devait épouser Marie-Thérèse, reçut la Toscane en compensation de son duché, et celui-ci fut donné provisoirement au roi détrôné de Pologne, Stanislas Leczinski, qui n'avait pas de fils ; à sa mort en 1766 la France entra effectivement en possession de cette province si longtemps convoitée. Naples devint, comme l'Espagne, un royaume indépendant sous un prince de la famille de Louis XIV.

C'est ainsi, par la spoliation — par une spoliation scandaleuse en pleine paix — ou par une adroite exploitation de nos malheurs, que la France prit à l'Allemagne ce qu'elle possède encore aujourd'hui. Elle avait acquis la Bourgogne et la vallée du Rhône, de Genève à Marseille, au temps de nos malheurs à l'extinction de la Maison des Hohenstaufen. Elle acquit les évêchés lorrains au temps de nos malheurs pendant la Réforme. Elle acquit l'Alsace au temps de nos malheurs dans la guerre de Trente Ans. Elle se saisit en pleine paix, à l'époque de notre impuissance, de la Franche-Comté, d'une partie des Pays-Bas et de Strasbourg. Par un pacte de famille négocié par Charles VI et gravement préjudiciable à l'ensemble des intérêts allemands, elle gagna d'un trait de plume, à l'époque de notre impuissance, la belle Lorraine si longtemps restée fidèle à l'empire allemand. En outre, les descendants de Louis XIV règnent aujourd'hui encore en Espagne comme à Naples.

Toutes ses acquisitions, la France les a faites aux dépens de l'Allemagne. La perte de la Bourgogne et de Naples, comme celle de la Franche-Comté, de la Lorraine française et de la ville française d'Arras, était grande au point de vue politique, sinon au point de vue national. Mais la perte de l'Alsace et de la Lorraine allemande portait, de plus, une grave atteinte à notre intérêt national. Ces belles contrées furent arrachées à l'Allemagne comme un lambeau de chair vive et soumises à l'influence d'une nationalité étrangère. Mais le pire était que cet exemple prouvait clairement que la nation allemande avait perdu son ancienne suprématie en Europe. Jusqu'alors des peuples latins ou slaves avaient obéi à des maîtres allemands. Maintenant, pour la première fois, des peuples allemands obéissaient à des maîtres étrangers. Ce qu'avait fait l'Etat latin à l'ouest, l'Etat slave le fit bientôt à l'est, et la France nous avait à peine pris l'Alsace que la Russie, à l'autre frontière, nous ravissait la Livonie allemande.

La Question de la frontière occidentale.
Schriften, t. II, p. 198.

4. LA QUESTION DU RHIN SOUS LOUIS-PHILIPPE (1840).

Enfin, comme les essais de révolution intérieure et les nombreux attentats contre la personne du roi avaient échoué, le ministre Thiers réussit à préparer une guerre contre l'étranger ; grâce à la sagesse du roi elle ne put éclater ; pourtant cet incident provoqua chez les nations voisines, et surtout en Allemagne, une vive agitation. Malgré la sagesse du roi, les manifestations belliqueuses devenaient en France plus bruyantes que jamais, et des hommes des partis les plus divers y prenaient part. Le « National », les prolétaires et les boulevardiers à l'opulente chevelure n'étaient plus seuls à revendiquer la rive gauche du Rhin : un ministre même, d'honorables pairs, des députés ultra-conservateurs criaient sur le même ton. Par contre on entendait bien dire aussi que le temps n'était plus où l'on pouvait songer à des conquêtes en face de toute l'Europe en armes ; mais pas une voix ne s'éleva pour mettre en doute le bien-fondé et la moralité de la conquête. Partout en France on acceptait comme une idée courante et fort naturelle le droit à la rive gauche du Rhin et le principe du Rhin frontière naturelle.

Quoique la paix se maintienne tout d'abord, la jeune génération est élevée dans l'idée qu'elle a un droit sacré sur le Rhin et la mission d'en faire, à la première occasion, la frontière de la France. « La frontière du Rhin doit devenir une réalité », tel est le programme pour l'avenir.

Nous croyons avoir suffisamment montré dans les développements historiques précédents que la France n'a pas le moindre titre légitime à la frontière du Rhin. Mais nous savons aussi fort bien que tout ce qu'on peut dire aux Français à ce sujet est prêché dans le désert. Ils ne veulent rien entendre. Plus les témoignages de l'histoire et de la nature, plus les principes de la raison et de la morale parlent contre eux, moins ils veulent les écouter.

Ainsi, la seule question est de savoir si l'Allemagne est et restera assez puissante pour repousser par la force, en toute circonstance, les prétentions illégitimes de la France. Il est vraiment lamentable qu'après un voisinage de deux mille ans, après tant de coups échangés de part et d'autre, nous n'ayons pas encore pu amener les Français à comprendre leur véritable situation vis-à-vis de nous. L'étude de l'histoire fleurit en France comme chez nous, mille voies sont ouvertes à l'intelligence, et pourtant la passion aveugle domine à tel point les Français qu'ils s'enfoncent à dessein dans une illusion mensongère et dédaignent de voir la vérité, même la plus éclatante.

Ils méprisent l'examen réfléchi, la raison, la justice et l'équité qui sont de mise entre deux si anciens et si puissants voisins, et que nous sommes toujours prêts à mettre en pratique. La force seule doit décider ; aussitôt que leur avis diffère du nôtre ils mettent la main à l'épée.

L'histoire d'hier et celle de demain disparaissent devant la passion du moment. Ils font fi des menaces de l'avenir comme des expériences du passé. Au mépris de tout, ils fondent sur l'objet de leur convoitise ; peu leur importe aux dépens de qui.

Il est toujours triste de voir, après tant d'expériences, au siècle de la raison, reparaître la sombre menace des instincts brutaux et barbares et le règne de la force stupide, même lorsque nous sommes en mesure de repousser la violence par la violence. Mais qui vous garantit qu'une fois ou l'autre nous n'aurons pas un moment de faiblesse, que nous ne nous égarerons pas dans des conflits de politique intérieure ou extérieure, dans lesquels s'endormiront notre vigilance et notre force ? N'aurons-nous pas alors tout à craindre d'une puissance voisine pour laquelle il n'est pas d'autre droit que la violence, et qui ne rougit point d'avouer ouvertement qu'elle guette, comme au temps des luttes corps à corps, le premier instant de faiblesse, de désunion ou de défaillance pour nous prendre une fois de plus en traître ?

Ibid., t. II, p. 223.

5. LE SOULÈVEMENT NATIONAL DE L'ALLEMAGNE (1813).

Napoléon vient de conquérir l'Allemagne. Après avoir été l'allié
du tsar, il devient son ennemi.

Jamais depuis deux mille ans, depuis qu'il y a une histoire d'Allemagne, les Allemands n'avaient été tous soumis à une volonté étrangère. Les Romains ne nous avaient pas assujettis. Attila lui-même n'avait soumis qu'une partie des Germains ; les autres, sous la conduite de princes indépendants, se battirent contre lui et furent vainqueurs. Pour la première fois en 1812 tous les Allemands sans exception étaient sujets d'un maître étranger; tous les États allemands sans exception devaient fournir des troupes à un maître étranger, se soumettre à une loi étrangère, et combattre pour une cause étrangère.

Comme cette honte était infligée à la nation à qui appartenait depuis deux mille ans la maîtrise en Europe, le Ciel lui-même sembla la trouver révoltante, et il manifesta sa colère pour rappeler aux hommes ce qu'ils auraient dû faire même s'il n'était pas intervenu. En vérité ces cataclysmes qui présageaient la chute de Napoléon furent une grande humiliation pour la nation allemande.

Alors seulement elle se releva brusquement, assoiffée de vengeance, terrible comme la nature dont elle avait vu les signes. L'enthousiasme vint en réalité un peu tard. On peut se demander avec étonnement pourquoi les Allemands firent seulement alors ce qu'ils auraient pu faire depuis longtemps. Combien de provinces, combien de millions ils s'étaient laissé prendre depuis l'époque de Louis XIV! Avec tout ce qu'on abandonna négligemment aux Français, on aurait pu, depuis plus d'un siècle, les rejeter au delà de la Seine. Une union des princes, une levée en masse du peuple aurait pu se produire beaucoup plus tôt et aurait eu un résultat tout aussi favorable qu'en 1813.

Il est dans le tempérament du peuple allemand de prendre son temps pour chaque chose. Il n'a accompli la Réforme qu'après que sa patience eut été mise à une longue épreuve. Enfin, bien que tardivement, ce qui est nécessaire s'accomplit toujours.

Les princes allemands se réunirent, le peuple allemand se leva en masse et il n'en fallut pas plus pour vaincre toute la puissance française et le héros du siècle. Le zèle et le talent des chefs d'armée allemands, l'enthousiasme et la bravoure des soldats eux-mêmes étaient extraordinaires, et cela principalement parce que la guerre était conduite comme telle par la totalité de la nation. De là l'énergie, le rare enthousiasme qui la caractérisèrent, de là la terreur qui précédait les armées et à laquelle rien ne résiste. Quand un peuple aussi fort que le peuple allemand se soulève tout entier en courroux, alors, que la France tremble, eût-elle dix Napoléons !

Ibid., t. II, 218.

6. LE DEVOIR DES ALLEMANDS

Moltke, croyant avoir suffisamment prouvé que les Français sont prêts à fondre sur l'Allemagne au moment propice, adresse au peuple allemand l'exhortation suivante :

Notre devoir consiste donc, si nous ne pouvons convertir notre voisin endurci, à nous rendre du moins parfaitement compte de notre bon droit et à en prendre pleinement conscience d'après la conception nationale allemande. Il faut que tout Allemand sache et il doit importer à tout Allemand que, du jour où la France et l'Allemagne régleront leur compte, le « doit » tout entier sera du côté de celle-là, tandis que l' « avoir » sera tout entier du nôtre. Nous devons réclamer à la France ce qu'elle nous a injustement arraché. La France, par contre, n'a rien à nous réclamer, pas un hameau, pas un arbre. Le Rhin, comme Arndt l'a si bien dit en peu de mots, est « le fleuve de l'Allemagne, et non sa frontière ». Au point de vue du droit politique, tout ce que la France a ajouté à sa frontière de l'Est depuis le XIIIe siècle a constitué un acte de brigandage envers l'Allemagne. C'est ainsi que tous les pays lorrains et burgondes sont

notre ancienne propriété et nous ont été illégalement
enlevés.

Au point de vue national, si on fait de la langue la
frontière naturelle des pays, tout le Rhin avec sa rive
gauche nous appartient, comme sa rive droite, car
dans tout le bassin rhénan on parle allemand depuis le
XIVe siècle.

La France ne doit donc pas nous demander la rive
gauche du Rhin ; mais nous pourrions exiger d'elle l'Alsace et la Lorraine. Si enfin on se place au point de vue
du droit positif, tel qu'il a été établi par les anciens
traités, il est certain que, grâce à eux, la France a justifié
sa possession irrégulière de l'Alsace et de la Lorraine ;
mais ces mêmes traités excluent toute prétention de la
France sur les autres parties de la rive gauche du Rhin.
S'il arrivait, par conséquent, que la France ne recon-
naisse plus les traités de 1814 et 1815, les seuls titres qui
lui ont garanti et lui garantissent encore son ancien vol à
l'Allemagne, traités que nous avons toujours loyalement
observés, bien qu'ils nous soient très désavantageux, s'il
arrivait, dis-je, que la France elle-même brise ces traités
et commence la guerre, nous devrions tous prendre la
ferme résolution, si Dieu le veut et donne la victoire à la
juste cause, de ne jamais signer une nouvelle paix ayant
ces traités pour base, mais au contraire de ne pas remettre
l'épée dans le fourreau jusqu'à ce que notre droit tout
entier ait été reconnu, jusqu'à ce que la France nous ait
payé intégralement sa dette.

Notre devoir est ensuite de développer d'une manière
toujours plus rationnelle et profonde le sens politique
que nous semblons recouvrer peu à peu, après l'avoir
perdu durant des siècles. En d'autres termes : les questions courantes, qu'il s'agisse de principes ou d'intérêts
particuliers, doivent être considérés à un point de vue
élevé, le point de vue national, et il faut éviter que nos

contestations intérieures nous fassent oublier la politique extérieure. Tout notre malheur n'a jamais eu que cet oubli pour cause. C'est uniquement parce que, nous autres Allemands, nous nous querellions au sujet d'idées et d'intérêts privés et négligions pendant ce temps de garder nos frontières extérieures, que nos voisins ont pu nous piller et nous affaiblir. On a fait beaucoup pour empêcher désormais en Allemagne le retour de dissensions aussi funestes.

Les diverses tribus germaniques ne se jalousent plus follement les unes les autres ou du moins pas autant qu'autrefois; les dynasties se sont aussi rapprochées et trouvent autrement leur intérêt dans une politique unifiée que dans leur politique séparatiste de jadis.

Seuls, les avis et convictions en ce qui concerne les questions constitutionnelles et confessionnelles soulèvent encore d'âpres discussions, et nous sommes encore loin, de ce côté-là, d'une solution satisfaisante.

Mais est-ce trop exiger d'une nation aussi grande que l'Allemagne, aussi bien assise, aussi sage et aussi absolument cultivée que d'espérer la voir unie tant que des ennemis nombreux la menacent de l'extérieur?

Quel que soit l'objet à propos duquel on se querelle, le résultat est toujours le même, à savoir que chacune de nos dissensions est utilisée à l'étranger pour servir à notre perte. Même en temps de paix, nous devons nous considérer comme une grande armée retranchée dans son camp en face d'un ennemi puissant.

Dans une telle situation, quel que soit le motif qui nous y pousse, il ne nous convient pas de nous traiter mutuellement en adversaires. Nous devons au contraire être unis pour faire front à l'ennemi du dehors.

Ibid., pp. 226-28.

7. LA QUESTION D'ORIENT.

a) *Projet de principauté allemande en Palestine.*

Les Croisés donnaient leurs biens, leur vie pour la conquête de la Terre-Sainte. Qu'il y a loin de leur enthousiasme à la froideur que manifestent aujourd'hui pour le Saint Sépulcre certaines nations protectrices des chrétiens en Orient! Mais l'opinion actuelle, placée entre ces deux extrêmes, semble plutôt favorable à l'idée de mettre la Palestine sous un protectorat chrétien.

On pourrait soutenir en outre que le gouvernement du nouvel État devrait être confié à un prince absolu de nationalité allemande et d'un esprit vraiment tolérant. Privilégier l'une quelconque des églises chrétiennes équivaudrait à répandre dès la naissance de l'État nouveau les germes de sa destruction. Nous disions un prince *allemand*, parce que l'Allemagne a l'avantage négatif de n'être pas une puissance maritime et que la route commerciale la plus directe vers l'Orient lui est ouverte par le Danube et les ports autrichiens de l'Adriatique; un prince *absolu* enfin, parce que seule cette forme de gouvernement s'accorde avec un état de choses à demi-barbare, parce que, sous un souverain juste, avisé, énergique, c'est dans de telles circonstances le meilleur de tous les régimes, et parce que seul un tel souverain pourrait faire quelque chose de ce nouvel État.

L'Allemagne et la Palestine. Schriften,
t. II, p. 284.

b) *Projets de colonisation austro-allemande en Turquie.*

Quand on réfléchit aux conséquences incalculables qu'entraînerait la brusque disparition de l'empire ottoman du concert des puissances, on ne peut vraiment qu'approuver la politique européenne de s'être toujours employée à retarder autant que possible cette catastrophe. Mais le morcellement de l'empire n'a-t-il pas déjà commencé? Le drapeau tricolore ne flotte-t-il pas à Alger et la branche de palmier sur le Nil? La Russie n'a-t-elle pas poussé sa frontière du Don au Pruth, du Pruth au Danube et par delà le Caucase? La Morée n'est-elle pas indépendante et les principautés obéissent-elles en quoi que ce soit aux firmans du padischah? Ou plutôt, tout cela n'est-il pas l'œuvre de ces mêmes puissances qui proclamèrent l'intégrité de l'empire et la légitimité de son souverain? Et ne serait-il pas opportun d'étayer encore quelques parties isolées de ce vieil édifice branlant, afin qu'elles restent debout au moment de l'effondrement imminent et préservent l'Europe d'être ensevelie sous les décombres?

Mais nous voyons malheureusement toutes les provinces détachées de l'empire passer sous l'influence de la Russie, de la France ou de l'Angleterre, pas une ne passe sous l'influence allemande. Il est vraiment frappant, en Turquie, d'entendre toujours parler de ces trois puissances et jamais de l'Autriche; c'est pourtant elle qui devrait y jouir du plus grand crédit, car c'est son épée qui sera jetée un jour dans la balance de la décision. Toutes les flottes du monde ne peuvent ni accomplir le partage de la Turquie, ni l'empêcher; les armées de l'Autriche peuvent peut-être l'un et sûrement l'autre.

Combien de sang allemand, du plus noble, n'a-t-il pas

été versé dans de stériles expéditions contre Rome? Combien de fois la glorieuse aigle à deux têtes n'a-t-elle pas passé les Alpes pour se voir ensuite refouler du sol latin si péniblement conquis! L'Autriche a de tout temps dirigé tous ses efforts vers l'ouest, tandis qu'à l'est elle se bornait à se défendre. Elle tournait vers l'occident son épée, vers l'orient son bouclier. Cette politique se justifiait tant que d'un côté s'entassaient tous les trésors de la civilisation, tandis que, de l'autre, on ne trouvait que contrées désertes et peuples barbares. Mais, aujourd'hui, l'Autriche a droit à une part dans le jardin des Hespérides et, toujours repoussées, des principautés en lutte pour leur émancipation, la Serbie entre autres, implorent sa protection. Faut-il donc que la Russie trouve là-bas le champ libre pour étendre davantage encore son influence?

Est-il une âme allemande qui ne soit prise de mélancolie à la vue des longues théories de nos compatriotes qui vont avec femme, enfants et toute leur fortune chercher une patrie par-delà l'Océan? La Valachie est un pays qui pourrait les recevoir tous et que pourraient atteindre même les plus pauvres d'entre eux en peu de jours, à peu de frais, par la voie maintenant praticable du Danube. Ils y retrouveraient un pays extrêmement fertile, les forêts, les ruisseaux murmurants, les montagnes ou les plaines de leur pays. Ils y trouveraient un Gouvernement chrétien et une civilisation naissante qui pourrait être déjà bien plus avancée si l'on accordait aux hospodars l'hérédité de leur charge, cette hérédité qu'en pleine défaite l'assassin du Nil sut extorquer pour sa race.

Par une série d'accords avec le bienveillant prince Ghika, par la suppression des relations consulaires qui font de toute immigration un fardeau pour l'Etat, par l'institution d'une ambassade ayant compétence de hautecour de justice et prenant en main les intérêts des colons auprès du Gouvernement, on procurerait au zèle et à l'activité la sécurité dont elles ont besoin pour se développer dans de bonnes conditions. Le labeur allemand ne serait plus réduit alors à chercher un refuge dans les marais pestilentiels sous le ciel brûlant d'un continent étranger ; sur les rives du Danube altier retentirait la langue allemande, et les mœurs allemandes s'y établiraient, des monts de Souabe à l'embouchure de la Sulina.

Situation militaire et politique de l'Empire ottoman, Schriften, t. II, p. 307.

VI

BISMARCK (1815-1898).

Il ne saurait être question de retracer ici la vie du « chancelier de fer ». Des livres français substantiels y ont pourvu. Il suffira de citer l'ample monographie de M. Paul Matter, *Bismarck et son temps* (3 vol., 1905-1908), et le livre vigoureux de M. Ernest Denis, *La fondation de l'Empire allemand* (1906). Bismarck lui-même a décrit sa vie dans ses *Gedanken und Erinnerungen* (*Pensées et Souvenirs*) (1898) dont deux volumes ont paru, tandis que le troisième reste inédit.

Ce qui nous a préoccupés ici, c'est de dire en quel sens Bismarck peut être qualifié pangermaniste. Car les agitateurs remuants de nos jours, Friedrich Lange, Max Harden, Ernst Hasse, le comte Reventlow, tous ceux de la *Ligue pangermaniste*, se sont toujours donnés pour des continuateurs de Bismarck; et ils ont attaqué successivement Caprivi, Hohenlohe, Bülow, parce qu'ils les accusaient d'abandonner la tradition du grand chancelier. Cette accusation a quelque chose de paradoxal. De même il est étrange, au premier abord, de faire appel, pour soutenir les prétentions du pangermanisme, au chancelier qui a dit, le 28 avril 1890 : « Nous ne voulons plus rien. L'Allemagne n'a besoin ni des trois millions de Hollandais, qui ne désirent pas être absorbés, ni des provinces baltiques, ni de la Pologne, ni de quoi que ce soit. Nous avons assez d'annexés (1). » Il n'y a pas, semble-t-il, de relations entre les plans du pangermanisme qui veut établir l'hégémonie allemande de la mer du Nord au golfe Persique et la pensée de l'homme qui a dit, le 11 janvier 1885, au Reichstag : « En quoi la Bulgarie peut-elle nous intéresser ? Il nous est tout à fait indifférent de savoir qui règne en Bulgarie et ce qu'il advient de la Bulgarie. L'amitié de la Russie nous importe infiniment plus que celle de la Bulgarie. »

Pourtant, Harden, Lange, Hasse et Reventlow ont raison et ce sont eux qui continuent Bismarck. Le chancelier a procédé avec une « stratégie politique » consommée. Il consolidait chaque position nouvellement occupée, avant d'en conquérir une autre. Son éducation, qu'il a racontée, faisait de lui, comme de tout jeune Allemand, un admirateur du

---

(1) Poschinger, *Tischgespräche Bismarcks*, I, 308.

Saint-Empire romain. « Tout prince allemand qui, avant la guerre de Trente ans, se montrait récalcitrant devant l'Empereur, me scandalisait; mais à partir de l'époque du Grand-Électeur, je savais être partial pour porter des jugements défavorables à l'Empereur et trouver naturel que la Prusse se préparât à la guerre de Sept ans. » Il respecte donc le Saint-Empire, jusqu'au moment où apparaît dans l'histoire la Prusse qui en a préparé la ruine. Et toutefois, ajoute-t-il, « je n'en conservai pas moins la conviction que l'avenir, qui s'ouvrait immédiatement devant nous, serait tel qu'il mènerait à l'unification de l'Allemagne » (1). Ainsi, pour ce hobereau de la Marche, élevé strictement dans la tradition frédéricienne, mais ouvert, par son éducation, à une foule d'idées modernes, l' « avenir immédiat », c'était la restauration de l' « Empire allemand ». C'est dire que l'unification de l'Allemagne, dès sa jeunesse, ne lui paraissait pouvoir s'accomplir que par la Prusse.

Cette Prusse il eut d'abord à la défendre, ensuite à l'agrandir. Il la défendit contre la désagrégation révolutionnaire au Parlement prussien en 1848; il dut la défendre ensuite contre les empiétements de l'Autriche, au *Bundestag* de Francfort (1852-59). C'est pourquoi il conseilla si formellement l'abstention prussienne durant la guerre de Crimée et durant la guerre d'Italie. Il ne pouvait lui convenir de faire la besogne d'un germanisme à tête autrichienne. Pour cette Prusse grandissante, il tâcha de fortifier ou de gagner des amitiés nécessaires à Pétersbourg et à Paris de 1859 à 1862. Puis devenu ministre-président il eut à cœur de guérir *par le fer et par le feu* l'infirmité qu'il discernait dans la Constitution de l'Allemagne (2). C'est cette méthode que prétendent lui emprunter les pangermanistes.

Elle consista d'abord à assurer, malgré l'obstruction de la Chambre des députés prussienne, le service de trois ans, et une législation qui mettait les effectifs et des crédits militaires à l'abri des fantaisies parlementaires. Il réunissait ainsi « en faisceau les forces prussiennes pour l'instant favorable (3) ». L'instant favorable, c'était celui où on pourrait élargir la Prusse et en faire la puissance dirigeante en Allemagne, puis en Europe. Cet instant se trouva trois fois, en 1864, en 1866, en 1870. Ce fut d'abord

---

(1) BISMARCK. *Pensées et Souvenirs*, trad. Jaeglé, pp. 2 et 3.

(2) *Bismarcks Briefwechsel mit dem Minister Freiherrn von Schleinitz*, 1905. p. 18. (Lettre du 12 mai 1859.)

(3) Discours à la Commission du Landtag prussien, 30 septembre 1862.

la conquête de Kiel et de son « glacis » le Slesvig-Holstein.
Rien ne ressemble davantage à l'attaque brusquée contre
la Belgique en 1914, que l'étranglement du Hanovre et de la
Hesse en 1866. Puis, contre la France, Bismarck réclama
le « glacis » de l'Alsace-Lorraine. Après quoi il demanda
un temps de repos, et ce repos, il l'imposa. Mais il conti-
nuait d'année en année à réclamer de nouveaux effectifs militaires. Etait-ce dans une intention purement défensive ? La
stratégie bismarckienne est toujours défensive d'abord. Elle
« réunit en faisceau les forces pour l'instant favorable ». Bismarck déclarait l'Allemagne « saturée », mais il la déclarait
menacée aussi. C'est de la sorte qu'il avait dit la Prusse menacée quand l'Autriche faisait valoir une vieille prédomi-
nance, largement gagnée par ses luttes contre la Révolution
et contre l'Empire. En attendant, il adossait l'armée allemande à l'armée autrichienne. Il réalisait, par l'alliance de
1878, mais sous l'hégémonie allemande, cette Grande-Alle-
magne que les Parlementaires de 1848 ne concevaient qu'avec
une tête autrichienne. Par la Triple-Alliance, il reconstruisait
presque l'Empire de Charlemagne, militairement tout au
moins. Songeait-il à le reconstruire politiquement ? Il n'avait
pas coutume de prévoir l'avenir de si loin. Il a étudié à
diverses reprises et toujours ajourné le projet d'une union
douanière avec l'Autriche. Mais il a discuté, avec le comte
de Saint-Vallier, ambassadeur de la République française à
Berlin, la possibilité d'unir par une union douanière et par
une alliance politique durable toutes les puissances de l'Europe centrale, y compris la France. Il avait une croyance
fortement assise en la suprématie physique et morale de la
« race » germanique. Toutefois sa prudence se rendait compte
que l'Allemagne, en dépassant de certaines bornes, provoque-
rait la coalition de toutes les grandes puissances. Il manœu-
vra avec une science consommée pour éviter ce désastre.

Comment les pangermanistes ont-ils prolongé son œuvre et
repris sa méthode ? Pour eux, l'Allemagne n'est plus « saturée ». Il lui faut « sa place au soleil ». Il reste encore des
peuples germaniques à annexer (les Autrichiens, les Flamands, les Hollandais, les Suisses, les Baltes). Les frontières
de l'Allemagne ne sont pas assez sûres. Il faut encore avancer les « glacis » de la forteresse allemande, à l'ouest, à
l'est et au sud. Enfin il faut à l'Allemagne des débouchés
sur la mer Noire, en Adriatique et sur la mer Égée. Ils
veulent unifier l'Europe, comme Bismarck avait unifié la
Prusse. Ils affrontent délibérément la coalition à laquelle
Bismarck avait voulu se dérober.

CH. ANDLER.

I. LA PHILOSOPHIE BISMARCKIENNE DES RACES.

a) *La race slave.*

Le Russe ne pourra jamais se passer de l'Allemand. Le Russe est un homme aimable, il a de l'esprit, de l'imagination, des manières agréables et des talents de société. Mais, quant à apprendre à travailler tous les jours — pendant huit heures seulement — et cela six fois par semaine et cinquante semaines par an, jamais de la vie un Russe ne le pourra.

Je me souviens des mots frappants que prononça devant moi un officier russe. La conversation roulait sur ce fait que, dans l'armée russe, beaucoup d'officiers d'origine allemande parviennent jusqu'au grade de général. « Comment, me dit-il, un Allemand ne deviendrait-il pas général? Il ne boit pas, ne vole pas, il a de la tenue, il monte lui-même son cheval : il n'est pas étonnant qu'il devienne général ! »

> Poschinger, *Neue Tischreden Bismarcks,*
> t. I, p. 246, 11 août 1867.

b) *La décadence des races latines.*

La race latine est une race usée. Elle a, je l'accorde, accompli de grandes actions, mais, aujourd'hui, sa destinée est remplie : elle est appelée à dépérir et à disparaître probablement tout entière, au moins en tant qu'ensemble constitué.

Les hommes politiques des pays latins, qui sont perspicaces, devraient hâter la marche de cette évolution, au lieu de s'épuiser en efforts inutiles pour retarder ce qui est fatal... Un Hohenzollern, sur le trône d'Espagne, eût donné au peuple espagnol quelque chose de la force allemande, sans avoir recours à la violence ni à l'humiliation.

La race germanique est jeune, puissante, elle possède les vertus et l'esprit d'initiative qu'autrefois les Latins possédèrent. L'avenir est aux peuples du Nord, et ils viennent seulement d'entreprendre la mission qu'ils sont destinés à accomplir pour le bien de l'humanité.

Poschinger, Neue Tischreden Bismarcks.
Nouveaux propos de table de Bismarck,
t. I, p. 58, 12 octobre 1870.

c) *La race germanique seule a des qualités mâles.*

Parmi les peuples, on peut distinguer, comme dans la nature, des mâles et des femelles. Les Germains sont des mâles. Ils sont même si virils que, pris isolément, ils échappent à toute influence du Gouvernement. Chacun d'eux veut garder intacte son individualité. Mais, s'ils sont réunis en masse, ils ressemblent alors à un torrent irrésistible qui renverse tout sur son passage. Les Celtes et les Slaves sont féminins. Ils sont incapables de rien produire par eux-mêmes, de rien engendrer.

Les Russes ne peuvent se passer des Allemands. Ils ne sont pas actifs, mais se laissent gouverner avec facilité. Ils ignorent la force de résistance et obéissent à leur maître. Les Celtes, de même, ne sont qu'une foule passive. Ce n'est qu'au contact des Germains et par leur mélange avec eux qu'ils deviennent un peuple politique. C'est ce qui arriva pour les Anglais, pour les Espagnols, tant que les Goths furent à leur tête, pour les Français, tant que l'élément franc domina. La Révolution française a rejeté cet élément et donné la prépondérance à l'élément celtique. C'est pourquoi la France a désormais tendance à se soumettre à la violence.

Les Westphaliens et les Souabes sont de vieux Germains, aussi peut-on très difficilement les habituer à être constitués en Etat. Quand un idéal national, quand la passion s'empare d'eux, ils abattraient des montagnes. Mais cela est rare. A l'ordinaire, chaque village, chaque paysan entend rester indépendant et autonome.

Le Prussien est un mélange puissant d'éléments slaves et d'éléments germains ; c'est là une des principales raisons qui expliquent sa souplesse politique, Son caractère participe à la fois du caractère docile du Slave et du caractère viril des Germains.

> Bluntschli, *Denkwürdigkeiten (Mémoires)*,
> t. III, p. 193, Conversation avec Bismarck,
> 30 avril 1868.

d) *La race germanique est supérieure aux slaves.*

Le Germain qui reste pur de tout alliage slave ou celtique a un caractère de moine et se dispute avec tous ses pareils. Quand il s'allie aux autres races, il arrive toujours, pourvu qu'il ait la patience et l'endurance nécessaires, à devenir le chef, la volonté directrice, comme doit être le mari dans le ménage. Je ne veux pas offenser les Slaves, mais il faut bien reconnaître que leur caractère tient beaucoup du caractère féminin : ils ont la grâce, l'intelligence, la ruse, l'adresse et les Allemands paraissent souvent lourds et maladroits à côté d'eux. Mais nous l'emportons toujours et c'est pourquoi je voudrais vous dire : quand vous avez affaire à vos rivaux slaves, même aux moments de colère les plus violents et dans les situations les plus critiques, gardez toujours la conviction profonde, la conviction la plus profonde mais secrète, que vous êtes au fond leurs supérieurs et que vous l'êtes à jamais.

Discours à une députation de Styrie, 15 avril 1895.

2. DÉFINITION DE LA POLITIQUE MONDIALE BISMARCKIENNE.

Jusqu'en 1866 nous avons fait de la politique prusso-allemande ; jusqu'en 1870 de la politique allemande-européenne et depuis, de la politique mondiale (1). Dans nos prévisions des événements futurs, nous devons prendre aussi en considération les États-Unis de l'Amérique du Nord. Ils vont créer un danger que beaucoup ne soupçonnent pas encore et se développer dans le domaine économique — pour ne parler que de lui. Car, dans l'avenir, domaine économique et domaine politique seront inséparables. La guerre de l'avenir sera une guerre économique, une gigantesque lutte pour la vie. Puissent mes successeurs ne jamais perdre cela de vue et veiller à ce que — au moment du combat — nous soyons prêts !

> Poschinger. *Bismarck-Portefeuille*, t. IV, p. 127. Conversation non datée avec l'un des chefs de service de la chancellerie allemande, Lothar Bucher.

3. LES RAISONS D'ÊTRE DE L'ALLIANCE AUSTRO-ALLEMANDE.

Si nous avons à choisir entre les deux nations (Russie et Autriche), des raisons nationales et d'autres, nous portent

---

(1) M. de Bülow, dans un discours de 1897 resté fameux, avait dit, et il a répété dans son livre sur la *Politique allemande*, 1914, p. 123, que la « politique mondiale » de l'Allemagne date de 1897, c'est-à-dire de son ministère. Bismarck répond en souriant que l'Allemagne est puissance mondiale depuis 1870.

toutes à opter en faveur de l'Autriche. Neuf ou dix millions de ses habitants sont Allemands et les Hongrois nous sont nettement favorables. Les Tchèques eux-mêmes veulent tout au moins ne pas devenir Russes. Une douzaine d'intransigeants au maximum est contre nous, mais ils n'ont aucune importance. Même si l'Autriche entière était slave, la Russie est un pays qui par lui-même est fort et nous ne pouvons pas lui être d'une grande utilité. L'Autriche est la plus faible — tout en restant une bonne alliée — et nous pouvons lui être utiles.

Pour nous, elle peut être un appui dans ma politique pacifiste. Quand, avec nos deux millions de soldats, nous nous tiendrons dos à dos, formant carré, ils seront bien obligés d'abandonner leur politique nihiliste et de ne plus troubler la paix. Les princes allemands ont fort bien accueilli l'idée d'une telle entente. L'Angleterre l'a approuvée. Le Kronprinz est de mon avis : il est tout naturel, dit-il, que nous nous alliions à l'Autriche. Seul, l'empereur s'y est opposé longtemps.

Moritz Busch. Tagebuchblätter (Mémoires), t. II, p. 561. — 6 octobre 1879.

Je voulais une alliance publique, inscrite dans la Constitution des deux pays, contre toute coalition, indissoluble, ou du moins qui ne pût être dissoute chez nous que par l'Empereur, le Conseil fédéral et l'Empereur ; chez eux (les Autrichiens) par l'Empereur et les pouvoirs de la Trans-Leithanie et de la Cis-Leithanie.

Ibid., t. II, p. 566, 9 mars 1880.

4. FIDÉLITÉ DE BISMARCK A L'ALLIANCE AUSTRO-ALLEMANDE.

C'est une des plus grandes calomnies dirigées contre moi,

que de prétendre que je suis devenu un adversaire de
l'alliance.

Mon intention est, tout au contraire, de démontrer
que nous devons toujours rester fidèles à l'alliance, en
toutes circonstances. Elle apporte une amélioration essentielle à nos anciens rapports. Du temps de l'ancien traité,
nous n'avions droit en cas d'attaque, si je ne me trompe,
qu'à 95.000 soldats autrichiens. Aujourd'hui, nous pouvons compter sur l'aide de toute l'Autriche.

Pour l'Autriche aussi cette alliance apporte de plus
grands avantages. Jusqu'ici nous ne devions protéger
l'Autriche que jusqu'à la Leitha ; maintenant, c'est l'Autriche-Hongrie tout entière qui est sous notre protection.
Les deux États sont désormais unis beaucoup plus étroitement.

Discours à une députation des étudiants d'Iéna.
30 juillet 1892.

5. LA TRIPLE-ALLIANCE RESTAURE LE SAINT-EMPIRE.

Il est curieux, cet arrêt du sort et de la Providence
divine, qui veut que ce grand et puissant territoire de
l'Europe centrale, qui s'étend de la mer du Nord à
l'Apulie, après s'être déchiré, morcelé dans de nombreux
combats, se retrouve aujourd'hui dans son intégralité et
forme un tout. Notre Triple-Alliance couvre à peu près
l'empire des successeurs de Charlemagne, à l'exception
de la Gaule, la France actuelle. Cette union, j'en suis
persuadé, est la preuve des liens et des rapports impon-
dérables qui existent à travers cette immense étendue de
territoires.

Discours à une députation allemande de Styrie.
15 avril 1895.

6. ROLE DU GERMANISME EN AUTRICHE.

L'Autriche n'est pas sans me donner de soucis. Elle est semblable à une maison construite en mauvaises briques, qui tiennent cependant grâce à un mortier, à un ciment admirables. Ce ciment, c'est la population allemande. Tout ce qui a été accompli de bien dans cette province barbare le fut toujours grâce à la germanisation de ses institutions. Dans toute l'Autriche on parle allemand. Les habitants des diverses provinces, slaves, magyars, latins, sont obligés de parler allemand pour se comprendre entre eux.

Poschinger, *Neue Tischreden Bismarcks*, t. II, p. 324, septembre 1867.

7. BISMARCK VEUT SURSEOIR A UNE UNION DOUANIÈRE AUSTRO-ALLEMANDE.

Le dualisme, tel qu'il m'apparaissait, était bien toujours le même, il différait toutefois en ce que l'Autriche allait conserver un lien fédératif avec les États formant à l'heure actuelle, avec la Prusse, l'empire allemand. Rechberg (1) était favorable à l'idée d'une prépondérance dans l'Europe centrale par l'entente des deux puissances. La tournure que prenaient les événements pouvait donner de l'espoir, si l'on songeait surtout au passé et même au présent. Toutefois cette entente ne pouvait être définitive que si l'on accordait entière confiance à ceux qui étaient chargés de l'assurer.

Le comte Rechberg me confia, quand je quittai Vienne le 26 août 1864, que son attitude avait été critiquée; les

---

(1) Johann-Bernhard Rechberg (1806-99), avait été délégué autrichien à la Diète de la Confédération germanique à partir de 1855, puis, de 1859 à 64, ministre autrichien des affaires étrangères.

débats du Parlement, les sentiments que montrait l'empereur lui avaient fait craindre que ses collègues, notamment Schmerling, ne le forçassent à démissionner, s'il n'obtenait pas de nous l'assurance d'entamer à bref délai des négociations pour l'admission de l'Autriche au *Zollverein*.

Je ne voyais rien à objecter à ce « pactum de contrahendo »; je n'étais pas contraint à des concessions dépassant la limite permise, et, d'autre part, cette question offrait un intérêt politique qui devait passer avant tout. Je considérais l'union douanière comme une utopie irréalisable, étant donnée dans les deux pays une situation économique et administrative toute différente. Les objets tarifés, qui dans le Nord fournissent le plus fort de l'encaisse, sont dans les provinces austro-hongroises d'un usage presque inconnu. Les différences dans l'organisation de la vie économique et dans la consommation créaient déjà des difficultés à l'intérieur des territoires compris dans l'union douanière, elles seraient devenues insurmontables si à ces territoires étaient venues s'ajouter les provinces orientales de l'Autriche-Hongrie.

Bismarck, Pensées et souvenirs, t. II, p. 346-347.

8. Bismarck ne veut pas annexer
l'Autriche allemande.

En premier lieu vient l'Autriche. A l'heure actuelle, toutes les provinces allemandes de l'Autriche, sauf le Tyrol et le pays de Salzbourg, qui sont tous deux catholiques fervents et partisans des Habsbourg, marquent une forte tendance à se tourner vers nous. Je ne songe pas à contester ce fait, mais je vous assure que si demain on m'offrait la Haute et la Basse-Autriche, je les refuserais. Elles sont trop loin de nous. La Bohême, la Silésie autrichienne, la Moravie et une population aux trois cinquièmes slave nous séparent. Si ces provinces de l'Autriche allemande étaient situées à la place de la Bohême, de la Silésie, etc., si Vienne pouvait prendre la place de Prague, je ne dirais pas non. En ce cas, nous pourrions songer à leur annexion, mais dans les conditions actuelles, cela est impossible. Je vous assure que notre désir le plus ardent est de voir l'Autriche se fortifier autour de son noyau allemand et devenir indépendante.

Pour en revenir encore à la Bohême, la Silésie et autres provinces, elles seraient pour nous une seconde Pologne. Nous serions obligés d'apprendre à manier les Tchèques.

L'Autriche, il est vrai, a quelque expérience en cette matière, mais il me faut avouer que cette expérience n'a pas grande valeur. Nous n'avons pas besoin de la Bohême, de la Silésie, de la Moravie ou de toute autre province autrichienne. Laissez l'Autriche se fortifier et devenir notre alliée — voilà tout.

> Poschinger. *Neue Tischreden Bismarcks*, II, p. 326-327, septembre 1867.

9. BISMARCK, APRÈS 1871, RENONCE A TOUTE POLITIQUE DE CONQUÊTES.

L'Allemagne a l'avantage de ne pas voir sa politique entravée par un intérêt immédiat à la question d'Orient, mais l'étendue de son front défensif, dans l'Europe centrale et l'éventualité toujours possible d'une coalition anti-allemande sont pour elle un péril. L'Allemagne est peut-être la seule grande puissance qui ne soit pas tentée pour réaliser ses fins de ne compter que sur des succès militaires. Notre intérêt est de maintenir la paix, tandis que pour réaliser les vœux secrets et les vœux nationaux des autres puissances, il n'y a qu'une guerre.

Ceci doit inspirer notre politique et, autant que possible, nous devons empêcher ou retarder la guerre. Dans la partie de cartes, nous devons nous arranger pour jouer les derniers; nous devons veiller à ce qu'aucun sentiment d'impatience, aucun sentiment de complaisance à l'égard du pays, aucune vanité, aucune suggestion amicale ne nous pousse à entrer trop tôt en lice ; car alors « plectuntur Achivi ».

Raisonnablement, le but de notre attitude réservée ne doit pas être de vouloir tomber sur notre voisin ou sur notre adversaire, et de l'avoir laissé s'épuiser, tandis que nous ménagions nos forces.

Nous devons nous efforcer au contraire d'apaiser les mécontentements causés par la prospérité qui a fait de nous une grande puissance européenne; nous devons user de notre prépondérance dans un but tout pacifique et persuader le monde que l'hégémonie allemande en Europe saura mieux sauvegarder et mieux comprendre les intérêts des autres Etats que l'hégémonie russe, française ou anglaise. Ce respect du droit d'autrui, la France, surtout quand elle fut toute puissante, ne l'a pas toujours eu ; l'Angleterre ne s'est pas fait faute d'y manquer quand ses intérêts le commandaient ; il est plus facile à l'Allemagne de l'observer, l'objectivité du caractère allemand s'y prête ; et puis, il faut bien le dire, nous n'avons pas besoin d'agrandir notre territoire en Europe et nous ne pourrions pas entreprendre de conquêtes avant d'avoir consolidé chez nous l'unité nationale.

Mon idéal a toujours été, après avoir cimenté notre unité à l'intérieur des limites de territoire nécessaires, de gagner la confiance, non seulement des grandes puissances, mais des Etats de moindre importance, et de les convaincre que la politique allemande après avoir réparé les injustices qui lui ont été faites et après avoir travaillé à son unité, n'a que des intentions honnêtes et pacifiques.

Bismarck, *Pensées et souvenirs*, II, p. 266-267.

10. IL Y A UN DEGRÉ D'HUMILIATION DE LA FRANCE
QUE LA RUSSIE NE TOLÉRERA PAS.

A l'époque de la question luxembourgeoise, j'étais hostile en principe à la guerre préventive, je veux dire à la guerre offensive, que nous étions prêts à entreprendre pour ne pas avoir à lutter plus tard avec un ennemi mieux préparé que nous. D'après les prévisions de nos autorités militaires, nous aurions pu attendre jusqu'en 1875 pour battre la France, mais est-il bien sûr qu'à cette époque les autres puissances fussent restées neutres? A Versailles, pendant les mois qui précédèrent les pourparlers de paix, je craignais le danger d'une intervention européenne. Mais paraître avoir pris l'offensive, pour ainsi dire malgré nous et uniquement dans le but d'empêcher la préparation de la France à une autre guerre, c'était fournir un prétexte aux tirades humanitaires de l'Angleterre, c'était permettre aux Russes d'orienter la politique, tout amicale, inaugurée par les deux Empereurs, vers une politique plus nationale et moins sentimentale et qui fut celle de la Russie en 1814 et en 1815, quand il s'agit de délimiter les frontières françaises. Mais la Russie n'admet pas, et cela est naturel, que soient dépassées certaines limites, au delà desquelles la place de la France dans le concert européen risquerait d'être diminuée. Par le traité de Francfort nous avons atteint, il me semble, l'extrême limite ; c'est un fait dont à Saint-

Pétersbourg on ne s'est pas rendu compte en 1870 et en 1871 comme aujourd'hui. Et je doute que le cabinet russe se soit attendu à se retrouver après cette guerre en face d'une voisine aussi puissamment organisée que l'Allemagne. En 1875, j'ai bien vu que l'on se demandait sur les bords de la Néva s'il n'avait pas été imprudent d'avoir laissé aller les choses aussi loin et si l'on n'aurait pas dû intervenir à temps. La sincère amitié et l'admiration d'Alexandre II pour son oncle cachèrent le malaise qui se faisait sentir dans les milieux officiels. Si nous avions voulu entreprendre une seconde guerre, sans permettre à la France, à bout de souffle, de reprendre haleine, après avoir eu raison de quelques tentatives de conciliation, nous nous serions trouvés dans une situation analogue à celle que j'avais redoutée, à Versailles, quand j'attendais la fin d'une résistance qui se prolongeait. Et ce n'est pas un traité signé entre quatre yeux qui aurait mis fin à cette guerre, mais un congrès général où, comme en 1815, la France vaincue aurait été admise et où, comme autrefois, la jalousie des autres puissances nous aurait opposé un nouveau Talleyrand.

Bismark, *Pensées et Souvenirs*, II, p. 231.

II. LA POLITIQUE BISMARCKIENNE SUPPOSE LA PAIX AVEC LA RUSSIE.

Une rupture de la paix entre l'Allemagne et la Russie, ne peut être provoquée que par une excitation systématique à la guerre ou par l'ambition de militaires russes ou allemands (1), du genre de Skobélew, qui souhaitent

---

(1) Bismarck fait allusion au général de Waldersee, chef de l'état-major allemand en 1888, et qui travailla, par des articles inspirés par lui dans les journaux conservateurs de Berlin, à amener la guerre entre la Russie et l'Allemagne.

une guerre avant qu'ils ne soient mis à la retraite, à seule
fin de se distinguer. Et en Russie il faut à la presse et à
l'opinion publique une dose de bêtise et de mauvaise foi
vraiment bien forte pour voir dans nos alliances défensives avec l'Italie et avec l'Autriche les tendances d'une
politique agressive. Cette mauvaise foi trahit en Russie
des influences françaises et polonaises. Quant à cette
bêtise, qui ne reconnaîtrait là les Russes eux-mêmes?
Auprès de l'ignorance et de la crédulité russes la finesse
diplomatique des Français et des Polonais l'a facilement
emporté sur la politique allemande à qui (est-ce un bien,
est-ce un mal?) cette finesse fait défaut. Dans la plupart
des cas, une politique franche et honnête a plus de chances
de réussir que toutes ces manigances qui ont fait leur
temps; mais aussi pour que cette politique aboutisse,
elle doit s'appuyer sur une confiance en soi qu'il est
plus facile de perdre que d'acquérir.

Bismarck, *Pensées et souvenirs*, t. II, p. 253.

12. D'OU PEUT VENIR LE PÉRIL DE GUERRE.

Messieurs, la gravité des temps où nous vivons n'échappera à aucun de vous. Tous les grands États européens
font, en hâte, des préparatifs en prévision d'un avenir
incertain. Le monde entier se demande si la guerre va
éclater. Je crois, Messieurs, qu'aucun gouvernant ne
voudra prendre à sa charge l'immense responsabilité de
déchaîner l'incendie qui couve dans tous les pays. Des
gouvernements puissants sont une garantie de paix. Mais
les passions populaires, l'ambition des chefs de parti,
l'opinion publique mal dirigée par des écrits ou des discours, sont autant d'éléments qui peuvent l'emporter sur

la volonté des gouvernants. N'avons-nous pas vu que des crises de Bourse elles-mêmes peuvent allumer la guerre? Si, dans cette tension politique, il est un État capable de travailler au maintien de la paix, c'est l'Allemagne. L'Allemagne, qui n'est pas intéressée directement aux questions qui agitent les autres puissances, l'Allemagne qui a prouvé que, depuis la constitution de l'Empire, elle ne veut attaquer aucun de ses voisins, à moins qu'on ne l'y oblige.

Mais, Messieurs, pour accomplir cette mission difficile et peut-être ingrate, il faut que l'Allemagne soit puissante et armée comme pour la guerre. Si, alors, nous sommes poussés à la guerre contre notre volonté, nous aurons au moins les moyens de nous défendre. Mais si vous repoussez cette demande de crédit, c'est, à mon avis, la guerre à brève échéance.

Nous n'avons pas l'instinct guerrier. Nous n'avons pas besoin d'une guerre, nous sommes de ces États que le prince de Metternich appelait « États saturés ». Nous ne désirons rien qu'il soit nécessaire d'acquérir par l'épée. Et si même il en était ainsi, regardez quelle politique pacifique, à l'extérieur comme à l'intérieur du pays, fut la politique impériale pendant ces seize dernières années.

Après la paix de Francfort, notre premier désir fut de maintenir une paix aussi longue que possible et de l'utiliser pour consolider l'empire allemand. Ce n'était pas une tâche facile. Nous avons obtenu entière satisfaction avec l'Autriche... Je ne sais pas si nous réussirons encore une fois à réaliser une ère de paix aussi longue, c'est-à-dire née de plus de trente ans (1). Nos efforts en ce

____

(1) Bismarck parle de la période de paix qui s'est écoulée entre 1816 et 1848, grâce à l'entente de la Russie, de l'Autriche et de la Confédération germanique. La période de guerre et de malentendus recommence avec l'expédition contre le Danemark en 1848.

sens sont sincères, mais, avant tout, il nous faut une forte armée, une armée qui soit assez puissante pour assurer notre indépendance en dehors de toute alliance.

Notre amitié avec la Russie n'a subi aucune interruption pendant toute l'époque de nos guerres, et aujourd'hui encore elle ne peut être mise en doute. Nous ne craignons aucune attaque, aucune politique hostile de la part de la Russie. Nous vivons avec elle dans des rapports très amicaux et ce n'est pas nous qui, sous aucun prétexte, troublerons ces rapports. Quel intérêt aurions-nous à chercher chicane à la Russie? Est-ce notre humeur batailleuse qui nous pousserait à chercher querelle à un pays qui ne nous provoque pas? De tels instincts barbares sont inaccessibles au gouvernement et aux conceptions politiques de l'Allemagne, et de notre côté jamais nous ne troublerons la paix avec la Russie.

Que la Russie veuille nous attaquer, je ne le crois pas. Je ne crois pas non plus qu'elle cherche des alliances pour nous attaquer de concert avec une autre puissance ou pour utiliser les difficultés que nous pourrions avoir d'un autre côté et nous attaquer avec plus de facilité. Le tsar Alexandre III a toujours eu le courage de ses opinions, et s'il avait quelque sentiment d'inimitié envers l'Allemagne, il serait le premier à le dire ou à le laisser entendre. Tous ceux qui ont eu l'honneur de l'approcher reconnaîtront que l'on peut avoir en lui toute confiance.

La question de savoir quelles seront nos relations avec la France dans l'avenir est plus difficile à résoudre.

Entre nous et la France, l'œuvre de paix est difficile parce qu'il subsiste toujours entre les deux pays ce long procès historique à propos du tracé de la frontière.

Les temps de lutte avec la nation française à cause de la frontière sont-ils définitivement passés? Aucun de nous ne peut le savoir. Je puis seulement vous exprimer mon avis : cette lutte n'est pas terminée, il faudrait alors que le caractère français, que tous nos rapports de frontière se fussent complètement modifiés.

J'ai la confiance la plus absolue dans les intentions pacifiques du gouvernement actuel de la France. Et si je pouvais être assuré d'un tel gouvernement pour une longue période, je vous dirais : « Épargnez votre argent ! » Mais prenez garde de l'épargner pour le cas où nous aurions à payer des contributions de guerre !

Si la guerre éclatait, ce serait une calamité épouvantable. Songez à ce que serait la guerre en elle-même, indépendamment de son issue. Notre commerce entier sur terre et sur mer, toutes nos entreprises industrielles, tout serait paralysé. Je n'ai pas besoin de vous décrire en détail une situation que vous connaissez par expérience. Cette calamité, cette guerre se déchaînera si la guerre apparaît sans gravité, elle sera écartée au contraire si la guerre apparaît comme épouvantable. Plus nous serons puissants, plus la guerre sera improbable.

La vraisemblance d'une attaque de la France, dont nous n'avons pas lieu de nous inquiéter aujourd'hui, se réalisera aussitôt que, sous un autre gouvernement, la France aura quelque raison de se croire supérieure à nous. La guerre alors sera certaine.

La supériorité de la France pourra tenir aux alliances qu'elle aura. Je ne crois pas que de telles alliances puissent se produire. C'est la tâche de la diplomatie que d'éviter ces alliances ou de préparer des contre-alliances quand il y a lieu.

Pour moi, je ne veux que considérer le duel entre nous et la France.

Il peut s'ouvrir aussitôt que la France sera plus forte que nous.

Discours au Reichstag, 11 janvier 1887.

13. CE QUE SERAIT POUR L'ALLEMAGNE UNE GUERRE MALHEUREUSE AVEC LA FRANCE.

La France est infiniment plus forte qu'elle n'a jamais été. Nous l'avons vaincue une fois, mais cela ne veut pas dire que nous la vaincrons de nouveau. Il nous faut augmenter nos garanties de victoire, tant que les autorités militaires les trouveront insuffisantes. Mais, si ces garanties restaient insuffisantes, si nous étions battus, si l'ennemi triomphant entrait à Berlin comme nous sommes entrés à Paris, si nous étions obligés d'accepter ses conditions, oui, messieurs, quelles seraient alors ces conditions?

Je ne parle pas de l'indemnité de guerre, bien que les Français ne soient pas gens à user envers nous de la modération dont nous avons usé envers eux. Un vainqueur aussi peu avide que l'Allemand, un vainqueur animé de sentiments aussi chrétiens, vous n'en trouverez pas un autre dans le monde entier.

Nous serions face à face avec les mêmes Français dont nous avons subi la domination de 1807 à 1813 et qui nous ont, comme ils disent eux-mêmes, « saigné à blanc ». Ils saignent, pressurent à tel point leur ennemi abattu, que celui-ci est incapable de se relever, et incapable, pendant les trente années suivantes, de penser seulement à résister au vainqueur.

Voilà ce que, à l'exemple de Napoléon en 1807 et plus tard encore, nous eussions pu faire aussi en 1870, si nous n'avions écouté que les intérêts de l'Etat et non pas nos sentiments chrétiens.

Mais « l'argent est la moindre des choses ». L'ennemi prendrait soin que l'Empire allemand ne garde pas la puissance qu'il a acquise.

Revenant à l'idée de prendre le Rhin comme frontière, on nous enlèverait la plus grande partie possible du cours du Rhin. Je ne crois pas que l'on se contenterait de l'Alsace-Lorraine ; on exigerait un *alterum tantum* en aval du Rhin. Et cela même ne suffirait pas : on voudrait avant tout reconstituer le royaume de Hanovre.

C'est là le seul et unique moyen qui permette la reconstitution légale de l'état hanovrien. Car le traité de paix que nous signerions avec la France, avec le vainqueur si nous étions vaincus, serait inséré naturellement dans le recueil des lois, et de la sorte, le royaume de Hanovre serait légalement rétabli.

Nous serions obligés, sans aucun doute, de céder le Sleswig au Danemark.

Il sera bien difficile de nous imposer des conditions fâcheuses et dures au sujet de la Pologne, aussi long-temps qu'il n'y aura pas d'entente entre la France et la Russie — et cette entente me semble lointaine pour la France. Mais on pourrait toujours nous imposer la France comme garante des droits que le roi de Prusse doit accorder à ses sujets polonais. Et cette garantie pourrait bien aller plus loin encore, — dans d'autres directions.

Mais je veux m'arrêter ici ; je veux seulement vous montrer à quelle possibilité nous exposerait une guerre malheureuse. Vous croyez que j'exagère ?

Messieurs, vous ne pouvez pas connaître l'avenir ; vous ne pouvez pas savoir ce que seraient les exigences des Français, s'ils étaient vainqueurs.

Si aujourd'hui nous étions de nouveau attaqués par la France, si nous étions obligés de reconnaître qu'une guerre est inévitable, si nous entrions de nouveau en vainqueurs à Paris, nous procéderions de la même manière.

Nous nous efforcerions de mettre la France, pour trente

ans au moins, hors d'état de nous attaquer, et pour une
génération hors d'état de nous vaincre.

La guerre de 1870 serait un jeu d'enfant auprès de
celle qui éclaterait en 1890 — ou en je ne sais quelle
année — par son influence sur la destinée de la France.
De côté et d'autre la volonté serait la même : chacun
voudrait « saigner son ennemi à blanc ».

Ibid. 11 janvier 1887.

14. LA MÉTHODE BISMARCKIENNE

Bismarck vient de rappeler toutes les difficultés politiques et
diplomatiques qui ont entraîné, ou ont failli entraîner l'Allemagne dans une guerre depuis 1848 : question de la Pologne,
du Schleswig-Holstein ; guerre de Crimée, 1853-1855 ; question
de Neuchâtel, 1857 ; révolution en Pologne, 1863 ; litige de 1866 ;
question du Luxembourg, 1867 ; guerre de 1870.

Je veux achever cet exposé des quarante dernières
années, en rappelant l'orage qui, en 1876, assombrit le
ciel de l'Orient, et la guerre des Balkans qui, en 1877,
faillit entraîner l'Europe dans une conflagration générale.
Cette conflagration ne fut évitée que grâce au congrès de
Berlin, mais, après ce congrès, notre horizon se modifia
du côté de la Russie. La Russie prit en mauvaise part
notre attitude au congrès et cela provoqua en quelque
sorte une réaction sur les rapports amicaux des trois
empereurs, rapports qui semblaient nous assurer un avenir plus paisible. Dès les premiers symptômes d'hésitation dans les relations des empereurs et dès l'issue des
conférences qu'ils tinrent entre eux, une agitation ner-
veuse et, à mon avis, exagérée s'empara de l'opinion
publique. Pendant toutes ces dernières années nous
eûmes à la combattre, et aujourd'hui surtout j'estime
que cette agitation n'a pas sa raison d'être.

Mais je suis bien loin de vouloir en conclure que nous n'avons pas besoin d'accroître notre force armée, au contraire. C'est pourquoi j'ai voulu dérouler devant vos yeux le tableau de ces quarante années. Il a été un peu long, peut-être; mais si j'avais omis une seule de ces années que nous avons vécues dans l'angoisse, vous n'eussiez pas eu l'impression que cette crainte des grandes guerres, des complications difficiles, des coalitions que personne ne peut prévoir, est chez nous un état de choses permanent. Nous devons, une fois pour toutes, tenir compte de cet état de choses pour prendre nos dispositions. Il faut que, dominant notre situation présente, nous soyons si forts, que nous puissions faire face à toute éventualité et la considérer avec calme. Nous devons avoir le sentiment que nous sommes une grande nation qui, dans toutes les circonstances, est capable de diriger elle-même son destin, sans crainte des coalitions, avec la confiance en soi et la confiance en Dieu que donne le sentiment de sa propre puissance et de la justice de sa cause, justice qui restera toujours du côté allemand.

Bref, nous devons être aussi forts qu'il est en notre pouvoir de l'être et, à égalité d'habitants, il nous est possible d'être plus forts que n'importe quelle nation du monde. Ce serait un crime si nous ne réalisions pas cette possibilité.

Quand je dis que nous devons nous efforcer d'être prêts à toute éventualité, j'entends par là exiger que nous fassions des efforts plus grands encore que les autres puissances vers ce but, à cause de notre situation géographique. Nous sommes au centre de l'Europe. Nous avons au moins trois fronts d'attaque. La France n'a que sa frontière de l'est, la Russie sa frontière de l'ouest à défendre.

Nous sommes en outre plus exposés qu'aucun autre peuple au danger des coalitions, en raison du développement général de l'histoire du monde, en raison de notre situation géographique et peut-être aussi du manque de cohésion et d'unité qu'a présenté jusqu'à présent la nation allemande en comparaison des autres nations.

Dieu nous a donné une situation qui fait que nos voisins nous empêchent de tomber dans l'inertie ou la corruption. Il a placé à notre côté la nation la plus belliqueuse et la plus agitée : les Français. Il a laissé grandir en Russie des tendances guerrières qui étaient loin, dans les siècles passés, d'atteindre les proportions actuelles. Nous sommes éperonnés, pour ainsi dire, sur les deux flancs et nous sommes contraints de faire un effort que, sans doute, nous n'eussions pas réalisé dans d'autres conditions. Les brochets qui guettent les carpes dans l'étang européen nous empêchent de devenir des carpes grasses, car ils nous aiguillonnent de toutes parts. Ils nous obligent à marcher de l'avant, et aussi à rester unis entre nous, ce qui, au fond, répugne à la nature allemande : les Allemands ont plutôt tendance à se fuir les uns les autres. Mais la presse française et la presse russe, entre lesquelles nous nous trouvons pris, rend notre union indispensable et, par la pression qu'elles exercent sur nous, elles vont si bien accroître notre faculté de cohésion, que nous arriverons à être une nation aussi unie et aussi indissoluble que les autres, — ce qui nous manque jusqu'à présent.

Nous devons répondre à ce décret de la Providence en devenant si puissants, que les brochets soient sans prise sur nous et ne fassent plus que ranimer notre activité.

Discours au Reichstag, le 6 février 1888.

15. LA GENÈSE DE L'ACCORD AUSTRO-ALLEMAND.

La Sainte-Alliance a fait naufrage pendant la guerre de Crimée, sans qu'il y ait eu de notre faute. La Confédération germanique a été détruite par nous parce que la situation qui nous y était faite n'était supportable ni pour nous, ni pour le peuple allemand.

Toutes deux ont disparu. Après la dissolution de la Confédération germanique, après la guerre de 1866, la Prusse, l'Allemagne du Nord, se serait trouvée isolée, s'il était arrivé qu'aucun pays ne nous pardonnât nos nouveaux succès, les grands succès que nous venions de remporter : les puissances ne voient jamais d'un bon œil les succès de leurs voisins.

Mais nos rapports avec la Russie ne furent pas troublés par les événements de 1866. Pour nous, l'appui le plus naturel restait toujours la Russie.

Nous devons cet appui surtout à la politique du tsar Alexandre I.

Envers lui, la Prusse avait vraiment une dette de reconnaissance. En 1813 il aurait pu rebrousser chemin à la frontière de Pologne et conclure la paix; plus tard, il aurait pu laisser sombrer la Prusse. A cette époque, nous avons dû notre rétablissement au bon vouloir du tsar Alexandre I, ou — si vous êtes sceptiques — à la politique de la Russie, qui voulait se servir de la Prusse.

C'est cette reconnaissance qui a dominé tout le règne de Frédéric Guillaume III.

Cette dette, inscrite au nom de la Russie dans le livre prussien, a été payée par l'amitié, je puis dire presque par la servitude de la Prusse envers la Russie pendant tout le règne du tsar Nicolas, et elle a été effacée à Olmütz.

A Olmütz, l'empereur Nicolas n'a pas pris parti pour la Prusse, il ne nous a pas même préservé de certaines expériences désagréables, de certaines humiliations, et, en somme, il a toujours préféré l'Autriche à la Prusse. Dire que nous avons été redevables de quoi que ce soit à la Russie pendant son règne, c'est accréditer une légende de l'histoire. Toutefois, tant que vécut le tsar Nicolas, nous n'avons pas rompu nos relations traditionnelles avec la Russie. Pendant la guerre de Crimée, malgré les dangers et les menaces, nous sommes restés aux côtés de la Russie.

Nous avons oublié notre rancune d'Olmütz. A la fin de la guerre, nous étions de nouveau les amis de la Russie et j'ai pu apprécier cette amitié au temps où j'ai été ambassadeur à Saint-Pétersbourg et où j'ai été reçu avec bienveillance à la cour et dans la société.

En 1870, pendant notre guerre avec la France, nous avons eu la satisfaction, en même temps que nous nous défendions victorieusement, de rendre un grand service à notre amie la Russie, dans la mer Noire.

L'affranchissement de la mer Noire eût été bien incertain si les troupes allemandes n'étaient entrées victorieuses à Paris.

Si nous avions été battus, il est probable que l'arrangement de Londres ne se fût pas conclu aussi aisément à l'avantage de la Russie.

Ainsi, la guerre de 1870 ne provoqua aucun désaccord entre nous et la Russie.

Je vous rappelle tous ces faits pour vous exposer la genèse du traité d'alliance austro-allemand, publié il y a quelques jours. On a aussi accusé la politique de Sa Majesté d'avoir augmenté les risques de guerre pour l'empire allemand, en lui imposant ceux que peut courir l'Autriche et dont nous ne sommes pas responsables : Je veux la disculper.

Je vais vous montrer comment, malgré ma préférence
pour nos relations traditionnelles avec la Russie, nous
fûmes conduits à conclure le traité publié avant-hier.

Les premières années qui suivirent la guerre de 1870
se passèrent encore dans l'entente la plus cordiale. En
1875, pour la première fois, mon collègue russe, le prince
Gortschakow, marqua une tendance à rechercher plutôt
la popularité de la France que la nôtre. Il utilisa certaines rencontres de faits, amenées avec art, et auxquelles
il ajouta un télégramme qui fit croire au monde que,
en 1875, nous avions eu l'intention d'attaquer la France
et que, grâce à l'intervention du prince Gortschakow, la
France avait échappé au danger.

Ce fut le premier choc entre les deux nations et, à ce
sujet, j'ai eu un entretien avec celui qui avait été mon ami
et était mon collègue.

Malgré cet incident, nous continuâmes à veiller au
maintien de la paix entre les trois empereurs et nous
eûmes entière satisfaction.

Ce n'est qu'en 1876, avant la guerre de Turquie, qu'on
exerça sur nous des pressions graves pour nous faire
choisir entre la Russie et l'Autriche, mais nous les écar-
tâmes. Je ne crois pas utile de vous donner trop de détails
à ce sujet, vous les connaîtrez plus tard.

La fin de cette guerre fut conclue définitivement au
congrès de Berlin, après avoir été préparée par la paix
de San-Stéphano. Pendant le congrès, je puis dire que,
sans léser les intérêts de mon pays ni des pays amis, j'ai
joué à peu près le rôle d'un quatrième fondé de pouvoir
russe, et même d'un troisième, car je ne puis pas considérer le prince Gortschakow comme le plénipotentiaire
de la politique russe de cette époque, telle que l'avait
conçue son représentant véritable le comte Schouwalow.

Pendant toute la durée du congrès, j'ai appuyé tous
les désirs de la Russie et je les ai tous fait adopter. Lord

Beaconsfield, mort hélas aujourd'hui, m'avait donné toute sa confiance, et aux moments les plus difficiles, les plus critiques, j'allais au milieu de la nuit trouver Gortschakow sur son lit de douleur, et, alors que le congrès menaçait de sombrer, j'ai obtenu son assentiment. Bref, mon attitude à ce congrès a été telle que, lorsqu'il a pris fin, je me suis dit : « J'ai déjà la plus haute décoration russe; sinon, je la recevrais aujourd'hui! » J'ai eu enfin l'impression d'avoir rendu à une nation étrangère un service comme il est rarement donné à un ministre d'en rendre.

Aussi, quelle n'a pas été ma surprise et ma désillusion, quand j'ai vu la presse de Saint-Pétersbourg entreprendre contre la politique allemande une sorte de campagne où l'on suspectait en particulier mes intentions. Ces attaques se sont précisées l'année suivante et jusqu'en 1879. Elles sont allées jusqu'à exiger de nous une pression sur l'Autriche à propos de certaines questions. Nous ne pouvions pas, sans aller à des conséquences graves, attaquer à ce sujet le droit de l'Autriche. Je ne pouvais pas prêter la main à une telle campagne. Si nous nous séparions de l'Autriche, nous en arrivions nécessairement, à moins de rester isolés au centre de l'Europe, à tomber dans la dépendance de la Russie. Pouvions-nous supporter une telle dépendance? Je l'avais cru en des temps plus anciens. Je me disais : nous n'avons pas d'intérêts en conflit, je ne vois pas pourquoi la Russie nous retirerait son amitié. Je n'avais du moins pas contredit entièrement les collègues russes qui avaient discuté avec nous cette question. Mais, la tournure qu'avait prise le congrès m'enleva toute illusion. J'y voyais la preuve que, même si nous subordonnions pour un temps notre politique à celle de la Russie, nous n'éviterions pas, malgré nos efforts et notre volonté, d'entrer en conflit avec elle.

La discussion au sujet des instructions que nous avions données ou non à notre fondé de pouvoir en Orient, dégénéra en menaces, et même en menaces de guerre.

C'est là l'origine de notre entente avec l'Autriche.

Ces menaces nous obligèrent à faire le choix entre les deux nations, ce choix que nous retardions depuis dix ans. J'ai conclu alors, à Gastein et à Vienne, l'accord publié avant-hier et qui garde aujourd'hui encore toute sa valeur. Je crois qu'il ne nous était pas possible de ne *pas* conclure cet accord : si nous ne l'avions pas conclu à cette époque, il nous faudrait le conclure aujourd'hui. Il a la plus éminente qualité d'un accord international, qui est d'être l'expression de nos intérêts durables, des intérêts de l'Autriche aussi bien que des nôtres.

Combien ce traité avec l'Autriche est l'expression de nos intérêts respectifs, nous l'avons vu à Nikolsburg et en 1870. Lors des conférences de Nikolsburg nous avions déjà l'impression que la présence de l'Autriche, d'une Autriche puissante et solide, était indispensable pour nous en Europe. En 1870, quand la guerre éclata entre nous et la France, l'Autriche, froissée dans quelques-uns de ces sentiments, eut la tentation de profiter de cette circonstance pour prendre sa revanche de 1856. Mais la politique réfléchie et prudente du cabinet autrichien calcula les conséquences d'un tel acte : « Quelle sera notre situation si nous nous associons à la France pour vaincre la Prusse, c'est-à-dire l'Allemagne ? » Que serait-il donc arrivé si la France, avec l'aide de l'Autriche, nous avait vaincus ? L'Autriche, avec une telle politique, ne pouvait avoir d'autre but que de reconquérir son ancienne prépondérance dans l'Empire germanique. Car c'était la seule chose qu'elle eût perdue en 1866 — et il n'avait pas été question de conditions pécuniaires. Quelle aurait donc été la situation de l'Autriche comme État prépondérant dans la Confédération germanique si la France nous avait enlevé la rive gauche du Rhin, avait constitué les États du Sud de l'Allemagne en Confédération du Rhin sous sa protection, si la Prusse avait été asservie pour toujours à la Russie? C'était une situation inacceptable pour tout homme politique que n'aveuglaient pas la colère ou la vengeance.

Le cas est le même pour l'Allemagne. Imaginez-vous l'Autriche rayée de la carte d'Europe? Nous serions isolés sur le continent avec l'Italie, entre la Russie et la France, entre les deux plus grandes puissances militaires qu'il y ait à côté de l'Allemagne. Nous serions sans cesse et à toute heure un contre deux et nous serions asservis très probablement tantôt à l'un, tantôt à l'autre : dans notre situation actuelle, cela est impossible. Nous ne pouvons pas nous imaginer l'Europe sans l'Autriche : un État comme l'Autriche, au contraire, s'il est abandonné, ainsi que le supposaient les conventions de Villafranca, se tourne vers l'ennemi de celui qui l'abandonne.

Bref, si nous voulons éviter l'isolement qui est particulièrement dangereux pour nous, puisque notre pays présente tant de fronts d'attaque, il nous faut avoir un ami sûr et fidèle. Grâce à la communauté de nos intérêts, grâce à l'accord que je vous ai exposé, nous pouvons compter sur deux bons amis — deux amis, non pas par amitié, car les peuples se battent par haine les uns des autres, mais l'amour n'a jamais encore conduit les peuples à se sacrifier les uns pour les autres.

Ce ne sont pas des sentiments qui nous unissent, nous et nos alliés, dans un commun désir de paix, ce sont surtout les intérêts pressants de l'équilibre européen et de notre propre avenir.

C'est pourquoi je suis persuadé que vous donnerez votre assentiment à la politique de Sa Majesté l'Empereur qui a conclu cette alliance officielle, bien qu'elle

augmente les possibilités de guerre. Et il est hors
de doute que si vous votez la nouvelle loi pour l'armée, l'alliance en aura une puissance d'autant plus
grande, puisque l'empire allemand, en tant que membre
de cette alliance, sera devenu extraordinairement puissant.

Nous ne devons pas épargner notre argent. Représen-
tez-vous le cas — que je ne crois pas possible — où nous
serions attaqués en même temps des deux côtés. Je vous
l'ai montré en vous faisant l'exposé des quarantes dernières années, toutes les coalitions sont possibles. Si cela
arrivait, nous pourrions mettre en défensive un million
de bons soldats sur chacune de nos frontières. Nous
pourrions en outre avoir une réserve d'un demi-million
et même d'un million de soldats, qui resteraient à l'intérieur du pays et seraient envoyés sur le front selon les
exigences de la lutte. On m'a présenté cette objection :
la conséquence d'une telle augmentation de nos forces
sera que les autres nations augmenteront les leurs encore plus.

Mais elles ne le pourront pas !

Cette loi aurait encore un avantage : la force même
que nous voulons atteindre est nécessaire pour le maintien de la paix. Cette affirmation semble paradoxale,
mais elle est juste.

Nous voulons faire de l'armée allemande un organisme
si puissant que nul n'ose s'y attaquer.

Ce n'est donc pas la crainte qui nous porte à rechercher la paix, c'est au contraire la conscience de notre
puissance, la conscience que, même attaqués à un moment moins favorable, nous serons assez forts pour
nous défendre. Et nous laisserons à la Providence divine le soin d'écarter, en attendant, de notre route la
nécessité d'une guerre.

Nous, Allemands, nous craignons Dieu et rien d'autre

au monde, et c'est la crainte de Dieu elle-même qui nous dit d'aimer et de conserver la paix !

Discours au Reichstag, 6 février 1888.

16. LA TRIPLE-ALLIANCE SERA CADUQUE UN JOUR

La politique internationale est une matière fluide qui peut dans certaines conditions se solidifier, mais qui, sous des variations atmosphériques données, revient à son état primitif. La clause *rebus sie stantibus* est acceptée sans discussion dans les traités internationaux qui impliquent pourtant un changement aux relations existantes. La Triplice est une combinaison stratégique qu'il fut sage de former à une époque où les dangers menaçaient de toutes parts. Elle s'est maintenue ; il est possible de la prolonger, mais elle ne saurait être d'une durée éternelle. Il serait présomptueux de s'y fier. Les relations, les besoins, les sentiments qui ont présidé à la conclusion d'un traité de ce genre peuvent se modifier ; il n'a d'intérêt que l'intérêt qu'il présentait vis-à-vis de la politique européenne, au moment où il a été signé. Ce n'est pas une base solide sur laquelle on puisse bâtir un édifice durable, non plus d'ailleurs que sur toutes ces triples et quadruples alliances du siècle dernier, et moins peut-être que sur la Sainte-Alliance et la Confédération germanique. Ce traité ne nous dispense pas d'avoir pour devise : « Toujours en vedette ! »

Pensées et souvenirs, t. II, p. 258-259.

VII

Heinrich von TREITSCHKE
(1834-1896).

Son nom est tchèque. L'homme est d'origine saxonne. Mais le penseur est un des plus fanatiques apôtres de la cause prussienne que le xix⁰ siècle ait produits. Il est né à Dresde, il s'est formé là. Dès l'adolescence, dès 1848, il a souhaité l'union de l'Allemagne sous l'hégémonie de la Prusse. Il fut *privat docent* à l'université de Leipzig (1859-63), et tout de suite conçut le plan d'écrire une Histoire de la Confédération germanique de 1815 à 1848, où il comptait prouver que le salut du peuple allemand exigeait la destruction des petits Etats de l'Allemagne. C'est le plan qu'il a réalisé depuis dans sa *Deutsche Geschichte* (5 vol., 1879-1895). Ce fut dès lors le sujet de ses premiers cours. Il continua son apostolat à l'université de Fribourg en Brisgau (1863-67). Son grand travail, *Bundesstaat und Einheitsstaat* (1864) est de ce temps. Aucun ouvrage n'a contribué davantage à fixer la doctrine du parti national-libéral et peut-être à déterminer la politique prussienne elle-même. Par lui, les *Grenzboten* de Gustave Freytag et les *Preussische Jahrbücher* de Rudolf Haym, revues attitrées des nationaux-libéraux, devinrent une puissance politique. Son enseignement à Heidelberg (1867-74) fonda son renom d'éloquence. Il est resté un maître idolâtré de la jeunesse studieuse à Berlin aussi, où il professa de 1874 jusqu'à sa mort. Il est certain que sa parole imagée, pathétique, saccadée, traversée des cris rauques de l'homme atteint de surdité précoce, avait une fascinante puissance, quand on arrivait à passer sur l'étrangeté du débit pour aller jusqu'au style somptueux qui la soutenait, et jusqu'à la passion fougueuse qui en était l'âme.

On a coutume de dire que son *Histoire de l'Allemagne au xix⁰ siècle* est l'œuvre historique la plus belle qu'aient produite les Allemands. Il faut éviter ces éloges hâtifs. L'*Histoire romaine* de Mommsen pourrait lui disputer la palme. Mais aucun livre n'a fortifié davantage le sentiment national en Allemagne. Ses essais historiques et politiques écrits au jour le jour, issus de l'enthousiasme enflammé de l'action quotidienne, au service de laquelle Treitschke mettait un immense savoir, sont des actes probablement plus méritoires, aux regards des hommes de sa nation et de son parti. On les citera ici, de préférence à sa *Politik* (2 vol. posthumes, 1899-1900), connus d'après des cahiers de cours hâtifs et des rédaction d'élèves. Toutes les idées que contient ce manuel existaient, dispersées, mais plus définitivement et magnifiquement exprimées dans ses Essais.

Ce sont : *Zehn Jahre deutscher Kämpfe* (*Dix années de luttes allemandes*, 1865-74 ; 3ᵉ éd. 1897) ; — les *Deutsche Kämpfe, Neue Folge* (*Luttes allemandes*, nouvelle série, 1896)) ; — Les *Historische und politische Aufsätze* (*Essais historiques et politiques*) qui reproduisent ses travaux critiques et polémiques depuis 1860 ; — 4 vol. 1886-1897.

Sa correspondance a commencé à paraître par les soins de Max Cornicelius (H. von Treitschke's Briefe, 1834-1866 ; 2 vol. 1912-13). Une notice biographique très abondante et intelligente, due à H. v. Petersdorff, se trouve dans l'*Allgemeine Deutsche Biographie*, t. LV, 1910. Une histoire de sa jeunesse avait été publiée par Théodor Schiemann, H. von *Treitschkes Lehr-und Wanderjahre* (1834-66), 1896. V. sur lui des pages françaises, solides et justes, dans A. Guilland. *L'Allemagne nouvelle et ses historiens*, 1900, et dans Ernest Denis, *La Fondation de l'Empire Allemand*, 1906, p. 431 sq.

Ch. Andler.

I. NÉCESSITÉ POUR LA PRUSSE DE S'AGRANDIR.

Au XIXᵉ siècle, comme aux jours de Frédéric le Grand, viendra un moment où il ne sera plus possible de bien gouverner l'Etat prussien, sans avoir auparavant étendu son empire. L'extension de la puissance prussienne devient peu à peu une exigence de justice. Au prix des plus lourds sacrifices la Prusse entretient presque seule la majeure partie de nos places fortes de l'Est et de l'Ouest. Pour se protéger, et nous avec elle, elle doit imposer à son peuple la dure charge du service obligatoire, et cela, parce que les Etats secondaires s'opposent, avec un entêtement incorrigible, à toute réforme de l'armée fédérative.

Ses officiers dressent les troupes des Etats secondaires, et ses fonderies leur fournissent des canons rayés.

En reconnaissance de tout cela la Prusse a la perspective certaine d'avoir la minorité à la Diète pour tous les scrutins importants, et cette autre très probable de voir ses propres canons faire feu contre ses soldats. Que l'on se souvienne des expériences faites pendant l'automne de 1850 ! Au début de la campagne de 1806, le gouvernement de Meklembourg-Schwerin écrivait ceci à Berlin :

« Quelle que soit la reconnaissance avec laquelle Son Altesse le Duc de Meklembourg recevrait et userait de la très haute et royale protection de la Prusse si Son Altesse se voyait en danger, dans les circonstances actuelles, nous avons, au contraire, l'ordre exprès de refuser très humblement toute contribution aux charges de subsistance. »

Ces paroles sont l'expression classique de cet état d'esprit qui a, de tout temps, animé les petits ministères contre la Prusse : on condescend à se laisser sauver par elle, mais tout désir qu'a la Prusse de recevoir une compensation pour une aide aussi importante, est considéré comme un empiètement sur l'autonomie héréditaire des Etats. Où trouver dans une telle situation l'équilibre des droits et des devoirs qui seul confère durée et sécurité à une confédération politique ? Dans le cas d'une guerre avec la France, la Prusse est obligée de traiter temporairement le Hanovre et la Hesse électorale comme lui appartenant : tant il serait impossible de défendre simultanément tous les points d'un territoire aussi morcelé. De plus, la composition ethnographique de la Prusse n'est nullement avantageuse; pour qu'une vie vraiment saine de l'Etat puisse se développer en Prusse, il faut que d'autres Etats de souche germanique viennent s'ajouter à elle, pour former le moyen terme naturel entre les provinces rhénanes et la Poméranie. C'est pour des raisons très graves de conservation personnelle que cet Etat est sans cesse ramené dans la voie des extensions territoriales : l'ambition, disait Frédéric de Gagern, il y a vingt-cinq ans, est la condition de son existence. Mais comment cette ambition très légitime peut-elle être satisfaite aujourd'hui ?

A l'heure actuelle, toutes les grandes puissances sont à peu près en possession de leurs frontières naturelles ; il leur devient facile, dans ce cas, d'affirmer avec Napoléon III qu'aujourd'hui on est plus fort par l'influence morale que par des conquêtes infructueuses. Hors d'Europe, ces puissances trouvent de nombreuses occasions d'étendre sans cesse leur territoire ; et, en regard, des milliers d'yeux suivent avec haine et méfiance toute tentative que ferait une grande puissance de s'agrandir sur ce continent. Dans cette situation, unique quant aux difficultés, la Prusse doit-elle renoncer à ce vaste projet d'augmentation de puissance, doit-elle se contenter des « conquêtes morales » tant vantées, et prêter une oreille complaisante aux plans de nos Fédéralistes ?

> *Bundesstaat und Einheitsstaat*, 1864, Etat fédératif et Etat unitaire, dans *Historische und politische Aufsätze*, t. II, p. 204.

En des jours inoubliables la Prusse a bel et bien conquis le droit de faire dans le monde figure de grande puissance. Si jamais un des chefs influents de l'opposition prussienne voulait extirper de notre Etat cette joie secrète, cela prouverait une fois de plus, et pour parler avec mesure, où conduit la pire interprétation erronée d'un mot, et combien l'orgueil national s'est évanoui au milieu des haines suscitées par les récentes querelles de partis, même chez les Prussiens les mieux intentionnés. Mesurez maintenant la portée de ce conseil donné à la Prusse par le fait suivant : les pires ennemis de la Prusse, les particularistes des Etats secondaires, affirment eux aussi, sans cesse, que la Prusse doit enfin renoncer à ce rêve insensé de devenir une grande puissance! La situation de la Prusse en tant que grande puissance restera un mirage jusqu'à ce que cet Etat, à son tour, apprenne à traiter l'Autriche avec la même désinvolture que la France et l'Angleterre. Les récentes victoires prussiennes dans le domaine de la politique commerciale, et les excellentes paroles consignées dans les notices prussiennes du congrès des princes à Francfort, sur la situation de la Prusse vis-à-vis de l'Autriche, nous permettent d'espérer qu'enfin son gouvernement affirmera d'une manière absolue l'autonomie de l'Etat. Tant que durera la constitution fédérative, il se peut que la Prusse, dans certaines circonstances, réussisse à s'entendre plutôt avec l'Autriche qu'avec les Etats secondaires, au sujet des questions détachées de la politique allemande; car il est naturel qu'un Etat traite plus volontiers avec une puissance qu'avec une *impuissance*. De telles conventions avec l'empire du Danube ne seront sans danger qu'à une seule condition : c'est que, par ces conventions, la Prusse n'ait pas les mains liées pour toujours, mais que résolument elle se réserve en secret de régler ses comptes au bon moment et sans le moindre scrupule avec sa fidèle alliée, et de la chasser de sa situation prépondérante en Allemagne. Une politique prussienne, consciente d'elle-même, échappera aussi peu aux protestations des patriotes impérialistes qu'en 1740. La Prusse a le droit de mépriser profondément toutes les explosions de politique sentimentale teutonique, si ses chefs vivent dans la tranquille certitude que tout acte raisonné, tendant à accroître la puissance de la Prusse, augmentera infailliblement la puissance de l'Allemagne.

Ibid., t. II, p. 208.

Si, à Berlin, on reste fidèle aux anciennes et respectables traditions, si on possède l'inébranlable volonté de ne jamais détendre, sous aucun prétexte, les liens de l'alliance fédérative avec les peuples frères du Sud, l'agrandissement de la Prusse au Nord devient, sans conteste, le moyen le plus efficace d'empêcher le partage de l'Allemagne. Car il est certain qu'une Prusse fortifiée par des alliances combattra, avec plus de succès qu'aujourd'hui, l'influence française ou autrichienne sur les provinces du Sud. Il nous semble qu'un bastion puissant existe dès maintenant pour empêcher la dislocation des Etats du Sud et du Nord : c'est l'union douanière. Que l'on mesure avec calme l'importance immense de l'économie politique dans notre siècle; que l'on se demande s'il est possible qu'à l'avenir Nuremberg cherche des débouchés commerciaux sur les chemins du Havre ou de Trieste, et l'on conviendra qu'un ciment très solide unit, malgré tout, les Etats du Nord et du Sud, et que la rupture des liens, au Sud, est chose plus vite dite que faite. Retenons quelque chose de l'esprit politique des Italiens. Ils ont reconnu que l'accroissement en force de l'Etat le plus puissant d'un groupe d'Etats secondaires est, de toutes façons, un bienfait pour un peuple divisé. C'est pourquoi ils ont soutenu les plans de Cavour qui ne visaient, tout d'abord, qu'à former un royaume subalpin, et ne se sont pas inquiétés du grave danger que l'Italie méridionale puisse, à cause de cela, tomber aux mains des Napoléonides.

Il est possible que cette politique d'agrandissement soit imposée à l'Etat allemand tout d'abord par une nécessité désagréable ; qu'en même temps, le devoir supérieur, l'unification de toute l'Allemagne, ne soit jamais oublié ?

Aussitôt que la crise actuelle de la Constitution sera terminée, d'innombrables moyens d'étendre en paix sa puissance paraîtront réalisables à l'Etat prussien, moyens

qui, aujourd'hui, s'éliminent d'eux-mêmes. Déjà, dans
des cercles patriotiques, on a souvent discuté une motion
dans ce sens. Cette motion s'exprime ainsi : « Le droit de
citoyen de l'Etat prussien est inaliénable; il est accordé à
tout Allemand sur sa demande, d'abord sans droits actifs,
sauf celui de prétendre à la protection efficace par la
Prusse. » Par un mécanisme analogue, la Suisse s'est
constituée partout à l'étranger une solide phalange de
citoyens fidèles. Nous autres, Allemands, aurions acquis
par là, non seulement une demi-compensation au manque
de droits politiques communs à tous les Allemands, actuellement encore irréalisable, mais, de plus, dans les Etats
secondaires, le noyau tout à fait sûr d'un parti prussien.
Que l'Etat prussien continue à agir pour l'Allemagne et à
protéger la patrie; qu'il se fortifie en instituant la paix et la
discipline à l'intérieur; qu'il travaille sans se lasser à
l'unification pratique de la nation par des conventions
avec les divers Etats secondaires.

Ibid., t. II, p. 216 sq.

Le jugement des peuples divisés varie et chancelle
dans une agitation convulsive.

Au milieu d'une telle confusion, une seule force est
susceptible de rallier les cœurs des combattants : l'action.
La haine, la jalousie, le doute doivent enfin se taire
devant le courage audacieux d'une politique nationale.
Quiconque a voyagé en Italie pendant ces derniers vingt
ans se souvient avoir entendu l'apostrophe colère du
poète jaillissant de mille bouches depuis les Alpes jusque
vers Messine :

Esecrato, o Carignano, va il tuo nome in ogni gente (1).

Une génération a passé: Charles-Albert a tenté pour

---

(1) Ce prince de Savoie-Carignan, c'est Charles-Albert (1798-49).
Il avait été régent du royaume sarde en 1821, après l'abdication

l'Italie ce que la Prusse avait tenté en 1813 pour l'Allemagne, il a jeté l'audacieux appel : *les destinées de l'Italie vont éclore*, lorsque la culpabilité et la fatalité se sont abattues, terribles, sur lui. Il mourut dans la misère ; mais, quand au sommet de la Superga, près de Turin, le drapeau tricolore flotta sur le cercueil du malheureux roi, un peuple en deuil priait avec reconnaissance devant la dépouille du maudit Carignan.

On nous demande alors : est-ce donc à cela qu'aboutissent vos pensées ? La royauté légitime en Prusse doit-elle suivre le sort des Piémontais en se lançant sur la voie périlleuse d'une politique d'annexion ? Patience ! Nous avons relevé précédemment les moments caractéristiques dans l'histoire des trois grandes fédérations modernes, afin de savoir si nos théoriciens fédéralistes ont le droit de donner pour modèles à l'Allemagne les mutations de la vie fédérative en Suisse et aux Etats-Unis.

Considérons maintenant avec tout le calme possible, et bien en face, quels sont les faits du mouvement unitaire italien, pour mesurer s'il existe vraiment entre l'état des choses en Italie et en Allemagne une parenté aussi étroite que l'affirment nos unitaristes. Je dis — avec autant de calme que possible — car les temps ne sont pas encore venus où un patriote allemand pourra regarder ces luttes glorieuses d'où sont nées la liberté et l'unité italiennes, sans qu'une profonde émotion lui étreigne le cœur.

Celui qui n'a pas perdu toute notion de la grandeur de l'humanité par une trop humble soumission à la maison

---

de Victor-Emmanuel I. Il avait proclamé une Constitution à demi libérale, que le souverain légitime, Charles-Félix, appuyé sur les Autrichiens, déclara nulle et non avenue. Il dut s'exiler. Devenu roi en 1831, il reprit ses plans, déclara la guerre à l'Autriche en 1848 ; mais dut s'exiler encore, après la défaite de Custozza. Le peuple sarde ramena ses cendres d'Oporto, en grande pompe.

de Habsbourg, celui-là doit considérer avec une joie sereine cet événement merveilleux : comment un peuple moralement atrophié a, pendant cinquante ans, péniblement travaillé à conquérir de nouveau l'unanimité et le courage qui l'honorent, comment il a contraint le fait de l'unité géographique italienne à devenir une réalité politique.

Ibid., t. II, p. 219.

2. LA PRUSSE EST QUALIFIÉE POUR L'HÉGÉMONIE EN ALLEMAGNE.

Enfin, la Prusse embrasse dans un État politique robuste presque la moitié de l'Allemagne, et, en fait, la meilleure partie, car elle se distingue par un passé glorieux et par de solides opinions politiques, qualités qui manquent aux États secondaires.

Si le parti national veut bien ne pas s'égarer dans des utopies, il doit considérer — avec plus d'intransigeance que le parti impérialiste du Parlement — cette moitié de l'Allemagne, déjà unifiée en partie, comme le noyau de l'État allemand à créer : *ce parti doit devenir plus prussien que jamais.* Un mouvement en faveur de l'unité allemande qui considérerait comme une question ouverte le point critique de savoir s'il nous faut une *âme prussienne,* plongerait la nation de plus en plus dans un océan de phrases et retarderait cette séparation nécessaire du parti national et du parti autrichien, séparation qui ne se produira jamais assez tôt ni avec assez de décision. L'union nationale allemande est moralement tombée à néant par suite de cette confusion, de ces concessions bienveillantes, et restées toujours sans réponses, aux préjugés anti-prussiens de la démocratie des États du Sud. La formidable secousse qui, tôt ou tard, frappera de nouveau le continent, doit-elle trouver notre patrie encore indécise sur le chemin à suivre ? Non, et pour cela les États allemands et les patriotes hors des limites prussiennes doivent être fortement armés, afin de s'adresser au bon moment et de demander avec une insistance marquée aux petites cours d'Allemagne : cédez la puissance militaire, les droits diplomatiques et ceux de la politique commerciale à la couronne de Prusse, en un mot joignez-vous à la Prusse, soyez incorporés à la moitié de l'Allemagne qui est déjà presque unifiée. Comment se fera cette adjonction ? La Prusse passera-t-elle en conquérante — ce qui serait plus conforme à l'esprit de notre histoire — ou les petites couronnes seront-elles maintenues avec une puissance amoindrie ? Cela dépendra de l'attitude des dynasties, de la marche des événements, toutes choses qu'aucun regard mortel ne peut prévoir.

Ibid., t. II, p. 235.

Il existe entre les races de souche germanique une telle parenté que les petits États eux-mêmes ont eu la possibilité de fondre de nouveaux territoires dans leur organisation politique. Cependant, à l'heure actuelle, le Frison de l'Est reste différent du Hanovrien, le Palatin du Bavarois, le Hessois du Rhin du Hessois de Darmstadt, et celui des États secondaires doué de la plus grande puissance d'assimilation, le duché de Bade apparaît comme un tout artificiel, longeant une frontière toujours menacée, lui-même sans bases solides, et ne devant son salut qu'aux armes prussiennes. Que peut bien signifier maintenant l'annexion pacifique par les États secondaires voisins de quelques lambeaux de territoires, en face de ce rude orgueil national que la Prusse sait insuffler à ses membres ? Ce n'est qu'après de durs combats que le Grand Électeur a soumis à sa souveraineté la Prusse orientale toujours grondante, et la résistance ouverte ou secrète ne fit pas défaut en Silésie, lorsque Frédéric II arracha cette province aux Habsbourg ; et cependant, le mouvement populaire, signal des guerres d'indépendance, est né dans ces provinces. Il y a quelques dizaines d'années à peine, le dévot catholique considérait encore avec méfiance l'État prussien, premier-né de la Réforme ; aujourd'hui, par centaines de mille, des catholiques prouvent que l'amour de la patrie prussienne peut fort bien subsister à côté de convictions intransigeantes et même ultramontaines.

Quelques années d'hégémonie prussienne ont suffi à former toute une génération de bons Prussiens à Ansbach-Bayreuth, et, dans la Frise orientale, les jeunes générations n'ont pas oublié les bienfaits apportés par le militarisme prussien. Telle est la force d'attraction qu'exerce sur nous autres Allemands privés d'organisation politique, dès que nous le connaissons, un État qui réalise notre conception.

Ce n'est pas l'étendue des conquêtes qui donne tant d'attrait à l'histoire de Prusse — le génie de Frédéric n'a-t-il pas employé le meilleur de ses forces à la conquête d'une province? — mais bien les progrès constants dans l'extension de cet État, sa force sans cesse affirmée par l'organisation des conquêtes pénétrées de la conception d'un État prussien.   *Ibid.*, t. II, p. 194.

3. LA HOLLANDE DOIT-ELLE ÊTRE ANNEXÉE A L'ALLEMAGNE?

L'œuvre de rénovation commencée (par les Hollandais) avec tant de sagesse en 1814 (1) fut contrariée, de prime abord, par deux plans secondaires encore irréalisables. L'ambition de la maison d'Orange espérait ressusciter la splendeur éphémère de l'ère du stathouder Guillaume par le mariage du prince héritier avec l'héritière d'An-

____

(1) C'est la date où la Hollande actuelle fut constituée.

gleterre ; mais ce plan était également funeste pour les deux peuples, et la faveur de la destinée le fit échouer au moment opportun. Au lieu de cela, une autre pensée de lucre, étroitement liée à la première, vint à exécution : malgré la résistance ouverte des Hollandais et des Belges, le royaume burgonde des Dix-sept Provinces fut rétabli. La Hollande dut alors payer par des troubles civils de plusieurs années, la sottise de la diplomatie européenne voulant anéantir d'un trait de plume le développement politique vieux de trois siècles. Il n'a fallu rien de moins que la séparation d'avec la Belgique, pour permettre aux affaires hollandaises de suivre une marche plus alerte. A vrai dire l'ancienne gloire mondiale est perdue pour jamais, la mentalité philistine et anti-guerrière du XVIIIe siècle subsiste toujours, et le peuple lent des Hollandais se trouve souvent distancé, dans sa vie politique, par son remuant voisin : le Belge longtemps méprisé. Cependant, un commerce actif, une culture populaire saine et robuste, une littérature honorable, détournée à nouveau des modèles étrangers pour se consacrer aux sujets nationaux, donnent à ce petit peuple le droit légitime de prétendre à l'estime universelle. Loin de nous autres Allemands la pensée téméraire d'effacer l'histoire de plusieurs siècles, comme le fait le Congrès de Vienne ! On nous aime peu à Amsterdam et à Utrecht, et même avec notre bonhomie habituelle nous ne pouvons mettre plus de chaleureuse sympathie dans les relations où nos voisins étalent leur froideur. Qui ne sait quelle ingratitude a payé les sauveurs de la Hollande, combien une méchante et félonne politique de philistins — la politique du : jusqu'à la mer — a maltraité sans pudeur, pendant de longues années, notre admirable fleuve. Partout où se dressait une robuste force nationale dans notre patrie, elle a toujours rencontré la haine des Hollandais, une haine que la tendre prédilection de la Bourse d'Ams-

terdam pour les financiers banqueroutiers de la maison
de Habsbourg ne peut expliquer à elle seule. Ce petit
peuple est traversé par une appréhension angoissée : il
se dit que le temps des « *nationalités émietlées* » est
passé. Déjà, sous le ministère Hohenzollern-Schwerin
un homme d'Etat hollandais intelligent disait confiden-
tiellement combien il se réjouissait de l'échec de l'ère
nouvelle prussienne ; car la Hollande ne pourrait tenir
devant l'Allemagne du Nord unifiée. — Le souvenir de
la haine témoignée par cet Etat infime pendant la guerre
allemande et les affaires de Luxembourg est encore vivace
dans toutes les mémoires. Nous autres, partisans de
l'unité, nous écoutons tout étonnés les sombres plans qui
nous sont confiés. A regret, nous considérons que l'embouchure de notre Rhin est à d'autres qu'à nous ; que la
situation isolée des pays du Bas-Rhin nous rend toute
politique commerciale, indépendante et nationale, beaucoup plus difficile, ainsi que la formation d'un empire
colonial. Nous savons bien que l'existence de la Confédération Helvétique est une nécessité européenne. Que le
maintien des deux royaumes du Bas-Rhin en soit une :
cela, non. Nous ne croyons pas davantage que la Hollande puisse intervenir, par un acte important, dans
l'histoire de la civilisation de l'humanité. On affirme
couramment, dans les provinces du Bas-Rhin, que le
peuple hollandais établit la transition entre le caractère
allemand et le caractère anglais : ceci n'est pour nous
qu'une phrase dénuée de sens. Pourtant, cette petite
nation se maintient avec une langue, un caractère national
nettement défini, un sentiment très vif de sa dignité ; et,
pour les peuples, l'existence n'est-elle pas déjà commu-
nément le *droit* à l'existence ? Si jamais nous faisions
une incursion en territoire hollandais, nous aurions
quelque peine, il est vrai, à faire naître une nouvelle
guerre de quatre-vingts ans, mais qu'aurions-nous acquis ?

un peuple de confédérés infidèles et séditieux. Qui pourrait désirer une conquête dont le succès est aussi douteux? Non, ce que nous voulons est juste et loyal ; nous voulons des relations confiantes et amicales avec nos bons voisins les Hollandais, afin que notre fleuve, notre Rhin, leur ouvre un commerce illimité avec leur vaste pays d'arrière.

Une seule chose pourrait nous pousser, contre notre gré, au delà de ces modestes désirs. Si la prochaine attaque des Français contre l'Empire allemand trouvait les Hollandais dans la faction ennemie, à ce moment précis, la Hollande, par une méfiance insensée, se serait précipitée elle-même à sa perte. Alors, et alors seulement, il faudrait essayer d'en finir une bonne fois de la lutte millénaire autour des ruines de la vieille Lotharingie, et contraindre à nouveau les pays du Bas-Rhin à rentrer de force dans le grand peuple qu'ils ont jadis abandonné. La Hollande tient entre ses mains de quoi détourner, par une politique juste et sans peur, ces conflagrations interminables. La marche majestueuse des affaires allemandes, l'unité de notre empire de la mer du Nord au lac de Constance, l'organisation complète de cette unité ne se laisseront pas entraver par les criailleries des petits peuples qui ne peuvent oublier la splendeur des jours passés.

Le vieil arbre de la civilisation européenne est encore assez fort pour supporter, à côté des lourdes branches soutenant sa couronne et qui sont constituées par les grands peuples chargés d'une mission civilisatrice, quelques rameaux modestes qui terminent la frondaison avec grâce et richesse.

> *Die Republik der Vereinigten Niederlande 1869* (La République des Pays-Bas-Unis), dans *Historische und politische Aufsätze,* t. II, p. 542 sq.

4. L'AUTRICHE DOIT S'ÉTENDRE DANS LA PRESQU'ILE BALKANIQUE

Les Italiens mis à part, le seul peuple qui ait sa civilisation propre dans l'État impérial (d'Autriche) est le peuple allemand. Par un meurtre sans exemple, le plus génial des peuples slaves fut dépouillé de sa force créatrice, et la nation tchèque, autrefois si grande, ne compte plus que des citadins à l'esprit provincial. Tous les peuples magyars, valaques, slaves qui habitent entre l'Erzgebirge, les Carpathes et l'Adriatique se nourrissent des fruits de la culture allemande. Un élève spirituel de Karl Ritter, Mendelssohn, définit d'un mot heureux les pays de cette civilisation; ils constituent l'*Europe subgermanique*. Réconcilier sur ce terrain la culture allemande et la culture à demi-orientale, apporter la paix aux peuples de l'Est restés sans dirigeants, habituer ces peuples aux bienfaits d'une administration et d'une armée où domine, à vrai dire, le caractère allemand, voilà certes une œuvre digne des plus grands hommes d'État; n'apporte-t-elle pas assez de bienfaits pour assurer à l'État qui la réalisera une place estimée et incontestée dans le concert des peuples? Cette œuvre politique, menée dans un esprit large, doit aboutir, tôt ou tard, à ce que l'Empire du Danube, reprenant le plan de son plus célèbre homme d'État, du Prince Eugène, cherche à atteindre ses frontières naturelles. Ce même empire expiera ainsi d'anciennes et lourdes fautes d'omission, essayera de rétablir en Orient son influence totalement perdue aujourd'hui, enfin s'armera pour l'heure fatidique où un destin inévitable s'abattra sur la presqu'île balkanique. Mais cette tâche, difficile en elle-même, s'est aujourd'hui compliquée à l'infini, depuis que le

sentiment de la dignité nationale s'est réveillé; aucun
État du monde, même le plus puissant, ne peut accomplir cette œuvre, s'il essaie de maîtriser en même temps
deux antiques peuples civilisés de culture supérieure :
l'Allemagne et l'Italie.

> *Bundesstaat und Einheitsstaat* (Etat fédéral
> et Etat unitaire 1864), dans *Historische
> und politische Aufsätze*, t. II, p. 120.

5. DÉFINITION DE L'ÉTAT.

Treitschke examine la situation politique respective de la Confédération et de l'Empire. Au cours de son développement,
dont les détails sont sans importance pour notre sujet, l'auteur se trouve amené à donner sa conception personnelle de
l'Etat et à déterminer les droits qu'il lui reconnaît.

L'Etat.

L'Etat est le peuple uni par la loi et considéré comme
une puissance indépendante. L'Etat est la puissance qui
a le droit et le pouvoir de faire prévaloir par les armes
sa volonté contre toute volonté étrangère ; c'est une
puissance libre, souveraine, qui ne peut se soumettre à
d'autre volonté que la sienne. Ce qui le distingue de
toutes les autres associations, c'est qu'il ne reconnaît au-
dessus de lui aucune puissance.

La puissance d'un État n'est pas faite uniquement de la
force propre dont il dispose, mais elle dépend encore, en
partie, de la situation des États voisins. Si un État peut,
par contrat, limiter sa souveraineté, tel le Grand-Duché
de Luxembourg, dont les douanes et les chemins de fer
sont soumis aux lois allemandes, il n'en résulte pas
nécessairement que la souveraineté est un « concept illusoire » et ne fait pas partie « de l'essence même de
l'État ».

L'État naît et disparaît avec la souveraineté. Une
commune ou une province deviennent un Etat dès qu'elles

ont repoussé la puissance qui les dominaient et qu'elles ont acquis la souveraineté.

La souveraineté.

Elle consiste dans le droit et dans la faculté, accordée à l'État, de déterminer lui-même l'étendue de ses droits de souveraineté. Une communauté qui n'existe pas aux yeux de l'étranger, qui ne peut légalement prétendre faire prévaloir sa volonté contre les attaques étrangères, une communauté qui ne possède pas d'armes à elles, n'est plus un État au point de vue politique.

Le droit de guerre n'appartient qu'à l'État et lui permet d'assurer par tous les moyens la protection de ses sujets et de ses intérêts. Par contrat, l'Etat peut abandonner en partie et de plein gré ses droits de souveraineté, mais il faut noter ce qui suit :

Tous les contrats de droit international ne valent qu'avec la clause implicite du *sic rebus stantibus*, ils n'engagent pas l'État pour toujours ; ils sont annulés dès qu'une guerre éclate entre les contractants. Par contre, un pays dont le droit de souveraineté peut être anéanti contre son propre gré, par l'intervention d'une autre puissance, est soumis à cette puissance. C'est dans cette mesure, et dans cette mesure seulement, que se vérifie la maxime de Calhoun (1) dont on a fait un abus si criminel : « La souveraineté est un tout, la diviser c'est la détruire ».

Bund und Reich (Confédération et Empire),
dans *Zehn Jahre deutscher Kämpfe*, t. II,
p. 238-239.

---

(1) Calhoun (John Caldwell), né en 1782, mort en 1850, homme politique américain, auteur d'un ouvrage célèbre intitulé : *Disquisition on Government*, édité dans ses œuvres complètes (6 volumes 1853-54).

6. LES CONDITIONS DU FÉDÉRALISME ALLEMAND

Dans un second opuscule composé pour le 1er janvier 1869, Treitschke établit avec netteté les rapports des Etats confédérés avec l'empire. Il insiste avec force sur le caractère essentiellement monarchique de l'empire allemand, et il nous dit quelle serait, en cas de conflit entre les Etats confédérés et le gouvernement impérial, l'attitude de ce dernier.

Les princes des différents Etats confédérés voient leur pouvoir affermi par l'empire allemand. Si, cédant à quelque esprit de convoitise ou de révolte, des Etats se soulevaient contre l'empire, qu'arriverait-il ?

L'Empire relèverait le défi, et pour remplir sa mission mondiale, il ne reculerait pas devant les moyens plus sévères de politique unitaire que la couronne anglaise employa jadis pour réunir l'Ecosse à l'Angleterre. Un empire monarchique n'a pas à prendre envers un membre insoumis les précautions et les ménagements qui conviennent à une fédération ; ses territoires existent seulement de par un droit positif, ils disparaissent dès qu'on a encouru la perte de ce droit. L'issue d'une pareille lutte de la puissance contre la faiblesse, d'un idéal contre un égoïsme, ne peut être douteuse. La nation allemande a bu depuis trop longtemps à la coupe pleine de la puissance et de l'honneur national, pour ne pas, si besoin était, affirmer courageusement la doctrine de Franz Lieber (1) : « La source souveraine du droit politique au-dessus de toutes les souverainetés reconnues est le désir conscient d'un grand peuple d'être une nation. »

Pour que cette théorie ne soit pas démentie par

---

(1) Franz Lieber, jurisconsulte (1800-79), connu par des traités de droit public et de morale politique. Allemand émigré à la suite des persécutions allemandes contre les démocrates en 1819, il s'était fixé aux Etat-Unis. La République Nord-Américaine le chargea, en 1863, de rédiger son manuel officiel de droit des gens pour les armées en campagne. (*Instructions for the government of the armies of the United States in the field.*)

expérience quotidienne des faits, il ne faut pas, par un jeu de l'esprit, transporter dans notre état monarchique les conceptions politiques des fédérations républicaines. Notre empire veut être considéré comme une forme autonome de confédération. Le Saint-Empire fut une monarchie allemande en décadence, le nouvel empire est la monarchie allemande qui monte. Si nos ancêtres ont vu disparaître jadis comme une ombre la dignité impériale avec tout l'apparat de titres et de prétentions, à nous, petits-fils plus heureux, incombe la tâche de donner peu à peu au nouvel empire qui s'avance dans une grandeur modeste toute la puissance d'un état monarchique. Avec une ardeur plus grande et la conscience plus claire de notre valeur, nous nous écrierons, comme le firent jadis les troupes impériales : Vive l'Empereur et l'Empire, restons Allemands pour l'éternité !

> *Zum Jahreswechsel 1869* (Pour la nouvelle année 1869), dans *Zehn Jahre deutscher Kämpfe*, t. II, p. 264 sq.

7. EN PRUSSE LA POLITIQUE N'EST PAS LA MORALE

La politique est un art, elle appartient au domaine de l'action, où règne la volonté servie par l'intelligence. Jamais un bon projet, une doctrine politique bien conçue ne peuvent prétendre à la même valeur morale que la décision hardie d'un homme politique qui agit et dégage de la confusion des forces favorables et adverses l'élément vital et nécessaire. Comme il est aisé de prouver que Frédéric II s'est conformé strictement aux principes de l'Anti-Machiavel, dans les deux entreprises de sa politique extérieure qui ont été le plus violemment attaquées : l'occupation de la Silésie et le partage de la Pologne ! Envers la maison d'Autriche, il pouvait faire valoir un droit doublement fondé sur Berg et les duchés de Basse-Silésie ; s'il n'avait pas pris possession de la Prusse occidentale, la domination russe aurait submergé toute l'Europe orientale. Ces justifications extérieures sont vraiment de peu d'intérêt quand il s'agit d'actes qui ont changé la face du monde !

Frédéric, en un mot, fut plus grand dans l'action que dans la doctrine de ses écrits de jeunesse, l'expérience qui ne s'acquiert que sur les sommets de l'histoire, lui a appris à donner à l'idéal de la royauté une forme plus noble et plus fière qu'il ne le rêvait dans les écrits de sa jeunesse.

> *Das politische Königtum des Anti-Machiavell*
> (La théorie du pouvoir royal dans l'Anti-Machiavel, de Frédéric II), in-4°, 1887.

Frédéric II, on le sait, professait une profonde admiration pour Marc-Aurèle qu'il appelait « son héros, son modèle », toutefois, aux yeux de Treitschke, le monarque prussien s'est élevé bien au-dessus de l'empereur romain.

Tandis que Marc-Aurèle n'a pas su arrêter la chute d'un Empire à son déclin, Frédéric, au contraire, s'est élevé avec l'histoire ; sur les ruines du monde allemand en décadence il a dressé un germanisme nouveau : c'est cette Allemagne nouvelle qui, aujourd'hui achevée, nous protège, petits-fils reconnaissants, dans sa paix et dans sa gloire.

Que nous importent les pactes de famille sur la succession silésienne, les calculs de l'équilibre en Europe orientale, si l'on considère ce fait capital, qu'au seul État allemand capable de vivre, Frédéric II a donné la force d'une volonté personnelle, qu'il a fait renaître une vie allemande dans les châteaux des Piastes silésiens et dans le château-fort des grands-maîtres de l'ordre teutonique ; qu'il a renoué la chaîne interrompue du temps, et que, par la force allemande, il a reconstruit ce que la faiblesse et la division allemandes avaient détruit. Ce héros, dont

la gloire égale celle d'Alexandre et de César, qui fit la
guerre pendant douze années au cours d'un règne de
quarante-six ans, et qui considéra, de tout temps, la caste
militaire, bouclier de toutes les autres, comme la classe
la plus éminente de la nation, ce héros était cependant
un prince ami de la paix. Même au faîte de la gloire,
il n'oublia jamais que la paix est le but suprême de la
guerre. Il montra au peuple, moins par les enseignements
de l'Anti-Machiavel, que par l'activité prodigieuse
qu'il consacra entièrement à sa patrie, ce que c'était
que de concevoir la royauté comme une noble mission.
Tant que battront des cœurs prussiens, ils admireront
sa profession de foi :

> Pour moi, menacé du naufrage,
> Je dois, en affrontant l'orage,
> Penser, vivre et mourir en roi (1).

Ibid., p. 16.

8. ÉVOLUTION POLITIQUE DE L'ALLEMAGNE
DEPUIS LA MORT DE FRÉDÉRIC II JUSQU'A NOS JOURS

Si les Anglais et les Français étaient, au XVIII° siècle,
les maîtres de la science politique, au XIX° siècle, c'est
à nous Allemands que revient la prééminence. Une
doctrine politique nouvelle, essentiellement nationale,
est née en Allemagne depuis que Herder nous a appris
que tous les peuples n'ont pas le même droit au bonheur,
depuis que Niebuhr et Savigny nous ont enseigné à comprendre l'évolution du droit, depuis que notre connaissance historique s'est précisée et approfondie. Elle
s'oppose résolument aux théories cosmopolites de l'Auf-
klärung et de la Révolution ; de là vient qu'elle est qua-

------

(1) Les vers cités sont tirés d'une lettre de Frédéric II à Vol-
taire, du 8 octobre 1757.

lifiée de réactionnaire par les Epigones du droit naturel.
Elle n'a pas la prétention de régenter l'histoire d'après
les principes d'un droit naturel et immuable qui serait
écrit quelque part dans les étoiles, elle cherche à comprendre comment les principes directeurs de l'histoire
se manifestent dans la variété des formes de gouvernement et c'est seulement de cette riche expérience qu'elle
dégage des lois scientifiques. Et du fait que nous avons
appris à penser en historiens, nous pouvons garder,
pour notre époque, la source précieuse de la conception
« frédéricienne » de l'Etat; pour la forme de sa doctrine,
Frédéric s'en réfère au droit naturel de son époque, mais
pour le fond, avec sa perspicacité d'homme d'État, il le
puise dans le caractère historique de son état monarchique. Tous les libres et clairs cerveaux de la science
allemande se détournent des doctrines à tendances républicaines de l'ancienne école libérale et vont à nouveau
vers le positivisme monarchique.

Ibid., p. 17.

9. THÉORIE DU MILITARISME ALLEMAND

Il est en Prusse une autre puissance tutélaire : c'est
l'armée, force politique à la valeur de laquelle les théories courantes sur la Constitution n'ont presque jamais
rendu pleine justice. C'est dans les jugements absurdes
qu'il porte sur l'essence même de la guerre et de l'armée
que se manifestent les défaillances les plus inquiétantes
de notre libéralisme; c'est là qu'apparaît en plein jour
toute l'étendue de la misère qu'engendre sa culture de
petit État.

Si j'ose ici parler en toute liberté de ce qu'il y a d'étroit
dans cette manière par trop bourgeoise d'envisager les
choses, c'est avec l'espoir que tout ce que j'ai dit précédemment des forfaits de la politique napoléonienne me

mettra à l'abri de toute interprétation grossièrement
erronée. Tous les travaux, toutes les habitudes du monde
moderne escomptent l'état de paix; de nos jours, toute
guerre, ou peu s'en faut, apparaît comme le caprice
démesuré de potentats isolés; une guerre à laquelle l'enthousiasme des masses serait d'emblée acquis n'est plus
possible que dans des circonstances tout à fait exception-
nelles.

Dans ce monde du travail, le désir de jouir aveuglé-
ment de la paix a été érigé en doctrine. Cette doctrine
est devenue la honte de la pensée et de la moralité de
de notre siècle; là sont apparues d'innombrables locutions
si claires, si limpides, que tous les ont répétées, mais si
puériles, si niaises, que tout homme digne de ce nom les
jette immédiatement par-dessus bord lorsque paraît
parmi les peuples la guerre dans toute sa majesté.

La déformation théologique n'est que très peu responsable de semblables erreurs; tout théologien sérieux
reconnaît que la parole biblique : « Tu ne tueras point »
ne doit pas plus être prise au sens strictement littéral
que l'exhortation apostolique : « Abandonne tes biens
aux pauvres. » Seuls, quelques visionnaires timorés ont
fermé les yeux devant la splendeur avec laquelle l'Ancien Testament célèbre la souveraine beauté d'une guerre
juste et sainte.

Mais un danger autrement grave menace le temps présent : c'est le règne exclusif du sentiment, de la compas-
sion irréfléchie de ces natures efféminées qui ne peuvent
se consoler des misères indicibles déchaînées par la guerre
sur l'humanité. On rassemble activement tous les lieux
communs de la sentimentalité à la Rousseau, et l'on
pleure, aussi pathétiquement que le brigand Moor sur la
méchanceté de ce monde où il est criminel de voler un
denier, mais sublime de s'emparer d'une couronne. Hostiles à l'Etat, les doctrines de l'ancien droit naturel, elles

aussi, se sont propagées dans le cantonalisme allemand, avec une vitalité, une vigueur surprenantes.

. . . .

Une société dont l'activité est régie par lois de la répartition du travail en vient facilement à ne considérer l'entretien d'une armée en temps de paix que comme une éternelle préparation à une éventualité hypothétique, comme une vaine apparence qui ne subsiste que par amour du règlement. Accoutumé à l'indépendance personnelle, à la liberté de la critique, l'intellectuel envisage avec malaise la rude discipline de l'armée.

. . . .

A cela s'ajoutent encore les souvenirs odieux de cette époque stérile des dissensions de partis, où un esprit conservateur rigide régnait dans l'armée, où celle-ci était célébrée comme le rempart du trône contre le peuple, où l'obéissance militaire avait été inculquée avec un véritable cynisme, comme si les hommes d'armes d'Hérode, massacreurs d'enfants, étaient pour des soldats allemands un noble exemple à suivre — comme si le serment au drapeau, du fait qu'il n'en souffre auprès de lui aucun autre, ne comportait pas non plus les restrictions que la conscience impose à tous les pactes des hommes.

C'est ainsi que les coutumes d'une époque éprise de la paix, agissant de concert avec une multitude de parti-pris et d'hostilités ont rendus beaucoup plus difficile aux non-militaires un jugement bien fondé sur l'armée.

> *Das constitutionelle Königtum in Deutschland*,
> 1869-71 (La royauté constitutionnelle en Allemagne), dans *Historische und politische Aufsätze*,
> t. III, p. 466 sq.

La force guerrière est la base de toutes les vertus politiques; la gloire militaire prussienne est, dans le riche trésor des gloires de l'Allemagne, un joyau aussi précieux, aussi loyalement acquis que les chefs-d'œuvre de nos poètes et de nos penseurs; le caractère sacré du serment au drapeau est un témoignage de la force morale de notre peuple. — Que notre libéralisme en revienne donc à ces vieilles convictions allemandes.

La force armée est la condition primordiale de l'existence de tout État : c'est pourquoi jamais un État civilisé ne la considérera comme une fin en soi, comme la fin suprême de son activité.

La Prusse elle-même n'a jamais été un « État militaire » dans ce sens brutal du mot.

Une fois seulement, le sabre a régné en maître dans la capitale allemande; et ce court épisode de la guerre civile à Berlin — qui semble bénin auprès des troubles dont les autres capitales ont été le théâtre — apparaît aujourd'hui à tout penseur comme une ignominie, une infraction hideuse à la sévère discipline civique qui, à cette exception près, a toujours régné en Prusse.

La Prusse a entrepris *moins* de guerres que toute autre grande puissance; mais ses armes furent la plupart du temps victorieuses.

Ses guerres n'ont pas seulement conquis au royaume la majeure partie de son territoire; elles ont aussi contribué à former le caractère de l'État et celui du peuple. Qui ne reconnaît aujourd'hui encore dans le peuple prussien la puissante influence de la guerre de Sept ans, celle surtout du bel élan d'idéalisme de la guerre de l'Indépendance?

Notre armée, considérée dans son essence même, exige, comme toute institution permanente et indispensable, une constitution solide et légale. Il nous faut une loi militaire qui circonscrive le domaine du service, qui détermine le rapport de l'Active à la Réserve et aussi qui fixe l'effectif annuel moyen de paix, — et cela de telle sorte qu'il ne puisse être accru inconsidérément par le ministre de la guerre, ni inconsidérément diminué par le Reichstag.

Ces propositions semblent à beaucoup un absolutisme déguisé; et, de fait, si l'effectif sous les armes est légalement fixé, le vote des crédits par le parlement est forcément délimité d'avance.

Mais que l'on réfléchisse combien notre organisation militaire pénètre profondément dans la vie civile; que l'on considère quelles charges considérables elle impose au peuple.

L'organisation légale de l'État exige que chez nous ces questions de si haute importance échappent à l'arbitraire, qu'il vienne d'en haut ou d'en bas.

Notre organisation militaire demeure une glorieuse manifestation de l'idéalisme politique allemand; tous nos voisins déplorent, sans l'avouer, de n'avoir pu, les uns à cause de l'insuffisance de leur culture, les autres à cause de leur individualisme outré, imiter ces institutions avec un plein succès.　　　　　　　　　*Ibid.* t. II, p. 76-81.

10. APOLOGIE DE LA GUERRE

La guerre n'est pas seulement une nécessité pratique, elle est aussi une nécessité théorique, une exigence de la logique. Le concept d'État implique le concept de guerre, car l'essence de l'État, c'est la puissance. L'État, c'est le peuple organisé en une puissance souveraine.

Il a pour première mission d'assurer lui-même sa propre existence, de se protéger contre les ennemis extérieurs et intérieurs.

Certes, sa culture peut, au fur et à mesure des progrès de sa civilisation, se proposer d'autres fins, des fins plus hautes, mais sans tribunaux contre les perturbateurs de l'ordre intérieur, sans armes contre l'ennemi extérieur, un État ne peut absolument pas exister.

Un État qui renonce à la guerre, qui d'emblée se soumet à un tribunal international, renonce à sa puissance souveraine; c'est-à-dire à lui-même. Quiconque rêve d'une paix perpétuelle demande une chose non seulement irréalisable, mais encore absurde; il commet une erreur de raisonnement élémentaire.

L'organisation politique qui seule permettrait de réaliser le paix perpétuelle, entraînerait la disparition d'une chose admirable : la vie nationale multiforme; ce serait aussi, à la lettre, la disparition de toute pensée politique.

L'État est une personne; il ne peut se concevoir que dans la pluralité d'autres personnalités politiques.

Les peuples, comme les individus, développent l'originalité propre de leur caractère d'autant plus intensément qu'ils s'élèvent plus haut dans la civilisation. De même que tout être complet, tout « maître » est fondé à se croire, dans le petit monde qu'il régit, l'égal de tous les autres hommes, — de même, et à plus forte raison, tout grand peuple croit devoir ne le céder à aucun autre; car il sait que parmi les mille et mille forces morales qui forment le riche trésor de la moralité humaine, il doit s'en trouver une qui a atteint précisément chez lui son minimum de développement.

Cette conscience d'elle-mêmes que prennent les nations et que la culture ne peut que fortifier, cette conscience fait que jamais la guerre ne pourra disparaître de la terre, malgré l'enchaînement plus étroit des intérêts, malgré le rapprochement des mœurs et des formes extérieures de la vie.

Il y a à cela une autre raison encore, qui réside simplement dans la perpétuelle évolution de l'histoire. L'organisation du monde en États n'est pas fixe, définitive, et cela pour le plus grand bien de l'humanité ; c'est au contraire un organisme qui se transforme sans cesse.

. . . .

La guerre, il est vrai, rend les nations étrangères les unes aux autres, et cependant, dans une certaine mesure, les rapproche, en leur faisant connaître leurs propres ressources et celles de leurs voisines ; la guerre est parfois entre les peuples un intermédiaire plus efficace que le commerce universel lui-même. Un peuple qui s'attache au chimérique espoir de la paix perpétuelle finit irrémédiablement par déchoir, dans son isolement hautain. L'Histoire édifie et ruine inlassablement ; inlassablement elle exhume des décombres des anciens mondes les trésors divins de l'humanité pour les transporter dans un monde nouveau. Pour qui croit à ce perpétuel devenir, à la jeunesse éternelle de notre race, il est de toute évidence que la guerre est une nécessité inéluctable.

. . . .

L'État n'est pas une académie des beaux-arts, l'État est Puissance.

S'il développe exclusivement ces facultés intellectuelles au détriment de ses facultés physiques, il se dément lui-même, et s'il sombre alors, ce n'est que justice.

L'affirmation de sa propre personnalité demeure pour un État le premier et le plus essentiel de tous les devoirs, — le monde est ainsi fait — c'est pourquoi l'organisation de l'armée est bien plus étroitement liée à la constitution de l'État que notre économie politique bourgeoise ne le concède généralement.

Changer l'organisation de l'armée, c'est déplacer un des supports fondamentaux de la vie de l'État.

. . . .

Que la guerre soit à jamais bannie du monde, c'est là un espoir non seulement absurde, mais encore profondément immoral. Réalisé, il entraînerait l'atrophie de beaucoup des forces essentielles et sublimes de l'âme humaine et transformerait le globe terrestre en un vaste temple de l'égoïsme.

Et je ne prétends pas ici développer, après tant d'autres, une affirmation universellement connue et d'ailleurs assez bien fondée : « La force vitale d'une race confinée à l'ordinaire dans les fabriques et derrière les comptoirs ne peut que gagner à être conduite de temps à autre au dehors, dans la grandiose lutte des armes; » il est en effet, pour obtenir ce résultat, d'autres moyens plus pacifiques, et des mœurs nationales vigoureuses suffisent à la rigueur à endurcir le corps et à lui donner de la robustesse.

La guerre est si intimement associée à l'essence même de l'Etat qu'il nous faut aborder ici une des questions fondamentales de la science politique.

Deux conceptions radicalement différentes de l'essence de l'Etat, l'une sociale et l'autre politique, ont de tout temps été en conflit.

La société bourgeoise, c'est-à-dire l'ensemble des individus, voit uniquement dans l'Etat le moyen de faciliter à chacun la réalisation de ses aspirations personnelles, tandis que pour l'homme politique rigide, il n'y a dans les revendications de la société que de l'avidité; il veut soumettre à l'Etat l'activité sociale tout entière.

Aux yeux de la science historique et de l'homme d'Etat véritable, ces deux manières d'envisager la question sont également défendables et également étroites : car, du fait que l'Etat et la société sont unis par des droits et des devoirs *réciproques*, ils ne peuvent se borner entre eux aux rapports qui existent entre le moyen et la fin.

La société ne sert pas uniquement l'égoïsme de l'individu; ses aspirations dépassent les limites de l'Etat; par l'action combinée du travail économique et du travail intellectuel, elle veut mener le vaste monde vers la moralité; auprès de cette haute visée de culture qui inspire le genre humain, l'Etat n'apparaît évidemment que comme un moyen.

D'autre part, l'Etat est en droit de se considérer lui-même comme une fin, car il sait qu'en lui est la condition essentielle de la prospérité de la vie sociale.

En temps de paix, les peuples libres des temps modernes arrivent à atténuer cette antinomie de la façon suivante : chacun consacre à des fins sociales le meilleur de ses forces, tout en réservant cependant une partie de son temps à l'accomplissement de ses devoirs politiques.

Mais si cette vie paisible vient à se prolonger, le moi et les fins qu'il se propose deviendront plus chers à la moyenne des hommes que la patrie elle-même.

Tout peuple — et principalement celui dont la culture est développée — court le risque, pendant une longue période de paix, de tomber dans l'égoïsme. Une telle race doit considérer comme un bienfait une guerre grande et juste que le destin lui envoie, et plus l'habitude commode de la vie sociale s'est agréablement insinuée dans le cœur des hommes, plus le contre-coup semble rude.

J'ai dit : « Le destin lui envoie une guerre ; » car la raison pour laquelle la valeur de ce cruel remède est si rarement comprise tient à ce qu'il ne se trouve parmi les hommes aucun médecin qui puisse avoir l'audace de prescrire la guerre à un peuple malade, comme un breuvage salutaire.

Dès que chez un peuple retentit ce cri d'alarme : « L'Etat est en péril, son existence est menacée! » Alors s'éveille la plus haute de toutes les vertus, le courage du sacrifice, qui ne peut jamais se déployer aussi amplement ni aussi librement en temps de paix.

Des millions d'individus sont unis dans cette pensée unique : la Patrie, dans le sentiment commun d'un amour qui va jusqu'à la mort, — sentiment qui, éprouvé une fois, ne se peut jamais oublier et qui ennoblit et sanctifie la vie de toute une génération. La lutte des partis et des classes se fond en un silence religieusement observé ; le penseur et l'artiste mêmes sentent que la création de leur pensée est comme un arbre sans racines dès que l'Etat est en perdition.

Parmi les milliers d'hommes qui se rendent au combat et qui obéissent passivement à la volonté du Tout, chacun sait quelle misérable valeur a sa vie auprès de la gloire de l'État : il se sent enveloppé de forces impénétrables qui le dominent. De là, dans toute guerre sérieuse, la profondeur du sentiment religieux ; de là aussi un spectacle sublime que ne peut comprendre la pure raison : c'est d'un même Dieu que les armées ennemies implorent la victoire.

C'est dans ces traits, jugés impies par une civilisation débile, que réside la grandeur de la guerre.

Des hommes qui ne se sont jamais causé aucun tort ; qui ont les uns pour les autres la haute estime que l'on se doit entre ennemis chevaleresques, — ces hommes s'entretuent ; ils sacrifient au devoir non seulement leur vie, mais encore, ce qui est infiniment plus pénible, le sentiment naturel, l'instinct de l'amour de l'humanité, l'horreur du sang. Le moi infime, avec tous ses instincts nobles ou grossiers, doit s'abîmer dans la volonté du Tout.

A celui qui trouverait cela barbare, je demande : comment se fait-il donc que jamais encore une idée grande, salutaire, de la liberté politique ou religieuse n'ait pu s'imposer aux hommes sans être scellée dans le sang ? Et pourquoi la guerre a-t-elle été de tous temps le thème favori des arts ?

. . . .

Pourquoi des jeunes gens non corrompus ne seront-ils jamais aussi profondément émus par la peinture d'une vie de penseur, quelle que soit d'ailleurs l'éloquence du narrateur, que par la représentation sobre d'une guerre grande et juste ?

Et qui donc tous les peuples placent-ils de préférence au rang de leurs grands écrivains et de leurs grands orateurs ? Qui donc, sinon ces natures combatives qui portent en elles quelque chose du héros, et dont les paroles ont des sonorités de fanfare !

Cet enthousiasme invétéré du cœur humain pour l'héroïsme n'est-il donc rien que barbarie, qu'appétit sanguinaire ? Étouffer peu à peu ces sentiments sacrés, mutiler la nature humaine... ce serait là la fin suprême dont la civilisation mûrissante doit tenter de se rapprocher ?

Oui, cela est certain, la guerre déchaîne aussi les passions grossières des peuples ; la guerre est un acte de la volonté collective, elle est l'incarnation agissante de la politique.

Mais si la guerre est dirigée par une politique frivole, l'immoralité pénètre dans tous les membres de l'armée ; la politique de conquête brutale transforme inévitablement les soldats en soudards.

La guerre, même légitime, réveille les instincts grossiers de l'homme : mais n'est-ce pas là l'effet naturel de toute activité trop fortement tendue ? Et les vices qui souillent la beauté de notre vie de tous les jours : la cupidité, l'affolement moral, la soif de jouissance et la dureté de cœur sont-ils donc moins exécrables que les vices qu'engendre la guerre ?

. . . .

La guerre est une grande pétrisseuse de peuples ; elle

ne se borne pas à ébranler les frontières, non; elle établit un lien indissoluble entre les citoyens d'un même pays; par elle encore l'homme insouciant sent s'éveiller en lui le pressentiment de la sublime, de l'indicible beauté de la Patrie, elle vivifie le cœur desséché, le ranime d'un chaud rayon d'amour.

C'est subitement que la guerre éclate, à des intervalles que nul ne peut calculer d'avance; c'est pourquoi la guerre semble aux peuples civilisés qui aspirent à une vie parfaitement régulière une perturbation de l'ordre naturel des choses.

Cet anéantissement complet du Moi que la guerre exige de tout combattant est, lui aussi, plus effrayant pour le penseur que pour qui se laisse vivre sans penser.

De même il est évident que le service militaire obligatoire pèse plus lourdement sur un peuple riche que sur un peuple pauvre, et qu'une organisation sociale de haute culture est atteinte avec infiniment plus de rigueur par la puissance dévastatrice de la guerre.

C'est ainsi que des motifs moraux et économiques d'une valeur impossible à méconnaître tendent à restreindre le nombre des guerres et à en abréger la durée.

Mais, de même que tout homme intelligent cherche à diminuer la multiplicité des rouages du pouvoir sans vouloir pour cela supprimer l'administration, de même, si nous estimons que les guerres doivent devenir plus rares, nous ne sommes nullement autorisés pour cela à souhaiter qu'il n'y ait PLUS de guerres.

Aucun idéalisme politique réel n'est possible sans l'idéalisme de la guerre.

Le penseur qui, le premier, a démontré au monde moderne les droits de l'État en tant qu'organisme moral et indépendant, a mis aussi la force et la grandeur de son génie à défendre contre tout faux sentimentalisme le droit d'existence de la guerre.

Le traité de Luther : « Les gens de guerre peuvent-ils faire leur salut? » est le complément nécessaire de ses écrits prophétiques sur l'essence de la supériorité du christianisme.

Nous y trouvons le passage suivant :

« L'on écrit à présent et l'on entend dire de tous côtés :
« quelle calamité que la guerre! Et cela, c'est vrai. Mais
« il ne faudrait pas perdre de vue que la guerre nous
« préserve d'une calamité bien plus grande encore, autre-
« ment dit, il ne faut pas croire que la fonction propre
« de la guerre consiste à égorger, brûler, frapper, faire
« du butin, etc. Ce serait là considérer la guerre avec la
« naïveté et l'étroitesse de vue des enfants qui ne peuvent
« voir le médecin couper une main ou une jambe, car ils
« ne se rendent pas compte que ce mal est indispensable
« pour sauver le corps tout entier.

« De même, c'est en hommes, et non en enfants qu'il
« nous faut envisager la guerre, — qu'il nous faut voir la
« guerre et l'épée accomplir leur office; et, si la guerre
« est accompagnée de tant d'atrocités, il apparaîtra bientôt
« qu'il y a en elle quelque chose de divin, aussi néces-
« saire, aussi utile au monde que l'action de boire ou
« de manger, par exemple.

« Si quelques-uns mésusent de cette fonction qui leur
« est dévolue, s'ils égorgent et frappent sans nécessité
« absolue, par méchanceté pure, la faute n'en est pas à
« la fonction elle-même, mais à l'individu. Car il n'est
« pas de fonction, ni de besogne, ni de chose, si excel-
« lente soit-elle, dont les méchants ne puissent abuser. »

Ibid., t. III, p. 469-476.

VIII

Paul de LAGARDE
(1827-1891)

Le théologien Paul de Lagarde, de son vrai nom Paul Anton Bœtticher, naquit à Berlin, le 2 novembre 1827, d'une jeune mère de dix-neuf ans, qui mourut douze jours après, et d'un père piétiste.

Durant une triste et rude enfance, il reçut l'empreinte des sentiments patriotiques et romantiques qui animaient les anciens combattants de 1813, amis de sa famille.

Étudiant en théologie à l'Université de Berlin, puis à celle de Halle, il devint l'ami et l'élève du poète orientaliste Rückert. Un autre de ses maîtres, le théologien protestant Tholuck, détermina sa foi en la sainteté de l'individu humain, pensée particulière de Dieu.

Ces influences diverses jointes au goût des méthodes philologiques, qu'il avait puisé dans la lecture des travaux de Lachmann, orientèrent Paul de Lagarde vers l'étude scientifique des faits religieux.

Dès l'âge de quinze ans, il conçut le projet de reconstituer le texte primitif de la Bible, et le reste de sa vie se passa à préparer une édition critique de l'Ancien Testament. La tâche qu'il s'était donnée le soutint dans les épreuves que lui réservèrent ses fonctions de professeur dans les lycées de Berlin (1852-1866), et absorba toute son activité lorsqu'il eut obtenu, par une faveur du roi de Prusse, la chaire des langues orientales à l'Université de Gœttingue (1866).

C'est dans cette ville qu'il mourut en 1891.

Ses travaux n'avaient point pour fin suprême et unique la vérité pure et simple.

Paul de Lagarde avait hérité de son père une âme profondément religieuse. Il était tout pénétré d'une grande passion, celle de créer une religion nouvelle, nationale, supérieure au protestantisme et au catholicisme. S'il étudiait les croyances passées, c'était pour deviner la croyance de l'avenir, pour dégager le sentiment religieux éternel du vêtement changeant, périssable, des dogmes et des rites et pour vivre en communion avec les grands inspirés d'autrefois.

La religion ne consiste pas pour lui en l'exécution de certains gestes, en une commémoration de certaines dates et de certains faits historiques, mais elle est avant tout une vie intérieure, un élan spontané et libre vers Dieu, une régénération et une communion avec le Très-Haut.

Il faut que chacun de nous sente que quelque chose le surpasse et le domine, qu'il n'est qu'une note dans la grande harmonie du tout, et que cependant il doit remplir entièrement le rôle que Dieu lui a fixé dans l'ensemble. Le devoir de l'individu est donc de prendre conscience de ce rôle, de percevoir le commandement de Dieu et de lui obéir.

Or, les nations sont aussi des personnes morales, et comme les consciences individuelles, elles sont d'origine divine. Chacune d'elles est dotée dès sa naissance d'un caractère original, chacune a une mission à remplir.

Les Allemands, avec leurs vertus, leurs façons de sentir et de penser particulières, revivront l'Evangile à leur manière. Ils feront une « édition allemande » des livres saints. Une religion germanique naîtra et régénérera les peuples à son contact.

Or, la vie religieuse plonge par bon nombre de ses racines dans la vie matérielle. Pour nous épanouir sous les regards de Dieu il faut de la liberté, des loisirs, la possibilité de vivre. Cela est vrai des peuples comme des individus. La politique est l'art de jeter dans la réalité terrestre les fondements de l'existence spirituelle des nations. Les *Deutsche Schriften (Ecrits allemands, 1886)*, de Paul de Lagarde, sont destinés à définir les conditions sans lesquelles l'Allemagne ne peut se fonder, ni par conséquent la mission allemande aboutir. Cette grandeur de l'Allemagne suppose que la France et la Russie soient abattues (1).

L. Lévy-Dispeker.

---

(1) Nous citerons l'ouvrage d'après l'édition la plus récente, celle de 1903.

I. CE QUE C'EST QUE L'ALLEMAGNE

Je donne pour l'instant le nom d'Allemagne aux pays qui sont réunis dans la Confédération germanique, y compris cependant la Hongrie et la Galicie, et en excluant naturellement Venise et la Lombardie...

Les pays ci-dessus désignés sont habités par des peuples très différents.

Il est vrai que ce qui reste de l'Allemagne des Empereurs renferme des éléments non allemands, des Romains sur les bords du Rhin, des Celtes en Bavière et, disséminés autour des sources salines, des Slaves en Haut-Palatinat, en quelques endroits de Thuringe, dans la Vieille-Marche et dans les provinces qui y touchent. Mais en général, la population est germanique et pourrait se diviser normalement en cinq branches principales : Bavarois, Souabes, Franconiens du Mein, Franconiens du Rhin, Saxons, et en deux plus petites : Frisons et Thuringiens. A ce propos, je dois dire que les Saxons ne sont ni les Misniens, ni les Lusaciens qui, sans y avoir droit, portent aujourd'hui le vieux nom de Saxons. On peut à peine rattacher à la branche des Bavarois, dont ils descendent cependant, les Autrichiens et les habitants du Tyrol, et il faut faire aux Styriens une place particulière : ces deux peuples en effet ne rentraient pas dans le cadre de l'Empire au moment de sa toute première formation, mais ils doivent être rattachés aux autres branches allemandes.

A côté se placent les fertiles territoires slaves du Mecklembourg, du Brandebourg et de la Poméranie, territoires colonisés par des Saxons venant du Moyen-Weser et de la Vieille Marche, et, dans un point seulement de la Marche du Brandebourg, par des Flamands ; les territoires slaves, Misnie, Lusace et Silésie, peuplés par des Franconiens n'ayant qu'un léger vernis de germanisme ; la Prusse, colonisée par des Allemands venus de toutes les contrées de l'Allemagne, mais qui n'est germanisée en aucune façon ; la Posnanie, qui devient peu à peu, sinon allemande, du moins prussienne.

Viennent ensuite les contrées non allemandes de l'Autriche parmi lesquelles la Croatie et la Serbie seules, parce qu'elles sont habitées par une population d'une semblable culture et situées à proximité d'autres familles étroitement apparentées à la leur, ont la possibilité de devenir un Etat indépendant ; événement qui ne pourra se produire qu'après la chute de la Turquie, car l'union de la Serbie turque, de la Bosnie, de la Bulgarie, de la Dalmatie, et la possibilité pour ce territoire d'avoir une issue sur deux mers, pourraient alors lui assurer une existence matérielle capable de durer.

Über die gegenwärtigen Aufgaben der deutschen Politik 1853 (*Sur les tâches présentes de la politique allemande,* dans *Deutsche Schriften*), p. 25, sq.

2. PAUVRETÉ DE L'ALLEMAGNE EN 1853

L'Allemagne est néanmoins un pays pauvre. Son sol suffit pour nourrir sa population, mais c'est tout. Nous n'avons pas dans notre sol de gisements de métaux précieux, notre surabondance de fer et de charbon a fait que l'industrie s'est créée d'elle-même, mais sa croissance a été artificielle. Elle répand, il est vrai, un reflet de richesse sur de certaines contrées, mais est prête à sombrer à

chaque baisse du baromètre politique. Elle vit principalement des nouveaux besoins qu'elle fait naître et elle
tire de leur satisfaction facile, mais qui devient nulle
avec les années, de quoi vivoter ou amasser de l'argent,
pendant qu'il serait plus juste, au moins pour l'instant,
de satisfaire pleinement, le mieux possible et au plus bas
prix possible, tous les besoins indispensables de la vie,
et de ne pas s'occuper d'autres besoins que de ceux-ci.
Sans doute nous exportons une partie de nos produits
manufacturés, mais cette exportation diminuera dans la
mesure où la concurrence chez les autres peuples et le
salaire des ouvriers chez nous augmenteront. Un épanouissement de la prospérité de la nation ne peut résulter
du fait que quelques milliers d'individus ont fait passer
dans leurs poches l'argent qui se trouvait auparavant
dans celles de leurs concitoyens. Cet épanouissement ne
peut avoir lieu que si la nation (par n'importe quel moyen)
tire un bénéfice des produits dont l'étranger a besoin
à tout prix et qu'il paye de ce fait à n'importe quel prix
et si, en devenant l'intermédiaire entre deux nations différentes, elle se fait rétribuer, même à un pourcentage
très faible, la commission, je veux dire l'envoi de produits russes aux Anglais, de produits anglais aux Russes.
Ce n'est que par ces deux moyens que nous attirerons
l'argent étranger dans notre pays. Notre richesse dépend
de l'organisation de ce trafic, et non du fait que quelqu'un entraînera des centaines de ses concitoyens à acheter un article dont ils n'ont à vrai dire aucun besoin et
dont l'achat devra être expié par une privation pour
d'autres articles. La richesse publique restera dans ce
cas la même qu'auparavant, mais la pauvreté d'une part,
une richesse individuelle malsaine de l'autre, auront
augmenté.

La culture de la terre, l'élevage et le commerce peuvent seuls enrichir l'Allemagne, et non pas l'industrie.

Cultiver des céréales et planter de la vigne, élever du bétail de boucherie et des bêtes laitières (la science et l'art ne rapportent pas grand'chose) de telle sorte que l'argent étranger afflue en sommes considérables, n'est possible que si nous poursuivons la colonisation de la manière que j'ai proposée, et c'est pourquoi il faut la poursuivre de la sorte. Car il est impossible pour une nation de vivre de pauvreté et de noblesse d'âme, selon la manière actuelle. La liberté et l'instruction coûtent cher.

Ibid. p. 28-29.

3. LA PRUSSE ET L'AUTRICHE SE COMPLÈTENT

La Prusse possède un corps insuffisant pour son âme, l'Autriche un corps très suffisant, mais pas d'âme. Au commencement, l'Autriche vécut du devoir de protéger l'Allemagne contre les Hongrois, plus tard, de l'idée qu'elle était l'ouvrage avancé établi contre les Turcs. De quoi vit-elle maintenant?

Elle doit servir de bouclier à l'Europe contre les Russes. Mais qui donc, si ce n'est la Russie, a aidé l'Autriche en Hongrie? Elle devrait faire avancer sa roue d'un demi-tour vers l'Est, et acquérir la Pologne. Il y a lieu aussi de se demander, s'il vaudrait la peine de bâtir un mur pour se protéger spécialement contre la Russie, contre un empire qui n'est plus le même qu'auparavant avec son empereur actuel.

L'Autriche, pour l'instant, n'a pas une idée qui soit capable de la maintenir cohérente, elle a donc le droit de réclamer cette idée, c'est-à-dire une tâche qui vaille la peine d'être remplie; sans cela, elle sombrerait dans le matérialisme. Tout dépendra néanmoins en Autriche

— corps sans cerveau — de la possibilité de trouver un homme d'Etat de génie, ayant lui-même assez de cerveau pour en reconnaître l'absence dans sa patrie, assez de volonté et d'influence pour remédier à ce mal. L'Autriche devra à tout prix adopter une politique raisonnable, c'est-à-dire une politique qui compte avec la Prusse, une politique allemande enfin, parce que, sans l'Allemagne, elle doit moralement périr de son austriacisme sans limites orientales, et sa chute morale entraînera infailliblement la chute matérielle.

Ibid. p. 35-36.

4. LA POSSESSION DE TRIESTE,
CONDITION DE LA PROSPÉRITÉ COMMERCIALE ALLEMANDE

On ne peut guère imaginer de commerce que sur une mer ouverte. C'est pourquoi je mentionnais l'Istrie, la possession de Trieste étant une question vitale pour l'Allemagne. Quand bien même tous les Italiens se rueraient ensemble contre nous, jamais ce port ne devrait tomber entre leurs mains. C'est pourquoi, depuis que j'ai lu le second *Faust*, de Gœthe, je nourris l'espoir de voir un jour les îles de la Frise, et plus tard, quand nous posséderons le Sleswig et le Holstein, les îles du Sleswig occidental reliées par des digues, et les mers basses qui s'étendent derrière elles desséchées. J'espère qu'on bâtira alors sur la mer ouverte des villes de commerce, dont chacune aura un mouvement d'affaires aussi grand que celui de tous les « emporia » réunis autour du bourbier baltique.

De même que la France, si elle entendait ses intérêts, s'efforcerait de tout son pouvoir de rétablir les anciens

lacs qui existaient dans cette Numidie, qui lui appartient
à présent, afin d'augmenter la quantité de pluie tombée
et de rendre ainsi le pays plus fertile ; de même nous
aurions à dessécher des étendues marines, non pas tant
pour gagner des terres, que pour acquérir la liberté de
pousser nos ports jusqu'à la mer ouverte.

Le moins que nous devions exiger au Sud pour notre
commerce est d'obtenir une issue sur l'Adriatique, afin
d'avoir constamment la voie libre vers tous les ports de
la Méditerranée. Posséder en plus les bouches du Danube serait encore meilleur.

5. LA MÉDIOCRITÉ DES HONGROIS REND IMPOSSIBLE
LE MAINTIEN DU DUALISME AUSTRO-HONGROIS

La vie des peuples comme la vie des individus a ses
limites naturelles et seules les puissances spirituelles
peuvent leur conserver la jeunesse ou même la leur
rendre. Ce n'est pas précisément chez les Touraniens que
nous voyons à l'œuvre de telles puissances et c'est pourquoi il est injuste d'estimer les Hongrois à un plus haut
prix que les Finnois, les Lettons, les Lapons et les Turcs,
leurs cousins germains d'Europe. Ils disparaîtront comme
les Celtes disparaissent sous nos yeux ; leur confier un
rôle politique spécial est un propos aussi peu sérieux
dans la bouche d'un homme politique que celui d'un
médecin, qui exhorterait un octogénaire à se marier et à
faire des enfants.

Ces vues ont été entièrement justifiées par tout ce que
nous avons vécu depuis 1866. Il n'est guère de pays en
Europe qui ait présenté un spectacle plus lamentable
que la Hongrie ; car l'Espagne a été tellement sémitisée

par l'immigration arabe et juive qu'on ne peut pas
admettre qu'elle soit européenne.

Une pénurie d'hommes d'État presque insultante, une
incapacité complète de distinguer et de remplir les devoirs politiques, un gaspillage insensé, la folie des grandeurs, une tyrannie qui foule aux pieds toutes les nationalités non magyares, de basses flagorneries à l'égard
des Juifs établis en Hongrie, à l'égard de ces hommes
qui, d'une nation qu'ils étaient, sont en train de se muer
promptement en une communauté religieuse, hommes
qu'on emploie à toutes les affaires et à tout ce qui ressemble à des affaires et qui à côté de cela influencent en
faveur des Magyars la presse européenne qui appartient
à leurs coréligionnaires, voilà ce que l'histoire des dernières années peut nous apprendre sur la Hongrie.

Ce pays, outre le manque de jeunesse qui caractérise
sa nationalité dominante, a le défaut d'être une édition
in-4° de l'in-folio autrichien. Dans les deux pays, c'est le
même chaos de peuplades, la même haine profonde vouée
par une race à l'autre race; la même impuissance de
l'État, comme cela se voit en ce moment, de dominer
cette confusion.

De là vient aussi la complète impossibilité pour la
Hongrie... de devenir le centre et le cœur de l'Empire
autrichien (1). Personne ne croira facilement que Pesth
devrait un jour pouvoir servir de capitale à la Styrie,
aux pays de l'Ens, au Salzbourg et au Tyrol; car si le
centre de gravité de la politique autrichienne devait être
vraiment à Pesth, encore faudrait-il que cela pût se faire.
Or la patrie du poème des Nibelungen et de la littérature allemande n'est pas encore tombée si bas qu'il

---

(1) Allusion à la parole prononcée par Bismarck dans un
entretien avec un ambassadeur autrichien : « Portez votre centre
à Pesth. »

faille manger de la goulache et danser la « czarda » pour la gouverner. De deux choses l'une : ou bien tout ce qui est à gauche de la Leitha sera hongrois, de même que tout ce qui est à droite de la Leitha est soi-disant hongrois, ou bien le centre de gravité de la monarchie danubienne ne se trouve pas à Pesth, et la phrase qui le prétend n'a été lancée par le monde que pour qu'en une époque qui vivait encore sur le souvenir de Sadowa, l'opinion publique fût occupée à ronger cet os décharné, tant que cela paraîtrait nécessaire en haut lieu.

Il devient par conséquent impossible de maintenir plus longtemps le système dualiste dans l'empire de François-Joseph. La Cisleithanie, quelque fâcheuse que soit la position où elle se trouve réduite, surpassera toujours grâce à ses Allemands la Transleithanie. Par cela seul elle suscitera l'envie et la haine de cette dernière et jettera la discorde dans tout l'Empire. Plus il en sera ainsi, plus la dégradation morale gagnera de terrain, et plus l'Autriche verra foisonner dans le cœur de ses meilleurs citoyens des désirs de trahison.

> *Über die gegenwärtige Lage des deutschen Reichs* (Sur la situation présente de l'Empire allemand, 1875). Dans *Deutsche Schriften*, p. 103, sq.

6. LES ANNEXIONS NÉCESSAIRES A LA SÉCURITÉ DE L'ALLEMAGNE

A la veille de la guerre de Crimée, Paul de Lagarde prononça un discours dans lequel il indiquait les profits que l'Allemagne allait pouvoir retirer de ce conflit (1853). En voici quelques extraits :

Il s'ensuit que l'Allemagne doit s'efforcer d'acquérir des frontières qui, au point de vue stratégique, soient solides, c'est-à-dire des frontières qui, formées par des montagnes ou des obstacles équivalents, s'étendraient autant que possible en ligne droite.

Par conséquent, à l'est, la Pologne russe, y compris le pays qui, au delà de la Vistule, va jusqu'aux marais de Pinsk ; à l'ouest, l'Alsace et toute la Lorraine située à droite de l'Argonne devront un jour faire retour à l'Allemagne.

Si l'honneur national, outre les raisons d'ordre militaire, commande cette dernière annexion, la sécurité de l'Allemagne exige absolument la première. De plus, la Russie, maîtresse en Pologne, craignant avec raison de voir ce pays se germaniser, restreint et gêne tant qu'elle peut les relations de l'Allemagne avec la Pologne, de sorte que la Prusse orientale et la Prusse occidentale restent sans commerce appréciable et, par conséquent, sans routes commerciales. Ces provinces sont donc vouées à dépérir lentement, si cet état de choses ne se modifie pas bientôt, car Dantzig, Elbing, Königsberg n'ont d'autre signification que celle de servir d'entrepôts au commerce d'exportation et d'importation que fait la Pologne, et non pas à celui que fait la Prusse.

L'Allemagne ne doit consulter que ses intérêts dans la crise qui va s'ouvrir.

7. LA GUERRE DE CRIMÉE

Il ne s'agit, dans cette lutte, d'intérêts vitaux pour aucun des trois intéressés, et c'est pourquoi l'Allemagne, quels que puissent être par ailleurs ses sentiments, a parfaitement le droit de choisir dans cette affaire une position qui réponde à son avantage particulier. C'est ainsi que cela se pratique dans les guerres, où il s'agit toujours, hormis le cas de légitime défense, de profits à conquérir.

Il n'est pas besoin de faire la guerre pour une idée, car les idées font leur chemin dans le monde sans le secours de la poudre et du plomb...

... Je le répète, la guerre ne sera pas par elle-même une guerre sérieuse, mais il est de l'intérêt de l'Allemagne de la rendre telle, afin d'obtenir de la France l'Alsace avec un honnête morceau de la Lorraine allemande ; du Danemark et de l'Angleterre le Sleswig-Holstein ; de la Russie la Pologne, comme tribut de gratitude pour l'aide avantageuse que nous lui aurons fournie.

8. LA CONSTITUTION D'UNE EUROPE CENTRALE ET LA MISSION DES PRINCES ALLEMANDS

Si nous en étions arrivés au point d'avoir rétabli les frontières naturelles de l'Allemagne, c'est-à-dire d'avoir délimité l'Europe centrale de telle façon que ceux qui l'habitent puissent y vivre et s'y défendre, on pourrait exiger des princes qu'ils entreprissent une nouvelle distribution de leurs devoirs, ou, pour mieux dire, on pourrait exiger d'eux de se mettre une bonne fois à l'accomplissement de véritables devoirs.

L'Allemagne, au sens étroit du mot, a trop de princes et l'Autriche trop de peuples. Il peut être utile aux deux partis de céder les seconds aux premiers. Que l'Autriche et la Prusse se mettent d'accord, et les intéressés comprendront bien qu'ils ne perdront rien à cet échange. Un prince royal de Bohême, en effet, se trouvera tout de même, en fin de compte, dans une situation meilleure que celle du duc un Tel ou un Tel, avec ses cent soixante-huit hommes et demi de troupes fédérales, dont il ne peut pas plus faire un instrument de politique autonome, que son chef de famille ne pourra employer, sous le nouveau régime, ses soldats bohémiens à une telle politique.

Über die gegenwärtigen Aufgaben der deutschen Politik, 1853, dans *Deutsche Schriften*, p. 31 sq.

9. LES FRONTIÈRES DE L'ALLEMAGNE SONT DÉFECTUEUSES

Ce que la stratégie exige d'un pays en premier lieu, c'est une frontière qui puisse être défendue.

Les frontières de l'Allemagne ne peuvent pas être défendues, du moins, au cas où l'attaque se produirait sur deux côtés à la fois.

Une nation n'a pas de frontières suffisamment solides, lorsqu'il est possible à un voisin qui se précipite d'une encoignure quelconque de son territoire, de prévenir l'attaque des armées adverses qui se préparaient à prendre l'offensive. Le danger des lignes de Wissembourg résidait pour nous dans ce fait qu'une marche des Français, suffisamment préparée, et qui serait partie de ces lignes, eût divisé l'Allemagne en deux théâtres de la guerre, et eût pu entraîner toutes les conséquences d'une telle dislocation et en tirer profit. Napoléon III, l'héritier de tant de traditions gauloises, ne voulait acquérir Mayence que pour un seul motif, celui d'avoir sous la main une édition de Wissembourg revue et augmentée.

Si ce qui vient d'être dit est bien établi, qu'on jette seulement un regard sur la carte de l'empire d'Allemagne afin de reconnaître où nous en sommes. Notre pays est un second Péloponèse. Une fine pointe s'élève de Dantzig à Memel, une autre, pas plus large, va de Glogau aux abords de Cracovie : entre ces deux pointes se trouve la

Pologne russe qui, en plus grand, remplit contre nous l'office que le comté de Glatz remplit pour nous contre l'Autriche. Une attaque venant de la Pologne pourrait sans difficulté avoir pour effet de retrancher du corps de notre empire la Prusse, qui a donné à la plus glorieuse des monarchies de l'Allemagne le nom, le prétexte de la grandeur et, dans les années de malheur comme dans les années de relèvement, l'impératif catégorique dont l'influence a été si féconde en bienfaits, et la Silésie, que la Prusse a modelée la première à son exemple, et qu'il est nécessaire de ne pas laisser prendre; car, en partant de cette province, le chemin de Berlin serait trop facile à trouver.

> *Über die gegenwärtige Lage des deutschen
> Reichs*, 1875, dans *Deutsche Schriften*,
> p. 99 sq.

10. LE DANGER FRANÇAIS

Le fait que les Français ont conservé avec Belfort une porte par où ils peuvent faire irruption en Allemagne est d'une importance un peu moins grande que le tracé désavantageux de notre frontière de l'est. Étant donné le peu de confiance que mérite la neutralité belge — la neutralité du Luxembourg n'est assurée que par l'Allemagne elle-même, — il nous faut, afin de mettre à l'abri notre Marche de l'ouest, presque absolument la possession du Luxembourg, et absolument celle de Belfort. Il ne faut pas que nous laissions la crête des montagnes à notre turbulente voisine, et de plus, il nous faut tenir tous les points où la ligne de crête est interrompue. L'Allemagne n'a pas le moindre intérêt à réclamer par exemple la Franche-Comté ou bien la partie de la Lorraine française qui longe

la rive droite de la Meuse, bien que, d'après les vieux
parchemins, les limites du Saint-Empire romain germanique fussent formées par la Meuse moyenne et les hau-
teurs à l'ouest de la Saône. Mais nous ne voulons pas être
un Saint-Empire romain germanique, nous voulons être
un Empire germanique tout court, et dédaignons l'héritage
de Maximilien avec autant d'énergie que celui de Charlemagne.

Mais nous avons un droit : c'est celui de veiller à notre
sûreté, et cette sûreté ne sera matériellement absolue que
par la possession de Belfort. Il ne se trouvera personne
en Souabe qui n'eût senti le danger à l'approche de Bour-
baki. Ce danger, le traité de Francfort l'a laissé subsister, afin, je suppose, de tenir prêt un morceau de territoire qui, après une nouvelle lutte, pourrait être réclamé
à la France en plus de Nice, de la Savoie et de la Corse.

Ibid., p. 101.

II. SITUATION ÉCONOMIQUE SUBALTERNE DE L'ALLEMAGNE EN 1875

Je sais très bien qu'en Europe, d'autres pays que le
nôtre mangent du pain étranger et s'habillent d'étoffes
importées. Mais jusqu'à nouvel ordre, je considère partout ces importations comme étant contre nature. Seulement l'Angleterre et la France sont tout de même en cette
affaire plus favorisés que l'Empire d'Allemagne. L'Angleterre est actuellement, au cas d'une bonne récolte, en
état d'approvisionner ses habitants en céréales pour sept
mois sur douze, pas davantage. Mais, grâce à son commerce, cette nation peut s'approvisionner de toute autre
façon que l'Allemagne, et la France échange son vin con-

tre les produits dont elle a besoin. Ni à l'Angleterre, ni à la France, les approvisionnements ne pourront être aussi facilement coupés qu'ils ne nous le seraient si, par exemple, la France et la Russie s'alliaient contre nous.

J'ai toutes raisons de croire qu'en 1864, l'Angleterre, abstraction faite de l'attachement bien connu de sa reine pour l'Allemagne, ne s'est pas prononcée en faveur du Danemark pour l'unique raison que, au cas d'une guerre avec la Prusse, (l'Amérique à cette époque ne pouvait d'être d'aucun secours parce qu'elle-même ne possédait rien) le blé russe, qui d'ordinaire était transporté par bateaux des ports de la Baltique en Grande-Bretagne, aurait dû être transporté par chemin de fer à travers la Hollande, et aurait de ce fait renchéri d'un schilling par boisseau. C'est pourquoi il ne me semble pas désirable d'entraver jamais la politique du pays de semblable façon.

Une nation aisée est celle où tous les habitants ou la plupart reçoivent, pour un travail qui n'excède pas les forces humaines, un salaire qui leur permette de vivre avec leur famille sur un lopin de terre à eux, d'élever leurs enfants et de se ménager quelques économies pour leurs vieux jours.

Je ne sais par quoi nous pourrions devenir riches. Notre pays ne produit rien en quantités telles que nous puissions vendre à nos voisins et en tirer quelque bénéfice, hormis le sel, suffisamment bon marché. Tant qu'une extension de notre empire, assez grande pour nous permettre de voler de nos propres ailes, ne sera pas chose faite, il n'y aura comme source de profit pour la nation, — je dis pour la nation et ne parle pas ici de membres isolés de la nation — que le courtage, c'est-à-dire la facilité de servir d'intermédiaire pour satisfaire à des besoins étrangers. De plus il subsiste la possibilité de manufacturer, pour

le compte des peuples étrangers, certains produits origi-
naires de notre pays ou bien que nous nous sommes pro-
curés à l'étranger : ceci est l'industrie.

Le commerce allemand, en tant qu'il a réellement de
la valeur, a lieu principalement à l'étranger. Il est douteux que les résultats de ce commerce profitent entièrement à l'Allemagne: un nombre considérable d'Allemands
perdent à l'étranger l'envie de vivre en Allemagne, laquelle n'a rien à leur offrir, et, par conséquent, les fortunes qu'ils ont acquises par leur activité commerciale
restent à l'étranger. Il est vrai qu'il nous revient le pourcentage provenant des grosses affaires que font nos villes
maritimes par le transit des marchandises anglaises en
Russie, et des produits russes en Angleterre. Il est clair
que l'Angleterre et la Russie feront tout leur possible
pour que le trafic entre elles deux se fasse de plus en
plus sans intermédiaire, pour que, de plus en plus, le
blé et le suif russes, et tout ce que fournit l'empire moscovite, soient échangés à Riga ou à Odessa contre des
marchandises anglaises. La partie la plus avantageuse
du commerce de l'Allemagne serait donc de plus en plus
paralysée.

Tout le reste n'est que du petit commerce qui s'entre-
met pour satisfaire les besoins de milieux restreints, et
amasse dans les poches des intermédiaires les frais payés
par ces milieux pour cette entremise, c'est-à-dire qu'il
ne crée pas de nouvelles richesses à la patrie, mais qu'il
transporte une richesse déjà existante.

> *Über die gegenwärtige Lage des deutschen
> Reichs*, 1875 (*Sur la situation présente
> de l'Empire allemand*), dans *Deutsche
> Schriften*, p. 104-106.

12. ÉVOLUTION HISTORIQUE DE L'ALLEMAGNE.
CAUSES DE LA DÉCADENCE DE L'AUTRICHE

La vie spirituelle — et la vie politique est vie spirituelle — s'éveille par la nécessité de la lutte. Plus on facilite l'instruction à un enfant, moins il apprend et plus superficiel est son savoir. Plus la route qu'un homme suit est commode, et moins il produit de travail. Plus les devoirs imposés à un peuple et à une race sont lourds, et plus élevé sera le rang auquel atteindront ce peuple et cette race.

Une nation n'acquiert que par la guerre — le mot « guerre » pris au sens le plus large — l'exercice et le complet développement de ses facultés innées, ou l'aptitude à s'assimiler les qualités distinctives de l'ennemi. C'est pourquoi les régions frontières possèdent jusqu'à un certain point, et sans même qu'il soit besoin d'un mélange des populations limitrophes, une valeur double de celle des contrées de l'intérieur.

C'est ainsi qu'en Allemagne l'histoire s'est déroulée dans les marches-frontières. Tout le pays qui des bouches du Weser s'étend jusqu'au Tyrol a peu fait pour notre patrie, car il vivait en paix.

Les Hessois seuls eurent le bonheur de trouver un ennemi dans la race de leurs propres princes. Aussi se distinguent-ils maintenant des Angrivariens, des Westphaliens, des Ostphaliens, des habitants de la Franconie moyenne, des Bavarois et des Tyroliens par une activité supérieure de l'esprit et une énergie tenace. Si la France avait commencé plus tôt qu'elle n'a fait à guerroyer contre l'Allemagne, la Meuse serait devenue la frontière occidentale de notre Empire, frontière gardée et dé fendue par la pratique des mœurs allemandes et l'amour du nom allemand.

Mais nos destinées se sont décidées à l'Est. Une guirlande de « marches », qui progressaient sans cesse vers l'Orient, « omnis cellula ex cellula », fit valoir la nature allemande par opposition avec la nature slave, tout en l'enrichissant des qualités essentielles du caractère slave.

Les Nordalbingiens, les habitants de la Vieille-Marche, les Misniens sont les porteurs des destinées de l'Allemagne. A leurs côtés se tenait autrefois la « marche » des Avares, l'Autriche, qui avait été fondée pour monter la garde contre les Huns. Comme elle est la « marche » la plus ancienne, qu'elle a été peuplée de Bavarois par Charlemagne, qui leur était pourtant si hostile, il se peut qu'elle n'ait pas été dotée d'une organisation qui ait suffisamment tiré sa force de ses racines populaires. Au reste, l'empire franc, qui n'était soutenu que par un petit nombre de princes, ne fut jamais, même aux jours de sa plus grande splendeur, qu'un édifice éphémère qui ne pouvait servir de théâtre, de fond et de scène solides à personne.

Les Bavarois, d'autre part, ne sont pas de race purement allemande, mais issus d'un mélange de sang celtique et de sang allemand. Les goûts sédentaires des Celtes se font encore sentir aujourd'hui en eux et jurent avec l'humeur inquiète et voyageuse des vrais Germains. Ils ne se portèrent donc pas en rangs pressés vers la nouvelle « marche » comme firent les Saxons de l'Elbe inférieur et de l'Elbe moyen, ou bien vers les confins situés sur la périphérie de cette nouvelle-marche, comme le firent, en une certaine mesure, les Thuringiens et les Franconiens de la Saale.

En plus de tout cela, les Tchèques habitaient une sorte de cuvette bien protégée par une bordure de montagnes, dans laquelle personne n'avait envie de descendre, et

par suite leur vaste territoire formait un mur de séparation entre les Allemands de l'Ens et leurs compatriotes de l'Elbe moyen, tandis qu'au Nord aucun rempart naturel ne gênait le flot de l'immigration, qui pouvait soit pénétrer progressivement dans les sables, soit se
perdre au loin, si bien que chez nous les « marches » se
joignaient aux « marches », en se prêtant mutuellement
aide et soutien. Ajoutez que Methodius et Cyrille con-
vertirent de bonne heure les Tchèques et les Moraves au
christianisme, que par suite le zèle religieux qui animait
le Nord dut de prime abord être étranger à la vieille
Autriche, à cette Autriche qui se trouvait donc une fois
de plus privée d'un des stimulants à l'action et à la vie
sérieuse que le Nord possédait.

Mais, surtout les Huns et les Avares, cette racaille
rétive et importune, étaient d'une valeur bien inférieure
à celle des Slaves qu'il fallait combattre à l'Est de l'Elbe
et de la Saale, de sorte que la non-valeur des gens qui
habitent la « marche de l'est » arrosée par l'Ens, ne fait
que refléter la non-valeur de leurs ennemis.

L'Autriche était un pays pacifié quand le Brandebourg,
la Nouvelle-Marche, la Poméranie retentissaient encore
du cliquetis des épées et que la charrue allemande ouvrait toujours de nouveaux sillons sur de nouveaux territoires. Ceci explique pourquoi l'Autriche n'a pas continué de se développer, tandis que pour les Allemands
du Nord il n'y eut point de terme au développement ni,
par conséquent, à la victoire, au progrès, au droit de
dominer et d'être des chefs.

L'Autriche vécut une fois encore des siècles troublés :
les Turcs l'attaquaient. Mais les empereurs de la maison
de Habsbourg, mal inspirés en voulant faire le bien,
avaient libéré leurs États héréditaires d'Autriche du
devoir, qui consistait en premier lieu à soutenir le choc
de ces hordes. Il fallut que l'Empire leur fournît des

secours, de sorte que l'Autriche ne gagna rien à ces guerres contre les Turcs, si ce n'est, pour elle-même, une pâle et poétique auréole de transfiguration, et pour ses princes le maintien du droit qu'ils avaient d'exiger le service militaire. La noblesse brandebourgeoise, par exemple, a été jusqu'à la fin du XVIIe siècle au service des Habsbourg contre les Turcs (comme en témoignent de nombreuses pierres tombales des églises du Brandebourg).

L'Autriche n'a plus de principe d'existence depuis bien longtemps et l'on ne sait pourquoi elle existe encore. Le noyau de l'État a perdu de bonne heure sa force germinative. Les pays qui sont venus se grouper autour de lui n'ont pas été conquis, mais acquis par mariage. Ils n'étaient donc liés à la monarchie que par les chaînes de roses de l'hymen, et chacun sait que ces genres de chaînes ne sont pas des liens bien solides.

Aucun homme d'État, aucun prince autrichien n'a eu, que je sache, une claire intelligence de la situation politique où se trouvait le grand empire danubien, car aucun d'eux ne se rendait compte que la pensée de l'État, le principe de l'État, la tâche de l'État, le devoir de l'État ne sont qu'une seule et même chose.

Un essai de s'engager dans la bonne voie a été fait une première fois par le prince Eugène, lorsqu'il proposa de marier l'héritière des Habsbourg, Marie-Thérèse, à Frédéric II de Prusse, et une seconde fois par Joseph II lorsqu'il voulut acquérir la Bavière pour l'Autriche. On peut regarder le premier de ces projets comme un hommage rendu à la puissance du Nord, qui était encore petite, mais si pleine d'avenir ; le second, comme un aveu que l'Autriche a besoin d'une race dominatrice.

Qui veut conserver l'Autriche, doit trouver pour elle une tâche qui vaille la peine d'être tentée. Cent Beust et cent Andrassy ne suffisent pas à lui assurer sa place dans l'histoire. Qu'elle se propose une fin voulue par l'histoire universelle, et cette fin, avec la volonté irrésistible, pressante qu'elle mettra à l'atteindre, sera sa vie!

Bref, il n'est pas d'autre tâche pour l'Autriche que de se faire la colonie de l'Allemagne.

Les peuples qui habitent ce vaste empire sont tous, à l'exception des Allemands et des Slaves, sans valeur politique et ne sont que des matériaux, qui devront entrer dans de nouvelles constructions germaniques.

Über die gegenwärtige Lage des deutschen Reichs, 1875, dans *Deutsche Schriften,* p. 110 sq.

13. NÉCESSITÉ D'UNE EXPANSION COLONIALE ALLEMANDE

S'il se trouve à présent que l'Allemagne possède, — peut-être pour une génération, mais pas davantage — assez de territoire pour faire de sa jeunesse des colons, s'il se trouve que les colons allemands sont aussi assidus, aussi travailleurs, aussi capables d'indépendance que les colons anglo-saxons, dès qu'ils sont privés de l'atmosphère des « gendarmes » prussiens qui se mêlent de tout, et des journalistes juifs-libéraux qui épargnent à leurs lecteurs l'effort de la pensée et leur rendent toute opinion personnelle impossible, la tâche de la politique autrichienne se réduira alors tout simplement à attirer à elle tous les émigrants allemands et à les établir ensemble, par masses compactes, tout d'abord aux frontières les plus éloignées de ses États. Ces colons ne devront pas être isolés, car leur germanisme se perdrait : l'expérience l'a démontré. La Bukovine devra tendre la main à la Saxe transylvanienne, l'Istrie devra être rendue plus sûre en tant que point de départ du commerce allemand sur l'Adriatique et vers l'Afrique. La Jablunka ne devra entendre parler que la langue allemande, et, de là, la vague déferlera vers le Sud, jusqu'à ce qu'il ne reste plus rien de toutes les pitoyables petites nationalités de l'État impérial. On trouvera facilement des noms pour désigner les villes nouvelles : il suffira de se munir de la liste des villages et des hameaux détruits et abandonnés pendant la guerre de Trente ans.

> *Über die gegenwärtige Lage des deutschen Reichs*, 1875, dans *Deutsche Schriften*, p. 112.

14. L'ÉMIGRATION ALLEMANDE DOIT ÊTRE DIRIGÉE SUR L'AUTRICHE-HONGRIE.

L'émigration allemande, d'après un plan conçu avec exactitude et des considérations stratégiques, doit être systématiquement dirigée sur l'Istrie, sur les parties slovaques et magyares de la Hongrie, sur les territoires polonais de Silésie et de Posnanie. Dans cette colonisation, les sujets déchus des petits États allemands deviendront des hommes libres. Nous n'examinerons pas la question de savoir pourquoi toute cette population qui, chaque année, se transporte en Amérique, est perdue pour nous..., mais il est absolument incompréhensible de saisir pourquoi l'on ne donne pas à sa propre nation la seule tâche qui puisse lui être véritablement utile, la colonisation.

Il est incompréhensible de saisir pourquoi l'on n'accorde pas à ces peuples, vivant dans l'histoire une vie végétative dont les annales ne parlent pas, un moyen de les revivifier, de les transformer en créateurs d'autres nations; pourquoi l'on n'écarte pas le danger de voir ces peuples tomber dans les mains d'autres colonisateurs que celles des Allemands, et de les voir par là devenir nos ennemis, et nos ennemis sur une frontière qu'il nous serait encore plus malaisé à défendre.

> *Über die gegenwärtige Aufgaben der deutschen Politik*, 1853, dans *Deutsche Schriften*, p. 27-28.

15. NÉCESSITÉ DE CONSTITUER UNE GRANDE ALLEMAGNE

Les partisans d'une « petite Allemagne », qui siégeaient au Parlement de Francfort en 1848, avaient déjà conçu le plan qui fut exécuté par Bismarck, leur ancien adversaire. Sans doute, l'Autriche s'est conduite pendant des siècles d'une manière si perfide et si vile envers l'Allemagne, qu'il doit être permis de la haïr aux hommes qui se laissent dicter leurs opinions par la colère.

Le chancelier de l'Empire, lorsqu'il n'était que représentant à la Diète fédérale, connut mieux que personne une telle Autriche, et c'est pourquoi il faut lui pardonner d'avoir conformé ses actes à la connaissance qu'il avait de la dynastie, de la noblesse, du clergé et des libéraux autrichiens, de ces derniers surtout, espèce la plus lamentable du libéralisme banal qui est pourtant si constamment lamentable. Le chancelier mérite même l'admiration pour avoir malgré tout, après, bien entendu, que la Russie eût jugé bon de rééditer l'entrevue de Varsovie et l'année 1850, recherché en septembre 1879 une alliée dans l'Autriche, ou plutôt dans la Hongrie, et d'avoir fait comme s'il ne l'avait pas uniquement trouvée pour la forme. Il n'en reste pas moins vrai que les idées exposées par moi en 1874 dans un avant-propos, — dont

le ton optimiste dicté pour des raisons de prudence n'a
pas empêché de me nuire, avant-propos qui vient d'être
réimprimé — et celles exposées dans mon « Mémoire »
gardent encore aujourd'hui toute leur valeur. L'Empire
allemand dans sa forme actuelle, et bien plus encore
l'Allemagne du Nord, a besoin de l'Autriche (qui n'est
pas du tout considérée ici comme la colonie indispensable à notre politique intérieure), quand ce ne serait
que pour devenir matériellement défendable.

> *Die nächsten Pflichten deutscher Politik*, 1885
> (Les devoirs prochains de la politique alle-
> mande), dans *Deutsche Schriften*, p. 394, sq.

16. ORGANISATION DE LA GRANDE-ALLEMAGNE

L'Europe centrale ne peut être que divisée en trois
groupes liés indissolublement entre eux par une alliance
offensive et défensive, par un système douanier commun,
par une organisation commune de la colonisation et de
l'armée. Dans ce système, ce ne sont pas les princes, c'est
un parlement qui décidera de la guerre et de la paix. Les
exercices d'éloquence politique y seront interdits.

1° Le groupe septentrional, la Prusse, devrait renfermer
toute la partie orientale de la Prusse actuelle, plus le
Slewig, le Holstein, le Mecklembourg, l'Anhalt, la province appelée royaume de Saxe et la Pologne russe ;

2° Le groupe du sud-est comprendrait les territoires de
l'Autriche non allemands, partagés entre les huit ou neuf
petites dynasties allemandes, avec cette restriction que
tout gouvernement ne s'exercera qu'au nom de l'empereur ;

3° Il y aurait enfin l'Allemagne, l'Empire des empereurs saxons, avec l'adjonction des provinces purement allemandes de l'Autriche actuelle, divisée par races qui existent encore aujourd'hui comme elles existaient au commencement du Moyen Age, et auxquelles il faudra, autant que possible, accorder l'autonomie, sous le sceptre de la maison de Lorraine.

Je sais que le sentimentalisme éprouvera un rude choc du fait de la transplantation des familles dynastiques dans le sud-est. Or, non seulement cette transplantation est sans inconvénient, mais elle est même nécessaire. Ces familles ne possèdent, à tout prendre, nulle part de biens légitimes : ils ont attiré à eux selon leurs forces ce qui ne leur appartenait pas. Les princes médiatisés sont de tout point aussi légitimes que ceux qui se sont maintenus sur leurs petits trônes, grâce à toutes sortes de procédés habiles et de combinaisons, et ils sont moins chargés de biens étrangers que ceux-ci. Les évêchés et les abbayes impériales engloutis sont de tout point aussi légitimes que les duchés et les royaumes par lesquels ils ont été engloutis. S'il arrive un jour que l'on veuille parler de légitimité, qu'on le fasse alors à fond, et comme, par bonheur pour la simplification du débat, les aurochs et les élans ne sont pas compétents en matière judiciaire, que l'on produise pour le Guipuzcoa et le Connaught, les documents qui prouvent que les possesseurs actuels ont, par devant notaire et témoins, acquis leurs propriétés de Basques ou de Celtes qui émigraient de leur plein gré. Si les Hohenzollern ont dû abandonner leur patrimoine de Franconie, à plus forte raison des familles, dont la valeur n'égale pas, il s'en faut, celle du Grand Electeur, de Frédéric Guillaume Ier et de Frédéric II, pourront émigrer, si le bien général l'exige. Si les comtes d'Anhalt ne sont plus depuis longtemps en Souabe, ni les comtes de Wettin à

Wettin, ni les Guelfes à Este, à Altorf et à Ravens-
bourg, ni les landgraves de Hesse depuis bien longtemps
au Brabant ou à la Wartbourg, ni les ducs de Lorraine
à Nancy, pourquoi ne devraient-ils pas changer encore
une fois de demeure, comme nous autres bourgeois nous
avons trop souvent à le faire ; surtout s'il s'offre à la
plupart d'entre eux une occasion véritable de régner,
tandis qu'actuellement ils ne font que mettre leur
signatures au bas d'actes et d'arrêtés ?

Leur mission est d'être les conducteurs du « ver sa-
crum », d'être pour l'Europe centrale ce qu'ont été les
pères pèlerins pour l'Amérique du Nord.

Mais ce plan rend encore nécessaire une tâche difficile,
celle de transporter les Juifs polonais ou autrichiens en
Palestine.

Il y a dans les pays arrosés par la Vistule et le Danube,
dans ceux qui nous intéressent, environ deux millions de
Juifs qui, d'ailleurs, seraient prêts à se germaniser un
peu plus encore qu'ils ne le sont déjà, mais que nous ne
pouvons pas cependant tolérer dans ces pays-là. Les
Juifs forment une nation et non pas une communauté
religieuse, ou plutôt ils sont une communauté parce
qu'ils sont une nation, comme, d'autre part, leur nation
est si vivace, parce qu'elle est communauté.

> *Über die gegenwärtigen Aufgaben der deutschen
> Politik (Sur les problèmes présents de la
> politique allemande, 1853), dans Deutsche
> Schriften, p. 33 sq.*

17. ORGANISATION DE LA COLONISATION

Il est bien évident que des hommes indépendants ne se
laissent pas envoyer sans autre forme de procès vers le

pays des Slovaques ou vers l'Istrie, et cependant les États peuvent, sinon commander expressément, du moins favoriser la colonisation.

Le service militaire obligatoire n'est institué pour le moment qu'en Prusse, mais il n'est pas difficile de prédire, si l'on admet toutefois que l'Allemagne continuera son développement politique, que le moment est proche où il triomphera dans tous les autres États allemands. A mesure pourtant qu'il se généralisera dans les institutions, il devra subir en fait certaines limitations correspondantes.

L'Allemagne, étant donné le grand nombre d'enfants, véritable bénédiction, qui y naît, ferait manœuvrer sa bourse jusqu'à l'anémie, si elle voulait appeler réellement sous les drapeaux tous ceux qui sont soumis à l'obligation du service militaire.

S'il est vrai que, même en Prusse, bon nombre d'hommes parfaitement sains échappent dès maintenant au service militaire, il n'y aura vraiment pas d'obstacle à inscrire dans la loi ce qui se passe dans la réalité. Au contraire, il sera plus conforme à l'intérêt de l'Etat de régler expressément cette situation, car on trouvera des arrangements appropriés qui permettront d'engager ces hommes sains, mais libérés du service militaire, à se fixer, s'ils veulent véritablement profiter de cette libération, dans ces contrées en qualité de colons. La condition sera qu'ils feront partie du « landsturm », dans certains cas. Les États auront également la liberté de transplanter les gens qui vivent de la charité publique aux endroits où ils pourront les nourrir au meilleur compte possible et ils lèveront sur les communes, ainsi libérées de la charge des pauvres, une indemnité destinée à couvrir les frais de la colonisation. Le même procédé pourra s'appliquer aux orphelinats.

Les deux catégories de colons, obtenues de cette

manière, agiront comme agit le drapeau qu'un général
lance dans les rangs ennemis, et que les soldats tiennent
à honneur de ne point abandonner.

Quant à moi, ce qui m'a paru militer par-dessus tout
en faveur de ce projet, c'est que cette colonisation de
domaines soumis à des princes allemands procurera une
besogne capable d'unir tous les Allemands; la seule
besogne en vérité, hormis celle pour créer la religion,
qui puisse être entreprise par la nation en tant que
nation.

Si nous établissons des colons allemands dans ces
régions frontières, on trouvera une organisation qui permettra à notre « camarilla » décriée d'acquérir des propriétés foncières, à condition toutefois qu'elle se chargera
de l'accomplissement de devoirs précis. Ce que certains
nobles gagneront là-bas profitera aussi indirectement à
leurs cousins restés dans le vieux pays. On trouvera une
organisation grâce à laquelle tout homme de bonne
volonté et d'une honorabilité entière pourra entrer dans
la « gentry » sur un simple avis et sans avoir recours à
la faveur d'un prince, pour la seule raison qu'il possé-
dera une propriété foncière suffisante, qu'il s'empressera
d'exercer des charges honorifiques et de payer des impôts
élevés. On pourra partager entre ces familles les noms
des villages allemands détruits pendant la guerre de
Trente ans. De cette façon, la « gentry » deviendra si
nombreuse et si ouverte aux classes d'en-dessous qu'elle
ne sera plus bonne à former une « camarilla ».

Ibid., p. 27.

18. FONDATION DE L'EUROPE CENTRALE

Paul de Lagarde critique l'organisation actuelle de l'Allemagne, organisation qui fait violence aux Etats du Sud, qui ont plus d'affinités avec l'Autriche qu'avec la Prusse. Le Mein et l'Erzgebirge constituent une frontière naturelle à l'intérieur de l'Allemagne et qui aurait dû être respectée.

La maison de Habsbourg avait conçu à plusieurs reprises le dessein, — qu'elle a même réalisé une fois, — d'englober la Bavière et le Würtemberg dans son territoire. La pensée du prince-électeur de Bavière adoptée par le prince Eugène d'échanger contre la Belgique, alors autrichienne, l'électorat de Bavière — qui sans doute ne coïncidait pas avec la Bavière d'aujourd'hui — et les droits qui y étaient attachés s'est brisée en 1709 comme en 1714 contre la politique de Louis XIV. D'autre part, les efforts de Joseph II pour acquérir la Bavière ont été réduits à néant par Frédéric II.

L'Autriche a besoin d'une race dirigeante. Le Brisgau, le Landgraviat d'Alsace, le patrimoine primitif de sa dynastie situé dans la Suisse septentrionale, Burgau sur le Lech lui ont appartenu jadis.

Si elle avait encore acquis la Bavière, toutes les provinces qui s'étendent jusqu'au Mein, sans excepter celles qui étaient gouvernées par des Hohenzollern, seraient tôt ou tard tombées entre ses mains, et les Germains auraient eu la prépondérance dans l'Etat des Habsbourg.

En l'état actuel des choses il se trouve que les Allemands qui habitent au Sud du Mein, et qui ne peuvent vivre avec ceux qui résident au Nord du Mein que dans une confédération assez lâche, même si on la suppose indissoluble, ont été juxtaposés de force avec ces derniers en un seul et même empire. Il se trouve que l'Autriche, qui dans son propre intérêt ne peut pas se passer des Allemands du Sud-Ouest, est privée des hommes qui de naissance sont des seigneurs et des colons ; il se trouve que l'alliance entre l'Empire allemand et l'Autriche, si nécessaire soit-elle, n'est pourtant pas élevée au-dessus de toute vicissitude ; alors qu'une Grande-Prusse qui ne souffrirait chez elle que des provinces et non des Etats, et une Grande-Autriche dotée de la même organisation que cette Prusse, marcheraient et agiraient certainement de concert.

Mais si un régime satisfaisant l'âme dans ses profondeurs, qui réglerait une situation définitivement abolie en 1866 et en 1871, est aujourd'hui rendu impossible, l'on peut en tout cas comprendre la nécessité de créer une Europe-Centrale, qui assurera la paix à tout le Continent, dès l'instant où elle aura repoussé les Russes de l'Asie-Mineure, qu'elle les aura éloigné des Slaves méridionaux et gagné à la colonisation allemande — car nous sommes un peuple de paysans — une large bande de territoires située sur sa propre frontière orientale.

Ce n'est, au surplus, que par un « internement » complet de la Russie au moins sur sa frontière méridionale que notre alliée naturelle, l'Autriche, peut être maintenue dans un état qui lui permette de se rendre utile.

Il est vrai que la guerre, qui doit fonder l'Europe-Centrale, ne peut éclater sous le premier prétexte venu et tout ce que nous pouvons faire, c'est d'habituer le peuple à la pensée que cette guerre viendra.

Drei Vorreden, 3 (Trois Préfaces),
dans *Deutsche Schriften*, p. 83, sq.

19. LA DOMINATION ALLEMANDE EST NÉCESSAIRE EN AUTRICHE.

L'Autriche a besoin d'une race dirigeante, et seuls les Allemands sont capables d'être dirigeants en Autriche. Elle en a besoin surtout parce qu'il faut qu'entre plusieurs un seul donne le ton, si l'on ne veut pas que tout aille sens dessus-dessous. Elle en a besoin particulièrement, parce que la dynastie n'a donné en Autriche, depuis Marie-Thérèse, aucun souverain véritable, mais seulement des princes, et parce que la dynastie a, par conséquent, besoin d'associés qui conservent pour elle le sceptre et l'épée, jusqu'à ce que la main d'un souverain, peut-être encore à naître, sache les saisir tous deux et en faire usage.

> *Die nächsten Pflichten deutscher Politik*
> (Les devoirs prochains de la politique
> allemande, 1885), dans *Deutsche Schriften*,
> p. 397.

20. ALLIANCE NÉCESSAIRE DE L'AUTRICHE ET DE LA PRUSSE CONTRE LE SLAVISME.

Avant 1866, il eût été facile de reconstituer l'empire de l'aigle à deux têtes. Frédéric Guillaume IV désirait absolument s'entendre avec l'Autriche, ainsi qu'en fait foi la lettre qu'il adressa au prince consort d'Angleterre, lettre qui fut connue et rendue publique il y a vingt ans, mais que seuls les psychologues peuvent comprendre. Lorsque M. de Bismarck écrit, le 12 août 1863, qu'il ne peut quitter le roi à cause des billevesées francfortoises,

— le Congrès des souverains — cette phrase laisse aussi entendre que le roi Guillaume était assez disposé, en ce temps-là, à marcher la main dans la main avec l'Autriche.

S'il n'y eut pas entente, la faute en est à l'empereur François-Joseph, qui ne voulait pas reconnaître la Prusse comme une rivale allant de pair avec l'Autriche et comme son égale. Et cependant, le fait de la reconnaître comme telle eût été pour lui l'assise de toute politique réaliste.

Quelque difficile qu'il soit, à la suite des faits qui ont eu lieu de 1866 à 1871, de régler d'une façon satisfaisante la situation, il n'est cependant pas impossible d'y mettre de l'ordre aujourd'hui; car, si cet ordre était impossible à réaliser, les jours de l'Empire allemand comme ceux de l'Autriche-Hongrie seraient comptés.

L'Empire allemand a besoin de l'assurance que ses frontières vers l'Autriche ne deviendront en aucun cas celles d'un État ennemi, Il a besoin pour ses colons des vastes territoires incultes ou à moitié cultivés de la Transleithanie.

Il doit se reprocher l'abandon des Allemands habitant dans les deux Leithanies comme une infamie.

Il doit, poussé par l'instinct de la conservation, veiller à ce qu'il ne se forme pas à ses portes un royaume slave, qui pourrait, contre lui, faire cause commune avec l'autre royaume slave de l'Est, avec la France et avec le Danemark.

Ibid., p. 397.

IX

Constantin FRANTZ
(1817-1891)

La vie de Constantin FRANTZ est toute dans ses
ouvrages. Il a mené l'existence du polémiste politique,
mécontent des partis dirigeants, et qui n'a d'autre ressource,
dans l'indifférence publique, que de tirer sur l'ennemi à
grand renforts de pamphlets ou avec l'artillerie lourde de ses
démonstrations en trois volumes. Mais c'est un pamphlé-
taire d'un talent vigoureux et un théoricien politique d'une
haute intelligence, que Constantin Frantz.

Il est né à Boërnecke, près de Halberstadt, en 1817; il est
fils de pasteur. De 1836 à 1840, il étudia les mathématiques
et la physique à Halle et à Berlin. Puis il fit, tout seul, des
études de géographie et de politique. Il a beaucoup voyagé
en Pologne et en Autriche. Les pays de Carnie, la Croatie,
tous les pays slaves du Sud lui ont été familiers. Les dix ans
qu'il a passés à ces voyages ont assis chez lui une connaissance du slavisme plus solide que chez la plupart des théoriciens politiques allemands. Metternich, Prokesch-Osten,
Schwarzenberg, qu'il rencontra, l'écoutaient avec intérêt
quand il leur exposait son idée, conçue de très bonne heure,
d'une Europe centrale économiquement unifiée, et jointe par
le lien politique d'un large fédéralisme. En 1850, Manteuffel
l'utilisa au ministère prussien des affaires étrangères pour
diverses études techniques. Il le nomma secrétaire du consulat
général prussien à Barcelone de 1852 à 1856. Frantz profita
de l'occasion pour explorer amplement l'Espagne et le
Maroc. Mais le service diplomatique pesait à sa nervosité
impatiente et à son caractère entier. De même, il refusa
d'enseigner aux universités de Breslau et de Riga. Il préféra
vivre en solitaire, à Berlin, de 1856 à 1873, puis, à Dresde,
de 1873 à 1891.

Il a écrit, dans cette solitude agissante, une cinquantaine
d'opuscules et de gros ouvrages sur les fautes de la politique
de Bismarck et du parti national-libéral (dit « parti de
Gotha »), et sur la politique de l'avenir. Dans la griserie
générale de la période victorieuse, il resta maussade et pes-
simiste. Il lui sembla que la politique bismarckienne, pure

politique de force, allait à des catastrophes. Il pensait, par surcroît, que Bismarck, tout en accumulant les haines étrangères, rétrécissait l'ambition allemande.

La constitution politique de l'Allemagne, préconisée par Constantin Frantz, fut celle que, depuis 1848, on appelait la *Triade*. Elle avait eu pour principal représentant au Parlement de Francfort, un homme d'Etat badois, le libéral Welcker. Elle avait été depuis, avec quelques modifications, la solution soutenue par les Etats moyens de l'Allemagne, et par des hommes tels que Beust pour la Saxe, Dalwigk pour la Hesse, Pfordten pour la Bavière. Elle eût consisté à grouper les puissances allemandes en trois masses égales : l'Autriche, la Prusse, et enfin les petits Etats intimement liés dans une confédération centrale. Frantz resta fidèle à cette doctrine, même après les guerres de 1866 et de 1870. Sa politique extérieure fut un pangermanisme violemment offensif contre la Russie, et qui regrettait que la France n'eût pas été assez humiliée en 1870, mais tout à fait pacifique à l'égard de l'Angleterre. Frantz avait été hégélien dans sa jeunesse. Une alliance de famille le rapprocha de Schelling, avec lequel il eut, dans les dernières années du philosophe, une correspondance assidue et cordiale. C'est donc à la philosophie de Schelling que Frantz passa dans l'âge mûr. Une inspiration chrétienne et conservatrice anima dès lors son pangermanisme. On peut dire que la politique du général de Waldersee et du chancelier de Caprivi, sous le régime bismarckien finissant et dans les débuts du règne de Guillaume II, se rapprochent des idées de Constantin Frantz et s'en inspirent.

Ses ouvrages principaux sont :

1858, *Die Politik der Zukunft (la Politique de l'avenir)*; 1859, *Der Militärstaat (l'Etat militarisé)*; 1865, *Die Wiederherstellung Deutschlands (la Restauration de l'Allemagne)*; 1871, *Das neue Deutschland (l'Allemagne nouvelle)*; 1874, *Der Bankrott der herrschenden Staatsweisheit (la Faillite de la Sagesse politique dominante)*; 1879, *Der Föderalismus (le Fédéralisme, 3 vol.)*; 1880, *Schellings positive Philosophie (la Philosophie positive de Schelling, 3 vol.)*; 1882-83, *Die Weltpolitik (la Politique mondiale)*; 1899, *Die deutsche Politik der Zukunft (la Politique allemande de l'avenir, deux volumes, dont le premier, seul, est de Constantin Frantz; le second, de son disciple Ottomar Schuchardt)...*

Une biographie de Constantin Frantz a paru par les soins d'Ottomar Schuchardt : *Constantin Frantz, Deutschlands wahrer Realpolitiker* (1906).

Ch. ANDLER.

I. LES PRINCIPES D'UNE POLITIQUE CHRÉTIENNE

Il est évident que la philosophie de l'histoire doit exercer une influence sur les sciences politiques et sociales. Car science et État sont du domaine de l'histoire, d'où il résulte que toute théorie politique ou sociale est essentiellement déterminée par ce que l'on pense de l'histoire...

Il est d'importance capitale de fixer d'abord quels rapports on voit entre le christianisme et l'histoire du monde. Ou bien le christianisme constitue le centre autour duquel gravite l'histoire universelle, ou bien il est tout à fait indépendant d'elle et ne doit jamais y être mêlé. Non : le christianisme plane pour ainsi dire au-dessus de toute civilisation, au-dessus de tous les stades de l'évolution humaine...

Sur ce point, Stahl (1) surtout tomba d'erreur en erreur. Il se vantait de sa conception chrétienne du monde, et s'appuyant sur elle, il qualifia de spécifiquement chrétienne une organisation de l'État tout à fait particulière... Il faut ajouter que cet État, où aboutit la théorie de Stahl, est précisément à l'opposé du christianisme... Il laissa de côté toutes les questions internationales; il prétendit être un penseur chrétien, lui qui, pas une seule fois, ne tint compte de ce que le christianisme considère les hommes comme solidaires les uns des autres. Grotius n'avait-il pas déjà montré, il y a deux siècles, que toute

______

(1) Stahl (Friedrich-Julius), 1802-61, professeur à l'Université de Berlin, membre de la Chambre des députés de Prusse en 1848. Il était israélite de naissance, mais converti à un luthéranisme très rigoureusement orthodoxe. La *Philosophie du Droit* (2ᵉ édit. 1847) a été le catéchisme du conservatisme autoritaire prussien.

espèce de droit, droit public ou droit privé, est compris dans le droit des gens. Schelling réclame une ligue chrétienne des peuples. Et le rationaliste Kant disait aussi que ce serait un devoir pour les États de chercher à constituer une fédération, que c'était là le seul but de la politique dite extérieure, dont « les subtilités ne seraient autrement que bêtise et injustice voilée ». Pour Stahl c'était là une pensée trop élevée : il ne concevait que l'État isolé, qui en principe devait être chrétien, mais il aboutissait ainsi à une abstraction. Car l'État chrétien doit avant tout se considérer et se comporter comme un membre d'une société universelle comprenant tous les États; la politique dite extérieure ne doit pas re pour lui quelque chose d'accessoire.

A cette idée de l'État isolé se joignit chez Stahl encore le principe de la monarchie; c'était pour lui une sorte de puissance cosmique, dont le christianisme devait précisément nous affranchir. Chrétien conscient de son point de vue, il n'aspire ni à la monarchie ni à la république; il s'efforce d'atteindre le bien, non pas n'importe quelle forme spéciale de gouvernement d'où ne découlerait aucune science politique soi-disant chrétienne. Car celle-ci doit bien plutôt laisser de côté ce qu'impliquent ces formes particulières de l'État, et n'aurait donc à considérer que le caractère général des constitutions, et celui de la vie politique... L'idée de la monarchie devint ainsi pour Stahl si abstraite, qu'il ne sut même pas reconnaître la différence prodigieuse qu'il y a entre les monarchies de l'Europe occidentale et le gouvernement autocratique de la Russie; bien plus, il considérait celle-ci comme le type de l'autorité monarchique — voire même de l'ordre des choses normal en histoire. Je crois au contraire que rien ne pourra autant discréditer la monarchie en Europe occidentale, que de chercher à s'appuyer sur l'exemple des tzars. Cet homme qui portait de tels jugements sur

la Russie devait avoir bien mal compris l'organisation
politique et l'histoire de l'Europe. Comment aurait-il pu
comprendre le cas particulier de l'Allemagne, et qu'en
a-t-il compris, s'appuyant sur cette conception du monde,
fondée elle-même sur un christianisme judaïque et sur
des idées du droit romain? Il n'y a rien compris.

.   .   .   .

Chacun reconnaîtra que l'organisation du moyen âge
était loin de mériter le nom de chrétienne; il était d'ailleurs presque impossible que les invasions barbares ne
fussent pas suivies d'un despotisme farouche. La féodalité en fit une sorte de système, puis surtout l'Église, qui
en adoucit sans doute en une certaine mesure la sauva-
gerie et la grossièreté, puis lui donna sa bénédiction, et
y obtint ainsi la première place. Ainsi bénite par l'Église
cette organisation passa pour chrétienne, et voulue de
Dieu lui-même, et l'on couvrit du nom de chrétiennes
toutes les institutions et toutes les violences de l'époque.
Mais je prétends que si l'on ne peut affirmer que l'Église
d'alors répondait à l'idéal de Notre-Seigneur, on ne peut
dire non plus que l'organisation du monde à cette
époque était chrétienne et voulue de Dieu : une telle
affirmation serait un blasphème contre le christianisme.
Il est indiscutable que les peuples crurent longtemps
à cette organisation chrétienne du monde... Que n'a-t-on
cru au moyen âge! L'esprit critique sommeillait encore,
et d'une façon générale la conscience humaine se trouvait dans un état à demi extatique. Le droit divin put
ainsi d'autant mieux prendre racine et se développer, et
il se maintint jusque bien avant dans le siècle dernier.
La servitude, la corvée, toutes les rapines, les misères
étaient voulues de Dieu, et dépendaient de l'organisation
chrétienne du monde. Des ordres de chevaliers y veil-
laient; c'était souvent les pires brigands, les hommes les
plus débauchés — peu importait : ils assistaient tout de

même à la messe, et ils se paraient de l'insigne de la croix... La chevalerie était un des piliers de l'organisation chrétienne du monde... L'Église en outre s'était enrichie, et tout ce qu'elle possédait, elle le possédait de droit divin; et, s'appuyant toujours sur le droit divin, les grands prélats menaient impunis leur existence criminelle... Au nom du droit divin les seigneurs abusaient de leurs vassaux, et les pressurait comme bon leur semblait; ils pouvaient organiser des chasses d'hommes... Invoquant le droit divin, on brûlait les hérétiques et les sorciers : ce fut l'origine de toutes les horreurs de la justice criminelle du bon vieux temps.

Depuis la Restauration il ne manque pas d'historiens pour peindre sous des couleurs séduisantes ce bon vieux temps; jamais ils ne pourront faire qu'il ne se soit passé sous les auspices du droit divin des choses qui, aujourd'hui, nous font frémir. De fait, ce n'est pas sous l'influence des défenseurs du droit divin que se développèrent des maximes plus humaines, mais bien sous celle des civilisateurs décriés. Car il fallut d'abord briser la superstition de la sanction divine, avant que le droit de l'homme pût être reconnu, car le droit divin laissait celui-ci complètement de côté. Les détenteurs de l'autorité divine se croyaient tout permis; ceux qui au contraire y étaient soumis, commencèrent à douter de Dieu; cela devait fatalement aboutir à une grande explosion qui détruirait de fond en comble l'édifice du droit divin. La catastrophe était inévitable; le droit divin aboutit forcément à la ruine, car il exclut toute surveillance, toute espèce de contrôle. Il ne peut exister que comme un dogme. Non seulement cela trompait les puissants sur le véritable état des choses, mais — telle que nous connaissons la nature humaine — cela devait fatalement les dépraver.

Il faut s'élever à l'idée d'une politique et d'une vie économique universelle : alors seulement on pourrait la qualifier de politique et d'économie chrétiennes, tout comme le christianisme veut et doit être la religion universelle..... Mais en prenant pour point de départ cette conception insuffisante d'un état chrétien, on prétend parler du maintien et de la reconstitution de l'organisation chrétienne universelle, alors que le mot lui-même implique qu'il ne peut être question d'un état pris isolément, mais qu'il faut considérer le monde entier.

> *Schelling positive Philosophie (La philosophie positive de Schelling)*, p. 254.

2. LA PENSÉE POLITIQUE PRUSSIENNE EST MACHIAVÉLISME

Disons-le d'un mot : la science politique moderne date de la Renaissance et remonte jusqu'à elle ; le jugement que l'on portera sur elle dépendra donc de celui que l'on porte sur la Renaissance ; et celui-ci dépendra encore de ce que l'on pense du christianisme et de son rôle dans l'évolution du monde ; c'est là une question préliminaire à laquelle se rattachent toutes les autres. Quelques mots suffiront pour faire comprendre le lien de ces idées.

Que fut la Renaissance ? Simplement le réveil de la civilisation antique, c'est-à-dire païenne. Cette civilisation, dans la mesure même où elle domina, entraîna forcément une rupture avec la conception chrétienne du monde ; celle-ci recula de plus en plus à l'arrière-plan, soit qu'elle fût contestée, soit qu'elle fût même ignorée, et la grande Révolution enfin l'écarta complètement. C'est précisément chez Machiavel qu'apparaît sans réserve l'évolution des idées politiques correspondant à la

Renaissance, grâce à ses théories politiques universelles fondées sur le souvenir de l'ancienne Rome. On y sent aussi combien il était hostile à l'Église chrétienne, en particulier à la papauté, car il voyait en elle un obstacle capital à l'unité et à l'indépendance italiennes, si bien que, à ce point de vue, on peut faire remonter à Machiavel, les mouvements actuels en Italie. Telle est l'importance de ce Florentin.

. . . .

Plus on approfondit la question, plus on s'aperçoit que c'est en réalité le même et seul esprit qui anime toute la science politique moderne..... Les théories si particulières de Hegel ne sont que l'évolution d'une même pensée, exprimée déjà chez l'auteur de la conception politique moderne, je veux dire chez Machiavel, qui proclama tout d'abord l'absolutisme de la raison d'État, théorie qui exerça dorénavant une influence profonde sur la pensée politique.....

Le prince de Bismarck s'est proposé, ou tout au moins prétend s'être proposé le même but, qui constituait jadis la pensée fondamentale du Florentin : Celui-ci avait été frappé par l'idée de l'unité nationale italienne que l'on établirait par le fer et par le sang.....

Permettez-moi de faire allusion à un petit volume de Bollmann, peu répandu, paru en 1858, intitulé : *Justification du machiavélisme*. Le contenu du livre répond au titre, et ce que Machiavel revendiqua un jour pour l'Italie, on l'applique ici à l'Allemagne L'auteur trouve impuissants les petits partis politiques ; mais il souhaite un réformateur armé, qui par le fer et par le sang fasse l'unité allemande, à qui tout soit permis pourvu qu'il atteigne le but proposé. Grand, puissant, et d'un attrait irrésistible, serait l'homme qui saurait ainsi accomplir cette œuvre. Ainsi parle le défenseur du machiavélisme.

— Ne croirait-on pas qu'il prédisait le météore déjà

rayonnant de Bismarck ? Le réformateur armé est venu en deçà et au delà des Alpes. Ce n'est pas en vain que Machiavel a écrit ; l'esprit de son « Prince » vit ; il est descendu chez nous sous la forme du prince de Bismarck.

> *Der Bankrott der heutigen Staatsweisheit*
> (La banqueroute de la sagesse politique
> actuelle), p. 16, 17, 31-33.

3. PUISSANCE SANS CONTRÔLE DE LA PRUSSE

Pour que l'ancienne Confédération germanique pût vivre, il aurait fallu considérer la question au point de vue de la politique dite extérieure. La condition première eût été que l'Autriche et la Prusse unissent leurs efforts, prenant cette confédération comme centre de leur politique, ce qui aurait eu pour le développement même de celle-ci les plus grandes conséquences. Cela eût redonné quelque mouvement à cette masse inerte ; on m'accordera que la torpeur a été pour beaucoup dans la fin de l'ancienne Confédération. Mais au lieu d'envisager ainsi la question, on crut n'avoir à faire qu'à un problème constitutionnel, dont la solution serait la suivante : la Confédération devrait se transformer en un État fédératif.... Ce dernier était irréalisable ; il est devenu matériellement impossible depuis la séparation de l'Autriche, car il ne peut plus, depuis lors, exister un pouvoir central pour exercer une autorité véritable sur tous les membres de la Confédération, à commencer par la Prusse. Cependant il était nécessaire de constituer un État fédératif. On confia donc le pouvoir central à la Prusse ; elle cessa malheureusement ainsi d'être une puissance centrale. En effet, tandis qu'elle représente les deux tiers du pays, et qu'il faudrait par conséquent la surveiller tout particulièrement, elle n'était plus subordonnée à aucune puissance supérieure.... La Prusse est toujours un État indépendant; elle agit, comme tel, en Allemagne et en Europe, mais en principe elle n'agit qu'au nom de l'Empire, elle ne constitue pas une puissance autonome, elle n'est qu'un élément de la nouvelle Allemagne. Croit-on possible.... qu'un État tel que la Prusse, devenue depuis deux siècles puissance européenne, et qui depuis un siècle a même pris rang parmi les grandes puissances, renonce subitement à être une puissance? Cela est impossible, et l'on sent déjà une certaine réaction dans le vieux duché de Prusse : c'est, lui semble-t-il, payer trop cher l'honneur de dominer l'empire allemand, que de renoncer à sa propre existence.

. . . .

4. COMMENT SE SONT FORMÉES L'AUTRICHE ET LA PRUSSE

La première condition qui ait permis la formation politique de la monarchie autrichienne, a été l'union de la royauté allemande avec l'Empire romain, qui s'imposa comme une force supérieure et ne fut évidemment pas une création nationale allemande, mais jaillit comme une institution internationale de l'ensemble des idées que le moyen âge se faisait sur le monde. Cet Empire romain, précisément parce qu'il n'était pas une création nationale allemande, put seul par la suite s'établir en Bohême, puis même en Hongrie, pour se fixer enfin définitivement à Vienne, où il se transforma alors peu à peu en un empire d'Autriche. Comment ceci aurait-il pu arriver à une royauté allemande? Il est bien évident que, sans l'autorité que la couronne impériale de Rome attribua à la maison d'Autriche, celle-ci n'aurait jamais réalisé sa domination sur la Hongrie et sur la Bohême. A cela vint s'ajouter la question des Turcs : c'était un fait tout à fait étranger à l'histoire d'Allemagne, mais à la suite duquel il devint tout à fait nécessaire pour la Hongrie de s'unir à l'Autriche, en tant qu'elle représentait alors l'Empire romain-germanique. On peut donc dire que la monarchie autrichienne n'aurait jamais vu le jour sans la question turque. Parmi les facteurs principaux, il faut encore compter les colonies allemandes en Hongrie et en Transylvanie, de même que la germanisation en Bohême et surtout en Silésie, où les dévastations des Mongols surtout nécessitèrent l'immigration allemande, et furent ainsi cause d'événements dont l'Europe entière ressentit les conséquences. Dans ces conditions, qu'y a-t-il de surprenant à ce que la monarchie austro-hongroise ait présenté dès sa formation l'aspect d'une puissance européenne, tandis qu'elle prenait aussi racine dans l'Allemagne, qu'elle surpassa d'ailleurs de beaucoup.

Le rôle de la colonisation allemande ne fut jamais que secondaire dans la formation de la monarchie autrichienne : le noyau de l'État prussien est au contraire constitué par des provinces orientales colonisées et germanisées. Mais ce procédé de colonisation et de germanisation est né de l'évolution nationale allemande, en ce qui concerne la marche de Brandebourg et la Poméranie; ceci mis à part, il faut en chercher la cause ailleurs, et notamment, comme pour l'Empire romain-germanique, dsns l'ensemble des tendances du moyen âge, dans les croisades qui donnèrent naissance à des ordres de chevalerie, et parmi ceux-ci à l'ordre teutonique. Ce n'est pas sous l'influence de l'Empire, mais bien sous celle de l'Ordre teutonique et sous l'autorité de l'Eglise que s'accomplirent la conquête et la christianisation des pays riverains de la mer Baltique, jusqu'à la Vistule, au Niémen et à la Düna.

C'est donc par ces colonisations et par ces conquêtes, que l'on gagna les territoires qui devaient plus tard former le noyau de la monarchie prussienne moderne. Celle-ci dut son développement à ce que le margrave et le prince-électeur de Brandebourg acquirent ce que l'on appelait alors le duché de Prusse, — héritage de l'ordre disparu. — et le rôle que joua bientôt le nouvel Etat prussien en tant que puissance européenne, autonome, est dû précisément à ce que ce pays, qui, autrefois, appartint à un ordre, n'avait jamais été une terre d'Empire allemande. — Deux autres faits permirent à cette nouvelle puissance d'établir son importance et son rôle, à savoir : la ruine de la puissance suédoise, et surtout la chute définitive de la Pologne, ce qui donna à la Prusse d'importants territoires. Comment la Prusse aurait-elle jamais pu se développer à côté d'une Pologne puissante? Dans ces conditions, elle prit pour ainsi dire la place que la puissance suédoise et la Pologne, en s'écroulant, avait laissée vide sur le continent.

Admirable spectacle : en quatre siècles l'Allemagne étendit sa puissance du cours inférieur et du cours moyen de l'Elbe jusqu'au lac de Peipus, jusque très avant en pays slave, lithuanien, finnois; non seulement elle y établit sa puissance militaire, mais elle s'y enracina si bien que de vastes territoires furent entièrement germanisés. Mais dans les pays où la masse du peuple demeura anti-allemande (en Courlande et en Livonie), l'Allemagne avait si bien marqué ces provinces de son empreinte germanique, que même une domination étrangère de trois siècles n'a pu jusqu'ici rien y changer. A cela s'ajoutent encore les colonies éparses de la même époque dans les villes de Pologne, où bien souvent les immigrés allemands formèrent le noyau de la population civile... Puis encore les colonies

allemandes en Hongrie et en Transylvanie qui datent
encore du même siècle. Si nous remontons enfin à l'époque
carolingienne, c'est alors que s'accomplirent la germanisation de l'archiduché d'Autriche et celle de la Styrie.
Toute la moitié orientale de l'Allemagne actuelle, où après
l'invasion des barbares s'étendit l'empire slave, devint
allemande par la suite, ou du moins elle fut unie à l'Allemagne tout comme la Bohême, la Carnie, la Moravie, et
c'est ainsi que se forma plus tard l'Allemagne.

5. CE QUE SERAIT UN EMPIRE ALLEMAND VÉRITABLE

On dit sans doute qu'une Confédération, dont le caractère
est flottant entre le droit constitutionnel et le droit international (comme a été le Saint-Empire romain germanique), ne pouvait convenir qu'au moyen âge, alors
que les temps modernes au contraire préfèrent les rapports clairs et nets des pays nettement distincts au
point de vue politique. Ceci est parfaitement exact : le
siècle où nous vivons est caractérisé par la domination de
cette idée de l'État. Mais que se passerait-il si cette époque
prenait fin, faisant place à une période où il serait bien
plutôt nécessaire de passer de la simple Confédération à
une fédération plus étendue ? Ce ne serait pas un retour
à la féodalité ; cela signifierait tout simplement que le
temps du fédéralisme est venu. Si donc, dans les circonstances telles qu'elles se présentaient au moyen âge, les
provinces d'Italie et de Bourgogne s'unirent à l'Empire
allemand, sous une forme féodale, l'avenir nous invite bien
plutôt à nous unir avec nos voisins de l'est, notamment
sous la forme d'une fédération ; et ceci permettrait peu à
peu une grande fédération de l'Europe centrale.

Il va de soi que la formation d'un nouvel Empire allemand devait inévitablement entraîner la séparation de l'Autriche et de l'Allemagne; il était impossible que l'empire d'Autriche consentît à accepter la domination allemande. Le territoire, que comprenait autrefois la Confédération, se trouva donc beaucoup diminué, alors qu'il aurait au contraire fallu l'étendre; il aurait fallu non seulement que l'Autriche restât unie à l'Allemagne, et par suite aussi la Hongrie, mais, comme nous l'avons déjà dit, que la Prusse s'efforçât d'unir à l'Allemagne la Pologne, en tant que pays voisin de la Prusse orientale.

Là-dessus on aurait alors pu fonder un empire prussien. Cela eût répondu au caractère réel du développement allemand qui ne s'étendait pas moins vers le nord-est que vers le sud-est. Cela eût répondu aussi à la situation naturelle et aux intérêts véritables des provinces prussiennes de la mer Baltique. Le protestantisme de la Prusse, et surtout de la maison royale de Prusse, ne constituait pas un empêchement, mais une facilité de plus; car on y trouvait la plus sûre garantie que la Prusse protestante n'en viendrait pas à opprimer la Pologne catholique et à en faire une province prussienne

. . . .

Si l'on veut que la puissance militaire du nouvel empire d'Allemagne ait un résultat réel et durable et entraîne une transformation salutaire dans l'organisation de l'Europe, elle doit ramener la Russie aux frontières, qu'elle a déjà tant dépassées au grand détriment de l'Allemagne, devenant ainsi une menace pour toute la civilisation occidentale. Mais alors s'élèverait aussitôt la question de savoir ce que doivent devenir les pays que la Russie serait contrainte à nous rendre?

Tout d'abord au *nord-est* : c'est là qu'il faudrait principalement diriger notre attaque, car c'est là, depuis Pierre le Grand, le centre de la puissance russe; la question se poserait donc d'abord pour la Pologne. Dans les circonstances présentes ce ne serait pas chose très difficile pour la Prusse que de l'arracher à la Russie. La difficulté serait bien plutôt de définir quelle devrait être ensuite la situation de la Pologne. Il n'y aurait qu'une solution : il faudrait faire de la Pologne une dépendance unie à la Prusse. Cela est difficile, car la Prusse est maintenant pour ainsi dire amalgamée au nouvel empire qui tend de son côté à la centralisation, à l'uniformité et avant tout à la concentration nationale, ce qui ne permettrait pas une pareille union. Plus vastes seraient donc les territoires auxquels la Russie devrait renoncer, plus grande serait la difficulté.

Nous ne pourrons entraver l'envahissement par la puissance russe qu'avec l'aide de l'Autriche. Car ce n'est pas seulement au delà de la Düna qu'il faut repousser la Russie, mais bien au delà du Dniester, et il faut lui barrer à jamais la voie des pays balkaniques. Ce serait parfaitement possible si l'Allemagne et l'Autriche unissaient constamment leurs efforts; mais cela suppose avant tout une fédération organisée entre l'Allemagne et l'Autriche. On voit donc ce que signifie aujourd'hui la séparation de l'Autriche et de l'Allemagne, je veux dire combien cela fut avantageux pour la Russie, et quels dangers, au contraire, en sont sortis pour l'avenir de l'Allemagne.

Le commerce de l'Allemagne ne présente pas un caractère d'unité; le bassin du Rhin, auquel se joignent, dans une certaine mesure, le bassin de l'Ems et du Weser, forme à lui seul un district, dont le développement commercial sera paralysé tant que la Hollande, le pays le mieux doué au point de vue maritime, n'en fera pas partie. C'est en Hollande que se trouve l'embouchure du plus grand fleuve allemand, qui, à lui seul, a plus d'importance que l'Elbe, le Weser et l'Ems réunis. Au Rhin

se joindrait encore l'Escaut... Maintenant, vu les circonstances, la Hollande est beaucoup trop petite et beaucoup
trop faiblement peuplée pour jouer un rôle important
dans le monde transatlantique. Ce n'est que par l'union
de celle-ci avec l'Allemagne, plus grande, mais moins
bien douée au point de vue maritime, que l'on pourrait
changer cela au profit des deux pays... C'est ainsi seulement que pourrait se former, d'une façon toute naturelle, une grande puissance maritime allemande.

Le bassin de l'Elbe permet les relations entre l'est et
l'ouest, en ce que la rive droite de ce fleuve est ouverte
plutôt vers la mer Baltique que vers la mer du Nord, et
pour ce qui est de l'Allemagne du nord-est, elle souffre
d'être ainsi fermée vers l'est, et ne pourrait bien se développer au point de vue du trafic que si la plaine sarmate
se joignait à elle. L'Allemagne du sud-est enfin est
orientée, d'une part, vers la mer Noire par le Danube,
d'autre part, vers l'Adriatique, d'où elle est séparée par
la large chaîne des Alpes qui rend le trafic singulière-
ment difficile...

Où trouverons-nous un remède, maintenant que notre
industrie a fait de tels progrès qu'elle ne peut absolument
plus se passer de débouchés, et que tant de campagnes
allemandes sont déjà si surpeuplées, que l'industrie est
devenue leur condition même d'existence, alors que les
marchés d'outre-mer nous manquent, et que nos voisins
nous imposent des frontières douanières? L'essentiel serait
peut-être bien de supprimer celles-ci, mais ce ne serait
possible que sur notre frontière orientale, ce qui pourrait nous ouvrir un débouché sûr et important. Ainsi
nous en reviendrions à la fédération de l'Europe centrale.

Dans l'empire d'aujourd'hui, il ne peut plus être question d'une évolution fédérative. Ceci est la conséquence

même de sa situation extérieure qui l'oblige à grouper sa puissance militaire de façon qu'elle soit toujours prête à tenir tête en même temps à la France et à la Russie, et peut-être aussi à l'Autriche, depuis que celle-ci n'est plus pour l'Allemagne qu'un pays étranger. Et un pays qui doit ainsi concentrer toute sa force militaire en vient naturellement à la centralisation ; c'est l'aboutissement forcé du militarisme. En effet, tout ce qui est né de ce nouvel empire marquait précisément les progrès de la centralisation, alors que les États isolés de l'empire ont perdu peu à peu leur compétence juridique et leur autorité. Mais qu'est-ce qu'un État sans compétence juridique et sans autorité? C'est un non-sens. Et pourquoi de tels non-sens persisteraient-ils au lieu de disparaître, comme disparurent le Hanovre et la Hesse? Une fois entré dans le courant de l'unification, il n'y a plus moyen de s'arrêter. Si l'on admet que l'Allemagne tendait naturellement à une organisation fédérative, il faut reconnaître que le système de 1866 est fondamentalement erroné. Mais alors que mettre à la place?...

Il ne faut pas traiter la vieille Allemagne de l'ouest de la même manière que la partie orientale, qui s'est jointe à la première par suite de la colonisation, de la germanisation et des conquêtes... Nous avons signalé déjà combien ce contraste est marqué dans l'État prussien, et combien il serait important pour l'évolution allemande elle-même que les provinces occidentales de Prusse constituassent à elles seules un pays allemand qui n'eût que des rapports personnels avec la partie orientale de la monarchie. A cette condition il pourrait se former une confédération de l'Allemagne occidentale, avec laquelle la Prusse de l'Est, de même que l'Autriche allemande, aurait une alliance défensive et offensive, d'où naîtrait ensuite l'autre fédération.

Quelque confuses que les choses puissent paraître, un caractère fédératif apparaît dans toutes les institutions et toute l'histoire du Saint-Empire : quand les princes des tribus allemandes choisissaient un roi, ils le faisaient évidemment sous l'influence de la domination franque, qui les avait accoutumés à l'idée d'un chef commun. Mais une fois le chef choisi, tous les peuples gardèrent leur indépendance au point de vue des affaires intérieures ; on eut ainsi une sorte de constitution fédérative. Le collège des Électeurs constituait une sorte de fédération, de même celui des princes ; les ligues de tous les membres de l'empire étaient à l'ordre du jour, telles la ligue du Rhin, la ligue hanséatique, la ligue catholique, etc.

Il est pas significatif que la Suisse, qui autrefois faisait partie de l'Empire, ait constitué, lorsqu'elle en fut séparée, une confédération ; de même, bientôt après, les Pays-Bas. Plus tard, lorsque le vieil Empire eut été dissous, et que des territoires importants, sous le nom de confédération du Rhin, furent tombés sous la domination française, après les guerres de l'indépendance, la Confédération allemande fit son entrée dans le monde. Sans doute c'était une organisation très défectueuse, mais cela répondait à la nécessité et l'on reconnut le principe fédératif qui vit dans la nation allemande.

Le Fédéralisme, p. 245 sq.

6. LA MISSION NATIONALE ET TERRITORIALE DE LA PRUSSE

Il nous faut avant tout revenir encore une fois sur la conception défectueuse ou plutôt franchement erronée que l'on se fait de l'histoire de l'Allemagne et de celle de la Prusse, car les opinions qu'elle a suscitées n'ont pas médiocrement contribué à faire méconnaître totalement la position de la Prusse vis à vis de la Pologne.

On a perdu presqu'entièrement de vue que la Prusse était née de l'ancienne Marche du Nord. C'est que l'on a considéré uniquement l'État prussien moderne, qui, lui, ne date que du Grand-Électeur. Il était facile alors de ne pas tenir compte de l'histoire antérieure de tous les peuples qui forment aujourd'hui la partie orientale, mais constituent en réalité le centre de toute la monarchie. C'est ainsi que Ranke lui-même procède dans son *Histoire de Prusse*. La formation de la monarchie prussienne fut de prime abord essentiellement déterminée par la colonisation allemande, qui dès le xie siècle commença à se développer dans la partie nord-est de l'Allemagne actuelle pour s'étendre, en l'espace de 3oo ans, jusqu'au lac Péipous. Notons que c'est là un des phénomènes les plus grandioses et les plus intéressants de toute l'histoire d'Allemagne, mais qui attend encore son historien. Or, ce fait là précisément a échappé à Ranke, à moins qu'il ne l'ait jugé insignifiant. Si donc il est arrivé à un historien aussi éminent de négliger ce fait d'importance capitale, qu'attendre alors d'esprits aussi bornés que le sont les historiens du parti de Gotha ? Non seulement ils ont laissé le fait de côté, mais ils l'ont écarté de propos délibéré, si bien qu'il en est résulté finalement cette énormité que la Marche de Brandebourg devait être considérée comme le noyau même de l'Allemagne. On sait bien que les érudits en arrivent parfois aux idées les plus extravagantes, mais celle-ci malheureusement n'est pas restée dans les limites du monde savant ; elle s'est infiltrée peu à peu dans des milieux plus étendus et finit par influencer l'opinion politique. C'est pourquoi l'âme prussienne s'est consi-

dérée comme de nature essentiellement allemande, et
quel rapport cela pouvait-il bien avoir alors avec le sentiment national polonais? Ce rapport, eh bien, il existe :
la monarchie prussienne avait une mission spécifiquement allemande à remplir. Bien entendu, un rôle lui est
réservé par l'Allemagne, mais au même titre qu'à tous
les États de l'Empire, car chacun doit, selon ses forces,
travailler au profit de la patrie commune, et par conséquent ce rôle ne peut être dévolu à la monarchie prussienne seule. Mais je dirai par contre que la mission
spéciale à la Prusse, et que les autres États de l'Allemagne ne partagent point, pousse cet État à une expansion vigoureuse vers le nord-est et consiste en un mot à
maintenir le nationalisme russe dans ses propres limites
ou à l'y faire rentrer. Car la Prusse est sortie de l'ancienne Marche du Nord qui plus tard s'appela la Marche
de Brandebourg. Mais l'histoire de cette Marche a dès le
premier jour été intimement liée à l'histoire de la Pologne, et il en va de même du territoire allemand de
l'ordre teutonique, qui fut, lui aussi, réuni par la suite
à cette Marche. D'autre part, la Poméranie et la Silésie
ont été autrefois des provinces très nettement polonaises,
et c'est ainsi que les antécédents de toute la partie orientale de la Prusse actuelle nous poussent partout vers
la Pologne. Bien plus, l'histoire moderne de la Prusse
elle-même, du Grand-Électeur jusqu'en 1815, s'est trouvée
fréquemment mêlée aux événements de Pologne, et cela
amena des conséquences d'une importance extrême.

> *La politique mondiale considérée particuliè-*
> *rement au point de vue de l'Allemagne,*
> t. II, p. 52, 53 ss.

7. VALEUR DU PRINCIPE FÉDÉRATIF

Si la centralisation a des pouvoirs plus étendus que le particularisme, et si, comparée à ce dernier, elle lui est supérieure, le fédéralisme, à son tour, a une sphère d'activité beaucoup plus étendue que la centralisation et se trouve de même supérieur à celle-ci. S'il ne permet pas, à vrai dire, une concentration aussi stricte de toutes les forces nationales, par contre il en résulte dans l'ensemble une somme de forces beaucoup plus grande, parce que tous les États trouvent une latitude suffisante à leur développement particulier ; tandis que l'uniformité qu'impose la centralisation resserre et entrave le libre déploiement de leurs forces. Mais voici toutefois l'essentiel : seul, le fédéralisme offre la possibilité d'une *extension* continue, tandis que la centralisation ne peut jamais s'étendre très loin, où cela ne pourrait se produire que par un recours à la force laquelle toucherait bientôt à ses limites. Du moins pour ce qui est de l'Europe, ainsi que le montra en son temps l'entreprise du grand Napoléon, qui finalement échoua. Nous avons déjà vu quelle vaste perspective s'ouvrirait, au contraire, par l'établissement d'une confédération de l'Europe Centrale. Mais la réelle importance du fédéralisme nous apparaîtra bientôt plus amplement.

> *Die Weltpolitik (La politique mondiale),*
> t. III, p. 55.

8. POLITIQUE COLONIALE ALLEMANDE

a) *L'Allemagne doit-elle coloniser l'Insulinde hollandaise?*

On a en vue les grandes *îles indo-chinoises.* Seulement

les meilleures d'entre elles sont déjà entre les mains des
Hollandais, dont la puissance s'est assez bien consolidée
là-bas. Ce sont là des possessions excellentes, et, le grand
empire colonial anglais mis à part, ces colonies hollandaises sont précisément les seules qui soient d'une haute
importance pour le commerce mondial. Sans doute elles
pourraient encore prendre un plus grand essor, si la
Hollande elle-même n'était une trop petite puissance. Si
celle-ci était alliée à l'Allemagne, qui lui prêterait son
appui, ce serait profitable aux deux parties. J'affirme
même que c'est seulement par une alliance avec la Hollande que nous pourrions peut-être encore nous procurer
des colonies. Ce serait une absurdité de vouloir tout
d'abord entamer une querelle pour acquérir un territoire
que nous ne serions même pas certains de pouvoir utiliser; donc partout où déjà la Hollande, ou bien toute
autre puissance, peuvent, d'après les maximes traditionnelles, faire valoir des prétentions légitimes, nous
devrions nous tenir à l'écart. Mais en admettant même
qu'il nous soit possible d'obtenir encore une parcelle de
Bornéo, ou peut-être la Nouvelle-Guinée tout entière,
les essais de colonisation que nous ferions là-bas nous
coûteraient sûrement cher, car en cette matière nous
manquons totalement d'expérience. La Hollande au contraire a, sur ce point, une longue tradition derrière elle,
et si nous marchions conjointement avec elle, de sorte
qu'il ne fût question, somme toute, que d'une extension
plus grande de la puissance coloniale hollandaise, la
chose se présenterait alors tout autrement. Pourtant,
même dans ce cas, il ne faudrait pas songer un instant
qu'une part appréciable de l'émigration allemande pût
trouver à s'établir dans les colonies hollandaises actuelles.
Encore moins à Bornéo ou à la Nouvelle-Guinée, si vraiment cette dernière île devenait nôtre. Au contraire, pour
amener à un certain état de culture les terres de ces nou-

velles posessions, il faudrait recourir à la main-d'œuvre
étrangère, puisque sous ce climat l'Allemand ne peut
fournir aucun travail agricole. A Java, cela est inutile,
car cette île possède une population très dense, et de plus
assez civilisée, qui cultive les denrées coloniales nécessaires à la Hollande, tandis qu'on ne trouverait là-bas
que des peuplades très clairsemées et presque tout à fait
sauvages qu'on ne pourrait pas approcher et forcer au
travail. Il faudrait faire venir des coolies ou des Chinois
que l'on recruterait facilement, à vrai dire, moyennant
l'offre d'un bon salaire, car aussi bien ils errent déjà
autour de toutes les îles indo-chinoises, jusqu'à l'Australie. Mais alors Bornéo ou la Nouvelle-Guinée ne
deviendraient certainement jamais une nouvelle *Allemagne*.

b) *Il ne faut pas espérer de colonies allemandes
en Océanie.*

Enfin, que reste-t-il à dire de l'*archipel australien*, dont
on semble se préoccuper en ce moment d'une façon toute
spéciale? Nous pourrions toujours sans doute parvenir à
assurer là-bas notre protectorat ou notre souveraineté
sur un îlot quelconque, voire même peut-être sur tout un
groupe d'îles, mais on aperçoit mal en quoi cela contribuerait à la gloire ou à la prospérité de l'Allemagne.
Ah! s'il s'agissait de la Nouvelle-Zélande, qui malheureusement a depuis longtemps trouvé son maître, cela
vaudrait peut-être la peine d'en parler. Mais que repré-
sentent, en comparaison, les îles Samoa?
Seraient-elles par hasard importantes comme *base
navale*? Je demande alors : notre navigation sur cette mer
est-elle si intense que nous sentions le besoin d'une telle

escale? Ce serait peut-être vrai pour l'Amérique du
Nord, car les bateaux qui, partant de San Francisco, font
route vers le continent australien ou vont faire la pêche
dans le Pacifique, pourraient y relâcher, mais en ce qui
nous concerne, les îles Samoa sont tout à fait en dehors
de nos lignes. Il nous faudrait entreprendre tout exprès
un service spécial vers ce point, et à quoi servirait alors
la station navale? Peut-être à monopoliser le commerce
avec les îles Samoa! Commerce qui pourrait bien rap-
porter un bénéfice annuel de quelques centaines de mille
marks. Or, c'est pour cela qu'un navire de guerre station-
nerait là-bas, qu'on y ferait des aménagements pour un
port et qu'on y entretiendrait un personnel administratif,
car bien entendu un président supérieur de la nouvelle
province de Samoa ne pourrait manquer. Je crois que le
jeu n'en vaudrait pas la chandelle. Je sais bien qu'il y a
commencement à tout, et les grands empires coloniaux
n'ont certes pas été créés en un jour, mais pour que l'on
soit payé de sa peine il faut que, dès le principe, l'entreprise porte en elle la possibilité d'arriver peu à peu à
quelque chose de grand. Or, que pourra-t-il jamais résulter de grand d'un protectorat sur les îles Samoa, dût ce
protectorat s'étendre même à tout l'archipel australien
et, remarquez bien, dans la mesure où celui-ci n'appartient pas déjà à d'autres puissances? Cela même ne serait
pas un grand résultat, et encore nous ne pourrions y
arriver sans entrer en conflit à ce sujet avec toutes les
puissances maritimes.

Ces îles sont pour la plupart d'une fécondité luxuriante,
et celles d'entre elles qui ont une grande altitude jouis-
sent en outre d'un climat sain et sont, pour partie, d'une
beauté paradisiaque; de plus, elles sont habitées par des
peuplades à l'esprit éveillé et déjà loin de l'état inculte;
ainsi elles forment en quelque sorte un monde à part,
qui n'est pas sans intérêt. Il est très possible qu'il se

développe là-bas, un jour, une forme particulière de civilisation et de culture ; quant à réunir les îles en une fédération, ce ne sera jamais possible. Et de même qu'elles
ne figureront jamais dans la politique mondiale, elles ne
jouerait pas davantage de rôle économique dans le monde.
Pour l'Allemagne moins que pour tout autre pays, elles
ne pourront avoir d'importance capitale. Tout permet de
supposer au contraire, que le jour où l'organisation de
l'Etat sur le continent australien sera plus avancée et
qu'une puissance politique indépendante en sera issue,
ces îles entreront dans sa sphère d'influence ; à moins
qu'une partie d'entre elles ne soient sous l'influence du
Chili qui est l'État le plus puissant de la côte occidentale
de l'Amérique du Sud. Elles se trouvent justement sur
la route entre cet État et l'Australie. Mais, ceci
admis, quelle idée peut-on bien se faire, à la fois de la
politique mondiale et des conditions normales du commerce universel, si l'on veut acquérir là une base pour
le commerce mondial de *l'Allemagne* et pour l'établissement d'une *suprématie coloniale allemande?!* Elles ne
pourraient jamais constituer qu'un jouet dispendieux,
bon tout au plus à nous permettre de dire que nous avons,
nous aussi, au delà de l'Océan, une possession qui ressemble à une colonie.

> *Die Weltpolitik (La politique mondiale)*,
> t. II, 89, sq.

c) *Les colonies d'outre-mer ne conviennent pas à l'Allemagne.*

Le mieux pour l'Allemagne sera de rayer provisoirement de son esprit tous projets de colonisation transocéa-
nienne.

Que l'Allemagne ait une forte *émigration*, voilà qui

semble, à vrai dire, la base fondamentale de la colonisation ; c'est un fait certain, tout comme, d'autre part, les colonies françaises ne pourront jamais donner de grands résultats, pour cette raison que le Français n'émigre pas volontiers. Mais la seule émigration ne suffit pas, à beaucoup près. Je me demande même si nos émigrants actuels sont bien les gens qu'il faut pour créer de toutes pièces de nouveaux établissements dans une contrée lointaine et encore inculte. Les expériences faites dans l'Amérique du Nord ne parlent pas en leur faveur. Car il est, certes, bien rare que des immigrants allemands s'aventurent là-bas dans la forêt vierge, sans que des squatters américains leur aient frayé la voie au préalable ; ils préfèrent de beaucoup acheter des fermes à demi organisées déjà, si tant est qu'ils ne s'établissent pas dans des villes. Elevés dans un pays de haute civilisation, où tous les rapports sociaux sont déterminés et soumis au contrôle du Gouvernement, nos émigrants actuels n'ont pas en eux l'étoffe qui leur permettrait de se suffire à eux-mêmes et de créer tout d'abord, par leur initiative personnelle, tout ce que, dans la mère-patrie, ils trouvaient par avance. Il faut pour cela une autre race d'hommes.

Quand l'Espagne entreprit ses expéditions d'Amérique, les longues guerres des Maures venaient d'être définitivement closes. Il y avait une foule de gens audacieux, avides d'action et coureurs d'aventures, qui se trouvaient mal à l'aise dans le calme de l'existence qui s'ensuivit ; ils avaient le désir de se démener ailleurs et de tenter la fortune. C'est avec de semblables éléments que les Cortès et Pizzarre composèrent leurs bandes qui accomplirent au Mexique et au Pérou ces conquêtes qui tiennent du prodige. Les Espagnols d'aujourd'hui en seraient absolument incapables. Pour les Hollandais, d'autre part, c'est à l'école des guerres maritimes — presque des guerres de pirates, — que se formèrent les fondateurs de leur puissance coloniale. Si notre guerre de Trente ans avait été *une guerre maritime*, l'armée suédo-allemande, dissoute après la paix, aurait sans doute fourni bien des gens pour de semblables expéditions. Enfin, les *pèlerins* qui partirent de la *Grande-Bretagne* pour l'Amérique du Nord et y fondèrent ces Etats de la Nouvelle-Angleterre qui eurent une telle influence sur toute l'évolution ultérieure des colonies nord-américaines, étaient poussés par des mobiles *religieux*. Quel est, au contraire, le mobile de nos émigrants allemands d'aujourd'hui? Ils veulent améliorer leur situation matérielle, rien de plus. Que cela comporte du travail et de la peine, même en Amérique, à vrai dire, ils s'y attendent, mais affronter en même temps toutes les rudes privations et les dangers inévitablement liés à un établissement sur une terre d'une nature tout à fait différente, à demi-déserte et où l'on peut avoir à lutter avec des bêtes féroces ou des peuplades sauvages, combien peu s'y sentiraient disposés. Ils seraient tout aussi peu aptes, dans ces circonstances, à fonder des colonies nouvelles et viables. Et si, par exemple, on mettait à leur tête un gouverneur allemand imbu de bons principes, il se pourrait bien que sa science fît, là-bas, rapidement faillite. Il est probable que, dans la pratique, n'importe quel squatter de l'Amérique du Nord serait de meilleur conseil sur la façon de procéder.

Sans doute, il en serait tout autrement si nous avions aujourd'hui encore des hommes pareils à ce que les Hanséates étaient de leur temps. Avec ceux-là on pouvait fonder de nouvelles colonies; mais les Allemands actuels ont, au cours des siècles, acquis un autre caractère. Moins que tout le reste, le dressage militaire de trois années qui s'est généralisé maintenant, peut être pour eux une préparation appropriée, à moins qu'on ne veuille alors fonder des *colonies militaires*; mais Dieu sait sur quel terrain cela pourrait avoir lieu. Et que penser de cette méthode où, d'une part, on se livre à des projets de colonisation, tandis que, de l'autre, l'émigration est interdite à notre jeune génération masculine au nom du devoir militaire. Ce sont justement des êtres dans toute la verdeur et toute la force de la jeunesse, naturellement attirés par les pays lointains et par toutes sortes d'aventures, qui seraient indispensables dans des entreprises de colonisation. Et si, au contraire, on veut les retenir au pays, quel succès peut-on alors attendre?

Die Weltpolitik (La Politique mondiale),
t. II, p. 92 sq.

d) *Les colonies d'outre-mer n'enrichissent guère la métropole.*

Si, après cette digression, nous revenons à notre véritable sujet, j'ajouterai que l'on a coutume de beaucoup exagérer l'importance des colonies transocéaniennes pour la prospérité matérielle de la métropole. On oublie de faire entrer en ligne de compte les frais *indirects* qu'entraînent la fondation et le maintien des colonies. Combien de guerres ont été faites à ce sujet aux xviie et xviiie siècles et quelles dettes publiques ont été engendrées ainsi! Car toutes les guerres soutenues alors par les puissances maritimes avaient rapport à leur empire colonial ou au commerce avec les colonies. En outre, cela obligeait à entretenir, même en temps de paix, une flotte et un corps d'occupation, comme cela a lieu encore aujourd'hui. Le trafic avec les colonies doit-il donc être jugé lucratif à ce point? Les faits ne parlent pas en ce sens.

Si les possessions coloniales actuelles de la France n'ont plus à vrai dire grande importance, il faudrait cependant attendre bien des années avant que l'Alle-

magne pût en fonder ou en acquérir de semblables ; et à
combien s'élève donc, par rapport à son commerce total,
le commerce de la France avec ses colonies, calculé
d'après la valeur des marchandises ainsi remuées? A
peine au quinzième, ainsi que le prouve la statistique du
commerce français. Si l'Allemagne voulait aujourd'hui
fonder dans le Pacifique une colonie au petit pied, cela
n'augmenterait pas même d'un pour cent le commerce total
allemand. L'empire colonial de l'Angleterre embrasse la
moitié du globe, et malgré cela son trafic avec de telles
colonies n'atteint que le tiers de son commerce total. Et
son trafic actuel avec ses colonies viendrait-il à cesser, si
celles-ci se détachaient de la métropole? Il pourrait peut
être se maintenir tel quel et même continuer à s'accroître.
Le soulèvement des Etats-Unis n'a, par la suite, nui en
rien au commerce anglais ; les frais de la guerre entreprise pour réduire à l'obéissance les colonies rebelles
furent donc de l'argent simplement jeté par les fenêtres.
C'est de la sorte, en se plaçant au point de vue économique, que l'on devrait juger les choses, et beaucoup
d'économistes en ont usé ainsi. Même déjà *Adam Smith*
ne se fût pour ainsi dire pas opposé à ce que l'on eût
émancipé les colonies anglaises ; le philosophe et publi-
ciste *Bentham* le réclamait expressément, et, encore de
nos jours, il se trouve pas mal de gens en Angleterre qui
verraient d'un œil favorable ce pays abandonner tout son
empire colonial.

Il est essentiel d'observer, en outre, que le fait d'avoir
des possessions coloniales a eu partout pour résultat d'in-
citer la métropole à orienter d'une manière factice son
commerce vers les colonies que, d'une part, l'on cherchait
à exploiter le plus possible, tandis que, de l'autre, on
croyait cependant devoir ménager en quelque mesure
leur prospérité. L'une et l'autre alternative constituent
un obstacle capital au développement d'un libre trafic et

d'une saine politique commerciale, car on ne fait là que tourner dans un cercle vicieux. Si de semblables mesures ont infiniment entravé l'essor de l'Amérique espagnole en particulier, l'Espagne elle-même n'y a non seulement rien gagné, mais c'est précisément sa politique coloniale qui l'a ruinée. C'est pour tous les économistes un fait indiscutable. Et s'il ne reste plus, à l'heure actuelle, de l'ancien empire colonial espagnol, que l'île de *Cuba* qui ait quelque importance, elle est précisément aussi le chancre qui ronge l'Espagne. Car Cuba constitue la grande école de corruption, aussi bien pour les généraux chargés du commandement là-bas que pour les fonctionnaires, et la situation privilégiée du commerce avec cette colonie retarde le développement naturel du commerce espagnol en général. En vérité, l'Espagne ne pourrait rien faire de mieux que de se dessaisir volontairement de cette île. Elle la perdra tout de même tôt ou tard et, en attendant, il lui faut réprimer là-bas des insurrections, elle doit protéger l'île contre une surprise éventuelle des Américains du Nord, ce qui entraîne de tels frais que cette colonie est devenue à présent, pour les finances de l'Etat, une sangsue bien plutôt qu'une mine d'or. Il s'ensuit, de plus, que cette funeste possession tient l'Espagne encore enchaînée aux traditions américaines et lui fait méconnaître sa vraie vocation qui serait de diriger ses énergies vers l'*Afrique*, notamment vers le *Maroc*, d'où vinrent jadis les Maures, que l'on ne put chasser qu'après sept siècles de luttes. Si, à ce moment-là, les Espagnols avaient émigré vers l'Afrique au lieu d'aller en Amérique, le Maroc serait aujourd'hui une province de l'Espagne, l'*Andalousie transméditerranéenne*, tandis que leur souveraineté américaine fut, somme toute, réduite à néant.

Die Weltpolitik. (*La Politique mondiale*),
t. II, p. 92-99.

e) *Il faut revenir à la méthode de colonisation continentale.*

Je demande en outre : pourquoi recherchons-nous encore des possessions transocéaniennes qui, en définitive, ne pourraient même pas être des colonies à proprement parler, en ce sens que ce seraient de pures colonies de commerce, au lieu de tourner nos regards vers nos anciennes et véritables colonies, qui sont tout à portée de notre main, mais que nous avons perdues, comme la Livonie par exemple, ou que nous sommes menacés de perdre, comme tous les établissements que l'Allemagne possède en *Hongrie* et en *Transylvanie?* Si nous pouvions tout d'abord recouvrer seulement la Livonie, cela seul vaudrait mieux pour nous qu'une douzaine d'îles de Samoa. Et s'il s'agit de points d'appui pour notre commerce mondial, rien encore ne serait plus essentiel que de gagner les bouches de nos deux fleuves principaux : le Rhin et le Danube. Mais tant que cela semblera ne vous préoccuper en rien, nous devrions bien nous abstenir purement et simplement de parler de colonisation et de puissance mondiale.

D'ailleurs, les pays qui nous avoisinent à l'est sont pour nous beaucoup plus importants que des colonies transocéaniennes ne pourraient jamais le devenir....... C'est vers ces contrées que fut dirigée autrefois l'émigration allemande, et cela contribua essentiellement à l'essor de la Hanse, dont le commerce gravitait surtout autour de la Baltique. Les villes maritimes de cette région, de Lübeck à Revel, étaient elles-mêmes des colonies allemandes; les villes situées en arrière, dans l'intérieur du pays, l'étaient également pour la plupart.

Et si Cracovie elle-même a temporairement appartenu

à la ligne hanséatique, cela s'explique uniquement par le fait qu'à cette époque une grande partie de la bourgeoisie et surtout les magistrats municipaux de cette ville étaient Allemands.

Qu'on ne se méprenne pas pourtant sur le sens de mes paroles. Elles ne signifient en aucune façon que les pays qui nous avoisinent à l'est doivent être considérés aujourd'hui encore comme offrant un débouché à l'émigration allemande. La plupart d'entre eux ont pour cela une population déjà trop dense. Au moment où List voulut détourner vers la Hongrie et vers les pays du Bas-Danube l'émigration allemande qui allait en Amérique, c'eût peut-être été encore possible. Les terres pouvaient alors être acquises à bon compte et la passion des nationalités n'était pas encore née, qui aujourd'hui opposerait un grand obstacle à l'immigration allemande dans toute la contrée du Bas-Danube. Comme notre incurie s'expie en cette circonstance! Car, en vérité, qui donc eût été qualifié pour exercer une action décisive sur le remaniement des pays du Danube inférieur soumis autrefois à la domination turque, et même de toute la presqu'île des Balkans, si ce n'est précisément l'*Allemagne!* Manifestement un grand intérêt *commun à tous les peuples germaniques* était ici en jeu. Mais qui s'en souciait? Il était avant tout question des intérêts *prussiens* ou *autrichiens* et des rivalités qui en découlaient, cependant que les intérêts généraux de l'Allemagne tout entière étaient bel et bien engloutis. Il est ainsi advenu que la *Russie* et, d'autre part, les *puissances occidentales* intervinrent comme les facteurs décisifs dans cette grande question, par suite de quoi les intérêts allemands furent les moins bien représentés. Tandis que si l'Allemagne s'était interposée à temps et avec énergie, les pays du Danube inférieure et ceux du nord des Balkans eussent été englobés d'une façon toute naturelle dans la sphère d'influence de l'Allemagne. Et l'on aurait eu là bien des facilités pour fonder des colonies allemandes, car de même qu'au moyen âge il s'en était constitué en Transylvanie, le fait aurait pu se reproduire, à une époque ultérieure, dans les contrées du Bas-Danube.

Étant donnée malheureusement la situation actuelle des choses, nous ne pouvons plus guère songer qu'à la Bosnie et à l'Herzégovine, surtout depuis que ces pays sont entrés sous la domination autrichienne. On pourrait sans doute là aussi fonder des colonies allemandes de quelque importance, aussitôt que la sûreté des personnes et des biens serait rétablie, et que, d'autre part, l'on aurait construit des routes et des chemins de fer. Il ne s'agirait plus alors que de savoir si une quantité suffisante de domaines propres à la culture seraient ou pourraient être rendus disponibles.

Le mieux serait de poursuivre, dans toute la mesure possible, le rachat des biens-fonds appartenant aux begs mahométans (ces derniers ne devant quand même jamais être bien à leur place dans la monarchie autrichienne), et de faire administrer provisoirement comme terres domaniales, pour les affermer plus tard à des colons, leurs possessions que l'on pourrait certainement encore acheter à bas prix, mais qui, dans dix ans auront doublé ou triplé de valeur. De même, l'on devrait séculariser les biens dépendant des mosquées, en payant comme indemnité une rente fixe calculée d'après leur revenu actuel. On gagnerait probablement de la sorte des terres en suffisance pour quelques centaines de mille immigrants.

Pour qu'une colonisation un peu considérable devînt possible ici, il faudrait au début des mesures énergiques et des entreprises coûteuses, mais le territoire tout entier prendrait, par là, de la valeur et ainsi les efforts dépensés et les sacrifices consentis seraient largement

rémunérés. Il ne manque pas là-bas de richesses naturelles, qui jusqu'ici gisaient inemployées, notamment
des richesses minières. Mais voici l'essentiel : c'est seulement lorsque ce territoire sera exploité au point de vue
agricole qu'il pourra devenir pour l'Autriche une possession assurée et utile, tandis que jusqu'à présent il constitue pour elle bien plutôt un embarras et menace même
de devenir un véritable ulcère. Ma pensée est celle-ci :
ou bien l'on n'aurait pas dû prendre possession de ce
pays, ou l'on devait être résolu par avance à une transformation radicale de la situation existante, même si l'on
avait dû pour cela recourir à des procédés de dictature.
Autrement, avec un état de choses aussi suranné, il n'y a
moyen de rien organiser.

De simples mesures militaires ne peuvent être d'un
grand secours à cet effet, car il s'agit surtout d'entreprises agricoles, et si celles-ci exigeaient d'importantes
mises de fonds, il ne faudrait pas reculer là-devant non
plus, alors qu'un intérêt majeur de la monarchie tout
entière est en jeu. Car si ce territoire était mis en exploitation et qu'ainsi la possession en fût assurée à l'Autriche,
cela contribuerait, plus que quelques nouveaux corps
d'armée, à consolider la puissance de cet empire. La
Dalmatie, l'Herzégovine et la Bosnie arriveraient à se
fondre en un tout ; l'Autriche obtiendrait à partir de ce
moment une position sûre en Adriatique, et en même
temps le libre accès des pays balkaniques. Et de quelle
importance cela ne serait-il pas ! C'est pourquoi : « Hic
Rhodus, hic salta ! », même s'il doit en coûter des millions, et d'ailleurs l'Autriche en a souvent sacrifié pour
des entreprises tout à fait inutiles.

Die Weltpolitik (La politique mondiale),
t. II, p. 92-99.

9. POLITIQUE OCCIDENTALE ALLEMANDE

a) *Comment il aurait fallu traiter la France en 1871.*

Toutes les acquisitions de la France dans la région
frontière occidentale de l'Allemagne d'autrefois, ont entraîné toujours de nouvelles exigences et ont servi même
souvent de prétexte à de nouveaux coups de main : l'histoire des trois derniers siècles suffit à le prouver. Cédant
le pas au simple caprice, la question de droit fut de plus
en plus reléguée à l'arrière-plan, au point qu'on en vint
même à ne plus y chercher un prétexte. La France voulait tout bonnement le Rhin pour frontière ; à peine l'eut-
elle obtenu, que déjà cela ne lui suffit plus. Elle voulut
en outre l'Allemagne occidentale, et les armées françaises
submergèrent le continent. Tel fut l'aboutissement de
cette politique fondée, à ce que l'on prétendait, sur le
bon droit, mais qui, — et c'était inévitable, — perdit
tout sens de la mesure. Sans doute si la France devait
nous rendre aujourd'hui tout ce que jadis elle arracha à
notre pays, sa puissance territoriale en serait sensible-
ment diminuée..... Mais la chose une fois faite, la paix
serait assurée : car la France aurait alors perdu toutes
ses positions d'offensive qui nous mettent en danger ; elle
devrait renoncer désormais à la frontière du Rhin.

Longtemps la France n'a été qu'un enfant gâté : trai-
tons-la maintenant avec sévérité, rabattons son orgueil ;
cette humiliation serait précisément pour elle un bienfait ; elle reconnaîtrait ses intérêts véritables qui sont en
Orient et en Afrique. Sa force, son besoin d'activité extérieure trouveraient là-bas seulement un véritable déploiement. Elle n'en retirerait que bénéfice et gloire, et cela
ne saurait que profiter à l'ensemble de la civilisation.....

Ce serait une bonne œuvre que de la contraindre. Or, on lui a laissé une si grande étendue des territoires en question, qu'elle sera toujours tentée de reconstituer la partie qu'on vient d'en séparer; et tant que durera cette tentation nous aurons toujours à craindre que la France, se trouvant à elle seule trop faible, appuie, le cas échéant, ses projets sur des combinaisons européennes. Il faut s'attendre à ce que la diplomatie française trouve tôt ou tard l'occasion de travailler avec succès dans cette voie. Il y aura donc là un élément de troubles pour toute la politique européenne. Pas la moindre apparence de paix assurée.

Ne croyez pas qu'une telle diminution du territoire français, telle que je l'entends ici, eût éveillé les prétentions d'autres puissances. Pourquoi en effet cela aurait-il stimulé leur jalousie, du moment que l'Allemagne ne serait pas devenue une puissance agressive, et que les territoires enlevés à la France n'auraient pas renforcé notre puissance? Il ne s'agit pas de cela; je conçois la chose tout autrement. On aurait en premier lieu rendu à la Belgique ceux de ces territoires qui lui ont un jour appartenu. Aucune puissance n'aurait pu s'y opposer; mais la Belgique, délivrée du cauchemar de cette ceinture de fortifications françaises qui l'entouraient, aurait pu jouir désormais d'une toute autre sécurité, que ne le lui permet sa situation actuelle. La Lorraine ensuite serait devenue un État indépendant, et je ne vois vraiment pas pourquoi il n'en serait pas de même de la Franche-Comté et de la Savoie. Il se serait formé alors une fédération de petits États qu'aucune puissance n'aurait eue à redouter. Mais cette fédération s'appuierait en fait sur l'Allemagne : la frontière allemande occidentale jouirait ainsi d'une sécurité nouvelle, et une grande simplification dans l'organisation militaire de cette région serait alors possible. Ce sont deux choses entièrement dépendantes l'une de l'autre : à cette condition seulement l'organisation militaire de l'Allemagne occidentale pourrait peu à peu se transformer en un système de milices. Ce sera impossible tant que nous aurons en face de nous une puissance centralisée telle que la France, et tant que, par là même, nous devrons craindre sans cesse de nouvelles agressions. Il faudrait donc ici transformer foncièrement les choses, et enlever à la France toutes ses positions agressives. Et ceci n'eût été possible..... qu'en créant de petits États, qui sur la frontière occidentale de l'Allemagne auraient constitué une fédération.

Parmi les provinces que l'on aurait dû séparer de la France, la Lorraine eût été sans aucun doute après l'Alsace d'une importance immédiate pour nous. Nous en avons en effet revendiqué une partie..... Mais j'en appelle à votre propre sentiment : l'impression produite n'aurait-elle pas été toute autre, si nous avions exigé la Lorraine entière, notamment en invoquant la reconstitution de notre ancien droit, plutôt que d'en prendre une partie, ne nous appuyant point sur un droit réel, mais bien sur notre caprice personnel, prenant ainsi ce qui nous agrée? Telle partie de la Lorraine, dit-on chez nous, doit appartenir à l'Allemagne, telle autre à la France : mais c'est là une distinction arbitraire et momentanée, que l'on voudra modifier dès la première occasion. De part et d'autre cette pensée serait naturelle. On déchire ainsi le pays lorrain, alors qu'il pourrait former un tout viable. Dans les circonstances actuelles, Metz en serait la capitale naturelle, car elle est de beaucoup la ville principale du pays; elle fut toujours une ville importante; la publication de la bulle d'or l'avait rendue célèbre. Si donc le duché de Lorraine était gouverné par Metz, cela indiquerait, de la manière la plus précise, la dépendance du duché vis-à-vis de l'Allemagne. Tout se serait fait sans peine et aurait reposé sur d'anciens principes. Mais ces considérations étaient loin d'une politique qui, de prime abord, repoussa les droits que lui donnait l'histoire. Cette politique ne peut s'appuyer que sur des points de vue stratégiques et commerciaux, car elle est avant tout une politique de force. Il est d'autant plus surprenant que l'on ait renoncé à la place de Belfort si importante pour la défense de l'Alsace, et qui toujours fit partie de l'Alsace.

On ne me fera pas croire que la revendication de la Lorraine entière eût prolongé la guerre jusqu'à l'infini. La force de résistance de la France était brisée. Nous aurions eu la Lorraine, si nous l'avions voulue ; mais nous ne l'avons pas voulue. Et nous n'avons assurément pas cru que cette possession nous serait une gêne plutôt qu'un avantage. D'après le point de vue de Gotha ceci est d'ailleurs parfaitement exact. La Lorraine, vu sa population welche ne saurait être qu'un élément gênant, car le nouvel empire doit être pur quant à sa composition. Les Polonais de Prusse ne répondent pas à cette théorie, mais ils sont précisément des Prussiens, et comme la Prusse compte tout bonnement pour allemande, les Polonais prussiens sont tout bonnement des Allemands. Par contre, les Welches de Lorraine resteront toujours des Welches! Nous connaissons déjà cette contradiction. Aussi n'avons-nous pris que Metz qui, pour des raisons stratégiques, nous est indispensable, et dont la population, comme celle de la région environnante, doit passer pour allemande, puisque le nouvel empire allemand ne doit être peuplé que d'Allemands. En effet, la constitution de l'Empire dit en toutes lettres qu'elle se destine au bien du peuple allemand. Ce qui vit sous cette constitution doit donc être allemand, ou, sinon, par la constitution même il est assimilé au peuple allemand.

. . . .

Je ne veux pas germaniser la plus petite partie de la population lorraine, pas plus que je ne veux qu'on la qualifie d'allemande. Mais je veux que le pays entre dans la Confédération allemande, tandis que ses habitants y resteront aussi welches que bon leur semblera. Il ne me vient pas à l'esprit de prendre les Welches de Lorraine pour des Allemands ; ils ne l'ont jamais été, même du temps où la Lorraine appartenait à l'empire. Ils sont précisément des Lorrains, et ne doivent pas passer pour autre chose. Je ne veux pas que l'on suive une politique de conquête, mais bien une politique de libération : ces provinces, que nous enlèverons à la France, nous n'en ferons pas des provinces allemandes, nous leur rendrons leur indépendance. Et c'est bien là en effet un acte de libération, car c'est la force qui autrefois soumit ces pays à la domination française. La centralisation française étouffa partout, au cours des siècles, le goût de l'indépendance, si bien que les Welches de Lorraine se considèrent aujourd'hui comme des Français, car ils n'ont pas même l'idée qu'ils pourraient être gouvernés autrement que par les dépêches qu'ils reçoivent de Paris. Mais il est temps encore de modifier tout ceci. Reconstituons le duché de Lorraine ; qu'il soit dirigé par un prince indépendant : bientôt les habitants se sentiront Lorrains, et ne regretterons pas le moins du monde la souveraineté de Paris. La vieille maison de Lorraine vit encore en Autriche ; il serait donc inutile de fonder une nouvelle dynastie.

La reconstitution du duché de Lorraine sous son ancienne maison s'accorderait mieux que toute autre chose avec la reconstitution de l'Allemagne ; ce serait le signe véritable du relèvement de l'Allemagne. Si la fédération des siècles passées existait encore la Lorraine en ferait partie sans difficulté. Le pays accepterait des devoirs envers elle ; les principales forteresses seraient considérées comme forteresses de la fédération, mais au point de vue des affaires intérieures le pays se gouvernerait lui-même. Sa dépendance vis-à-vis de l'État ne signifierait pas que par sa nationalité il est devenu allemand, mais bien plutôt qu'il trouve dans la fédération germanique la protection et la garantie de son indépendance. Notre système actuel ne nous permet de songer à rien de tout cela : car il est fondé sur la centralisation et l'uniformité, qui exclut toute indépendance réelle de chacun des membres.

. . . .

A ceci se rattachent des questions relatives au territoire occidental, telles que l'avenir de la Hollande, de la Belgique et de la Suisse. Depuis longtemps sans doute ces pays ne font déjà plus partie de l'Allemagne; ils ont toutefois pour elle une importance toute spéciale, et s'ils ont fait jadis partie de l'empire, ils ont trouvé plus tard en l'Allemagne une précieuse protectrice de leur indépendance. Je crois d'ailleurs que l'Allemagne aurait un intérêt réel à attirer le plus possible ces pays dans la ligne allemande, de façon à ce qu'on les considère comme faisant partie de la confédération. Mais comment cela serait-il possible? Les maximes de centralisation d'aujourd'hui ont bien plutôt pour effet d'écarter de nous ces pays. Ils se sentent menacés dans leur existence même, bien plus encore qu'ils n'avaient à redouter la France. De là cette sympathie pour la France qui s'est manifestée dans la dernière guerre. C'est un fait aussi vrai que regrettable et qui nous invite à réfléchir. Il faudra nous rendre compte comment ces pays doivent être traités. Cela touche de très près à la question de Lorraine.

S'il y avait un duché, mettons un royaume de Lorraine, qui fût un membre de la Confédération germanique, ce serait en même temps une garantie importante

pour les États voisins en question. On aurait moins à
craindre que la France ne tente un coup de main, sans
avoir pour cela à redouter quelque violence de la part
de l'Allemagne. La reconstitution d'une Lorraine indépendante prouverait d'une façon formelle que des petits
États subsisteront; or, la politique de 1866 semblait se
proposer d'amener la ruine de ces petits États, et c'est
depuis que la Hollande, la Belgique et la Suisse se sentent menacées. Elles n'avaient auparavant rien à redouter
que le voisinage dangereux d'une France centralisée;
mais en 1859 s'est constituée une Italie centralisée; s'il
s'y joint enfin une Allemagne centralisée, il semble bien
que leur avenir soit compromis.

. . . .

... Il faudrait, — et cela serait d'une importance capitale, — que cette Lorraine devînt le centre d'une culture particulière. Au point de vue de la langue, la population welche de ce pays est sans doute unie à la France;
cependant ses mœurs et ses institutions la rattachaient
jadis bien plutôt à l'Allemagne. Il en reste encore des
traces : car le tout ne constitue nullement un type purement français. La Lorraine redeviendrait donc ce qu'elle
était avant que la France l'eût conquise, c'est-à-dire un
pays de transition. Elle serait une transition entre la
France et l'Allemagne, tout comme la Belgique. Et je
crois essentiel qu'elle soit française quant à la langue et
à la forme, allemande quant à la substance...

L'existence d'une telle province de transition est en
réalité si ancienne qu'elle remonte au fameux traité de
Verdun, d'après lequel tout le pays compris entre le
Rhin, l'Escaut, la Saône et le Rhône servait d'intermédiaire entre l'Allemagne et la France... On se le disputa
sans cesse... La France en absorba la plus grande partie.
S'il faut maintenant faire un retour au mieux, sauvons
et reconstituons cet État dans la mesure où il n'a pas

encore succombé entièrement à l'influence française. Et la Lorraine serait précisément la région qui conviendrait le mieux à l'Allemagne tant par sa proximité que par son importance.

Das neue Deutschland (l'Allemagne nouvelle), p. 377-86.

b) *La question d'Alsace-Lorraine.*

Il conviendrait, il me semble, de réunir l'Alsace et le duché de Bade en un royaume d'Alémanie, mais dont Strasbourg alors serait la capitale. Une telle situation ne tarderait pas à contenter pleinement les Alsaciens. De plus, cela aurait pour conséquence importante de donner à l'État de Bade, qui dans les circonstances présentes montre si peu de vitalité, une réelle consistance et de la fermeté. Quant aux populations, qui par nature déjà sont poussées l'une vers l'autre, il est clair que, de part et d'autre, elles se conviennent parfaitement.

En ce qui concerne le territoire lorrain, je serais d'avis d'ailleurs que l'on ne nommât plus cette terre d'empire du nom de « Lorraine »; car cela évoque facilement l'idée qu'à la prochaine occasion toute la Lorraine restée encore française pourrait être revendiquée. Donc ce nom seul fait naître ici des velléités guerrières. La parcelle de Lorraine cédée à l'Allemagne devrait donc porter un nom particulier; le mieux serait qu'elle s'appelât le grand-duché de Metz. Car, non seulement la ville de Metz est d'importance capitale pour cette province même, mais c'est d'elle avant tout que dépend pour l'Allemagne toute l'importance aussi du territoire. C'est de l'occupation de Metz que datent les premiers empié-tements de la France, et c'est parce que l'empereur Charles-Quint ne sut pas reconquérir cette place que commença à s'établir sur la rive gauche du Rhin la suprématie de la France. De plus, comparée au reste de la Lorraine, c'est encore Metz qui se trouve le plus souvent mêlée à l'histoire de l'Allemagne. Ç'avait été au moyen âge une puissante ville d'empire, la seconde partie de la *Bulle d'or* y fut même publiée et il n'y a pas jusqu'aux Nibelungen où Metz ne soit déjà citée comme une ville allemande. Il va de soi qu'un grand-duché de Metz devrait avoir aussi son propre souverain, et je pense qu'à cet effet, il y aurait lieu d'envisager la maison de Nassau ; d'autant plus que par là s'ouvrirait la perspective de pouvoir réunir encore au nouveau grand-duché, le Luxembourg. Ce petit pays se trouve depuis 1866 dans une situation anormale et précaire. Sans appartenir au nouvel Empire d'Allemagne, il continue néanmoins à faire partie de son union douanière. Son entente politique avec la Hollande, avec laquelle il n'a plus aucun rapport depuis le soulèvement de la Belgique en 1830, apparaît aujourd'hui vraiment contre nature ; et si cette entente, après tout, a pu persister tant que dura l'ancienne Confédération germanique, il n'en est plus de même maintenant. Il est en quelque sorte injurieux pour l'Allemagne que le Luxembourg, qui a été le berceau d'une dynastie impériale, ne puisse plus lui appartenir, tandis que, d'autre part, ce petit pays n'est plus d'aucune valeur pour la Hollande et lui est même presque une gêne. Il avait été question de le céder à la France après 1866 ; raison de plus pour le céder maintenant à un grand-duc de la maison de Nassau à qui du reste il reviendrait par héritage, si dans les Pays-Bas la branche mâle s'éteignait. Le Luxembourg et Metz iraient très bien ensemble, et ainsi le nouveau grand-duché formerait un territoire d'assez grande importance.

La politique mondiale, t. II, p. 48, 49.

c) *Les relations de la France et de l'Allemagne après le règlement de la question d'Alsace-Lorraine.*

Il faudrait considérer que, par suite d'un tel remaniement, il pourrait s'établir aussitôt entre la France et l'Allemagne des relations plus amicales. Le fait que les prétendues Terres d'Empire sont régies aujourd'hui, nominalement il est vrai, par l'Empire, mais de fait bien plutôt par la Prusse, ne peut être d'aucune garantie pour la France, attendu qu'elle a pour voisin immédiat un État que, d'après son histoire, l'on peut incontestablement qualifier de puissance conquérante, comme de son temps du reste Mirabeau déjà nommait la Prusse. A coup sûr il en serait autrement si la Prusse, au lieu de cela, se trouvait avoir pour voisins immédiats deux petits États inoffensifs, car l'on sait bien que pour les Français les mots de « Prussiens » et « Allemands » ne signifient pas la même chose.

Certes, notre situation militaire à la frontière française se trouverait quelque peu affaiblie de ce que la surveillance exercée aujourd'hui directement par la Prusse reviendrait tout d'abord à un petit royaume et à un grand-duché. Mais, selon moi, il n'y a pas lieu pour l'Allemagne de s'en inquiéter. Actuellement elle est sans contredit le parti le plus fort ; non seulement elle conservera cette supériorité, mais celle-ci ne fera que grandir encore, car la population de l'Empire d'Allemagne qui, déjà, compte près de 8 millions de plus que celle de la France, ne cesse de s'accroître dans des proportions infiniment plus fortes que chez cette dernière. De plus, le peuple allemand, pris dans son ensemble, est physiquement plus résistant que le peuple français, et ces

deux particularités, au cas où une guerre nouvelle viendrait à éclater, ne seraient pas sans importance.

La France ferait donc bien d'y réfléchir sérieusement
et d'abandonner une fois pour toutes ses idées de revan-
ches, car parler de revanche en de telles circonstances
équivaut pour la France à jouer avec le feu.

La politique mondiale, t. II, p. 5o.

10. POLITIQUE DE L'ALLEMAGNE SUR SA FRONTIÈRE DE L'EST

a) *De la nécessité d'une hégémonie autrichienne dans les*
Balkans pour la création d'une grande Fédération
germanique dont l'Allemagne serait le centre.

Si nous considérons les temps modernes, nous sommes
frappés de la facilité avec laquelle l'Autriche, à l'occasion de la guerre de Crimée, aurait pu acquérir la Roumanie tout entière. Elle lui fut en quelque sorte offerte
par les puissances de l'ouest, à condition qu'elle voulût
bien céder Milan en retour. Si à cette époque, le prince
Schwarzenberg avait été encore au pouvoir, les choses à
coup sûr ne se seraient pas passées ainsi, car il eût très
certainement possédé l'énergie et la fermeté nécessaires
à une telle entreprise; mais l'une et l'autre manquaient
alors et l'Autriche, au lieu d'exploiter cette situation
favorable, se borna à cette demi-mesure, pourtant très
coûteuse, d'occuper, pendant un certain temps, militairement la Roumanie. Ainsi, non seulement la guerre de
Crimée ne lui fut d'aucun profit, mais elle lui causa par
la suite le plus grand préjudice, car le fait qu'au Congrès
de Paris, la Roumanie fût constituée en un Etat national

indépendant devait inévitablement soulever les populations roumaines jusqu'alors si paisibles de la Transylvanie.

Ce n'est pas tout ; bientôt après, à la grande satisfaction de la Russie, l'Autriche devait encore payer de la guerre austro-italienne le plaisir d'avoir pendant un certain temps occupé la Roumanie. Il lui fallut alors céder Milan, sans obtenir en retour la moindre compensation, et peu de temps après, Venise elle-même lui échappait. Si, pendant la guerre de Crimée, l'Autriche avait pu établir sa domination ou tout au moins son protectorat sur les principautés danubiennes, la Russie dès lors aurait été exclue des pays balkaniques. La marche ultérieure de la question d'Orient s'en fût trouvée totalement modifiée, pour le profit de l'Europe occidentale tout entière. Quant à l'Autriche, si un grand avenir doit lui être encore réservé, c'est une question vitale pour elle d'assurer sa suprématie sur le cours inférieur et plus spécialement sur les bouches du Danube. Il lui faut prendre pied solidement dans la région du Pont. Pour cela, il est vrai, il n'y a guère d'autre moyen que d'acquérir la Bessarabie, et, afin que les relations de ce pays avec la Galicie fussent assurées, il faudrait y joindre encore la Podolie.

A supposer que ce résultat soit réellement atteint, et que, d'autre part, il existe une grande Fédération germanique, l'Allemagne, par l'intermédiaire de l'Autriche, se trouverait réunie aux pays du Bas-Danube. D'autre part, la Prusse négocierait une union avec la Pologne et la Lithuanie à laquelle adhérerait très certainement la Livonie. Ce serait donc une formidable expansion de la Confédération vers l'Orient. Bien entendu, il n'en résulterait pas un ensemble national ; il n'en résulterait d'ailleurs pas un Etat. Ce serait une Fédération, composée il est vrai d'éléments différents, et qui ne pour-

rait se maintenir qu'en accordant à chaque unité nationale le jeu nécessaire à son développement.

Toute idée de centralisation et d'uniformité en serait
délibérément exclue. Et cela pourrait se réaliser d'autant
plus facilement que du côté de l'ouest la Hollande, la
Belgique et la Suisse adhéreraient à cette Fédération.
L'Empire actuel au contraire rebuterait bien plutôt ces
pays et rendrait une telle union tout à fait impossible.

Dans la brochure que j'ai publiée au printemps de 1848,
et où je m'opposais au projet émis alors d'un nouvel
impérialisme allemand, j'avais, au sujet de toutes ces
éventualités, conclu en ces termes :

« Il s'agit bien plutôt de créer une Fédération de territoires qui, de par delà l'Escaut s'étendrait jusqu'au delà
de la Dwina et des montagnes de Suisse jusqu'aux régions
du Pont. Certes, c'est là quelque chose d'infiniment plus
grand que ne le serait une Allemagne nationale et centralisée, à laquelle il manquerait vers l'est et l'ouest son
complément naturel et qui détruirait violemment ce qui
existe, entraverait l'évolution multiple de la vie allemande et serait en contradiction avec la mission mondiale de notre nation. L'Allemagne, se dressant au milieu
des peuples, n'est pas comme la France destinée à s'isoler
et à se centraliser ; elle est appelée à faciliter l'unité des
peuples et à représenter cette unité par un grand organisme fédératif. »

La politique mondiale, t. II, p. 67, 68 ss.

b) *De l'aveuglement obstiné de certains Allemands devant la gravité de la question prusso-polonaise.*

Du jour où je me mis à étudier de près les questions
politiques, il m'apparut très clairement que, pour la
Prusse, la question de Pologne était de première impor-

tance et pouvait même devenir, selon les circonstances,
une question vitale. Durant toute une génération, je
n'ai cessé de revenir constamment sur ce point. Mais à
quoi cela avançait-il vis-à-vis de gens qui volontairement
ignorent les faits les plus incontestables, et qui même
font exprès de se boucher les yeux, sans doute afin de ne
pas voir sur la carte combien toute la partie orientale de
la Prusse ne fait qu'un avec la Pologne. Contre cet aveu-
glement obstiné, que les historiens de Gotha ont précisément érigé en système, il n'y a rien à faire. Très certainement des faits nouveaux devront tout d'abord se
produire, pour que ces gens changent d'avis, et alors ils
reconnaîtront, mais un peu tard, de quoi en réalité il
s'agissait.

La politique mondiale, t. II, p. 54.

c) *Le péril russe.*

Depuis que, pour acquérir une parcelle de la Poméranie suédoise, Frédéric-Guillaume I s'est allié à l'Empire Russe, l'amitié de la Russie n'a cessé de traverser
toute la politique prussienne comme un fil conducteur.
Cette façon d'entrer en coquetterie avec l'esprit moscovite,
auquel il faudrait bien plutôt montrer les dents, est tout
simplement la honte de l'histoire de Prusse. Quelque
chose de russe a passé ainsi dans le génie prussien et un
mal infini en est résulté pour l'Allemagne tout entière.
Mais la Prusse voulait alors protéger ces derrières, et
tandis que de son côté elle renonçait à toute activité dans
le nord-est de l'Europe, et obtenait par là le droit de
poursuivre en Allemagne de nouvelles acquisitions, la
Russie en profitait pour s'étendre toujours plus avant
dans la direction de l'ouest. Et il n'en fut ainsi que parce

que la politique conquérante de la Prusse en Allemagne
avait créé une rivalité permanente avec l'Autriche. Nous
assistâmes alors à ce spectacle édifiant de deux grandes puissances germaniques qui, au lieu de s'unir pour repousser
la barbarie asiatique, comme on aurait pu s'y attendre
de la part des Marches du Nord allemandes et des
Marches de l'Est autrichiennes, cherchèrent bien plutôt à
s'évincer mutuellement à Saint-Pétersbourg, et ne firent
par là, en définitive, que de servir de piedestal à la grandeur de la Russie.

Et ceci en réalité n'avait été possible que parce que
d'un côté toute l'Allemagne occidentale était sous la
domination française, tandis que de l'autre la Prusse rece-
vait satisfaction par le traité de Tilsitt, et l'Autriche par
la paix de Vienne. Mais qu'il ait fallu recourir à la Russie
pour secouer à nouveau le joug de la France c'est ce qui
jette, même sur les guerres pourtant si glorieuses de l'Indépendance, une ombre noire, et c'est ce qui permit par
la suite à la Russie de s'avancer jusque sur la Prosna,
c'est-à-dire à trois journées de marche à peine de Breslau, la deuxième ville de la monarchie prussienne. Grâce
à cette situation la Russie, pendant l'automne de 1850,
put même intervenir comme arbitre entre la Prusse et
l'Autriche. Que pouvait bien signifier ce rôle d'arbitre
entre les deux grandes puissances germaniques ? Un
protectorat effectif sur l'Allemagne entière en résulta
tout naturellement dans les années suivantes ; seule,
l'expédition de Louis-Napoléon en Crimée mit fin à ce
protectorat ; l'Allemagne elle-même n'y est pour rien.
Pourtant à quels résultats immenses cette guerre de Crimée n'eût-elle pas conduit, si les deux grandes puissances
germaniques s'étaient jointes aux puissances de l'ouest !
Tout cet épouvantail de la question d'Orient, contre
lequel la diplomatie européenne a depuis si longtemps
exercé toute son habileté aurait revêtu par là sa forme

véritable; car ce qui en fait l'écueil principal, c'est précisément la Russie. Donc la question d'Orient devient implicitement bien plutôt une question russe. Celle-ci pouvait alors être réglée à fond.

L'Autriche n'aurait eu qu'à s'avancer dans la direction de Kiew, tandis que la Prusse aurait fait irruption en Pologne et en Lithuanie, et d'un seul coup la Russie eût été repoussée par delà le Dniester et par delà la Dwina. Il eût suffi d'insister pour qu'elle cédât la Finlande elle-même et elle se serait vue aussi refoulée jusque dans les limites qu'elle possédait avant le premier partage de la Pologne. — Il est probable qu'une telle occasion ne se représentera jamais. Par là, la Fédération des peuples d'Occident se fût trouvée effectivement fondée; l'Europe occidentale seule aurait été chargée du règlement des affaires orientales et la Russie serait restée désormais attachée à sa mission spécifiquement asiatique. Cette idée d'une Fédération des peuples d'Occident n'est donc pas une chimère, puisqu'à cette époque déjà elle aurait pu se réaliser. Il se peut que, pour une diplomatie abîmée tout entière dans sa politique de grande puissance, cette idée ait été trop vaste encore, trop vaste surtout pour la politique de Vienne, nettement transcendante pour la politique de Berlin. Car il faut reconnaître que toute initiative politique manquait alors au ministère Manteuffel; très certainement il eût été incapable de faire un effet en vue d'une entreprise hardie. Et l'aurait-il pu qu'il se fût heurté à l'influence de la Camerilla, sorte de gouvernement occulte et rival auquel se joignit encore tout le parti soi-disant conservateur. A n'en pas douter, une rupture avec les belles tradition de l'amitié russo-prussienne serait apparue comme un suicide. La très sainte Russie ne passait-elle pas aux yeux des Tories de la Prusse pour l'asile véritable des intérêts soi-disant conservateurs? N'allaient-ils pas même jusqu'à en faire le pivot du germanisme chrétien, et pour eux le tzar Nicolas ne s'était-il pas montré un père pour la Prusse ? C'est du moins ce qu'ils donnèrent à entendre dans leur organe particulier.

Donc finissons-en avec tous ces discours sur la très sainte Russie, finissons-en une fois pour toutes avec l'amitié russe. Car, ce qui est sûr, c'est que notre ennemi héréditaire sur les frontières de l'est peut devenir un jour infiniment plus dangereux que ne l'a jamais été sur nos frontières de l'ouest notre autre ennemi héréditaire. Et comme elle a déjà été néfaste, l'influence de cet ennemi ! Si la paix européenne, survenue après 1815, n'a été en réalité qu'une paix armée, c'est en Russie qu'il faut avant tout en rechercher la cause première. S'étant par sa domination en Pologne enfoncée comme un coin entre la Prusse et l'Autriche, elle pouvait d'autant plus facilement entretenir ainsi la rivalité de ces deux puissances, et par là, elle s'était mise à même de pouvoir, selon les circonstances, se jeter de ce point soit sur l'une, soit sur l'autre. C'est pourquoi la Prusse et l'Autriche ont dû continuellement se tenir sur leurs gardes. D'autre part, l'Allemagne tout entière devait être prête contre la France, car la France ayant gardé l'Alsace, persistait à convoiter le Rhin.

Après la double défaite de Napoléon, il eût été tout naturel qu'en 1815 la France cédât l'Alsace. Il suffisait de prétexter un règlement général de l'Europe pour qu'il n'y eût rien là d'humiliant pour la France ; mais on se heurta précisément à l'influence de la Russie qui éprouvait une satisfaction évidente à ce que l'Allemagne et la France se tinssent respectivement en échec.

D'où alors cette paix armée. Dès 1850, nous aurions pu il est vrai, réparer nos dommages dans le Haut-Rhin, si la Prusse avait voulu alors s'allier avec l'Autriche ; maintenant nous avons en réalité reconquis l'Alsace, mais dans des circonstances toutes différentes de ce qui aurait pu se passer en 1815.

On n'a fait par là qu'attiser en France les désirs d'une revanche, si bien que la paix armée s'est changée depuis lors en un pied de guerre permanent. Et cela fut funeste au point de permettre à la Russie, depuis Pierre le Grand, de s'ingérer dans les affaires de l'Europe occidentale : de là provient, par la suite naturelle des événements, l'état de chose actuel en Europe. C'est pourquoi notre seul espoir de sortir de cette situation est de chasser avant tout la Russie de Pologne et de Lithuanie et de la refouler par delà la Dwina. C'est là mon *ceterum censeo*, je n'en démordrai pas.

Que la Pologne soit momentanément encore la partie la plus attaquable du colosse russe, et qu'à plus d'un égard elle apparaisse même comme une plaie béante, il n'y a pas là de quoi nous rassurer. Il serait au pouvoir de la Russie de fermer cette plaie ; car les Polonais sont déjà à ce point asservis, qu'il suffirait à la Russie de restaurer aujourd'hui son royaume de Pologne et de lui donner une constitution nationale, avec un vice-roi à la tête, pour gagner, provisoirement du moins, les Polonais. Qu'elle les somme seulement de se jeter sur la Galicie, sur la Posnanie et sur la Prusse orientale pour agrandir de ces pays leur petit royaume, et le fanatisme national polonais alors fera des prodiges ; mais si en arrière se dressait encore l'armée russe tout entière, l'existence de la Prusse s'en trouverait compromise. Voilà le vrai danger. Certes, il se peut que ce danger n'apparaisse jusqu'ici à l'horizon politique que comme un petit point noir visible seulement à la longue-vue. Mais un jour peut venir où ce petit point noir grossira rapidement jusqu'à former un nuage, qui, lui, voilera l'horizon politique tout entier. Ne devons-vous pas prévenir un tel danger ?

Je maintiens que la Prusse n'est devenue la continuatrice de l'ancien ordre teutonique et celle aussi des Chevaliers de Livonie que pour agir avec le glaive, là où tout autre moyen ne saurait réussir. Il ne serait pas nécessaire pour cela de créer artificiellement un *casus belli*; le *casus belli* se trouverait de lui-même, et même il serait prêt depuis longtemps, car la domination russe en Pologne a perdu tous ses droits depuis que ce pays, que la Russie, sur la foi des traités, n'aurait dû posséder que comme un royaume autonome, a été incorporé à l'Empire moscovite. Mais il est manifeste que seule une guerre de grand style pourrait mener ici à un succès certain. Car il apparaît clairement (et pour avancer cela, il n'est pas besoin d'être stratège), que la Prusse n'aurait qu'à marcher avec trois grandes armées à la fois sur Varsovie, sur Vilna et sur Riga, puis à occuper tout l'ensemble des pays pour forcer la Russie à lui céder ces territoires.

La politique mondiale, t. II, p. 55, ss.

d) *De l'habileté diplomatique de la Russie.*

Rien ne montre avec autant d'évidence que la dernière guerre franco-allemande tout l'avantage que la Russie, à la longue, peut retirer des antagonismes européens. La Russie n'avait qu'à faire avancer 200.000 hommes sur la frontière de Prusse pour qu'une grande partie de l'armée prussienne fût immobilisée dans les provinces orientales, et très certainement alors les résultats de la guerre eussent été bien moindres. Mais pourquoi la Russie aurait-elle fait un effort, puisqu'elle n'avait qu'à se baisser pour recueillir des avantages?

Si la guerre franco-allemande était restée de part et

d'autre sans résultat, les deux parties n'en eussent pas moins subi un affaiblissement considérable. Mais si la France avait été victorieuse, il aurait fallu que l'Allemagne s'appuyât plus fortement encore sur la Russie, ce qui aujourd'hui au contraire est le cas de la France, qui recherche son alliance et se jette littéralement à son cou. C'est là, à n'en pas douter, la chose la plus folle, car la France, qui pendant si longtemps a marché en tête de la civilisation, perd ainsi la puissance morale qu'elle s'était acquise alors et ne tend par là, au contraire, qu'à s'asservir.

Mais quelle importance cela peut-il bien avoir pour la Russie que la France se tienne sur la défensive ? N'est-elle pas sûre de pouvoir compter pour l'instant déjà et sans doute pour longtemps encore sur l'alliance française ? Ceci n'est-il pas hautement significatif ? Les deux seules entreprises dirigées contre la Russie ne sont-elles pas parties justement de la France ? Il est clair que c'est précisément de ce virement politique qu'est né le danger qui maintenant nous menace directement du côté de la Russie ; et je dis en outre que si de nouveau un changement venait à se produire dans les circonstances actuelles, le danger n'en persisterait pas moins et ne ferait même que grandir jusqu'à devenir menaçant pour l'Europe occidentale tout entière.

La Politique allemande de
l'avenir, t. I, p. 97.

c) La situation périlleuse de l'Allemagne
en face d'une alliance franco-russe.

De droite et de gauche des dangers nous menacent et

nous sommes pris comme entre des tenailles ouvertes,
qui pourraient bien à tout instant se refermer.

. . . .

Que signifient alors ces innombrables monuments com-
mémoratifs, ces anniversaires de victoires qui se répètent
à l'infini, sinon que nous croyons être parvenus d'un seul
coup à une situation aussi sûre que glorieuse et éminente?
Mais en est-il vraiment ainsi ? Je dirai bien plutôt que la
partie n'est qu'à moitié gagnée et ce n'est que lorsque
nous aurons résisté victorieusement aux forces alliées de
la France et de la Russie que l'avenir de l'Allemagne se
trouvera assuré. Cette épreuve, où il faudra donner la
mesure de nos forces, ne nous sera pas épargnées ; et elle
peut même venir nous surprendre, comme le voleur dans
la nuit. Des intrigues diplomatiques ne l'écarteront pas,
et pas davantage non plus l'augmentation incessante des
armements, car les armements et les forces des adversaires, et en particulier ceux de la Russie, s'accroissent
dans des proportions égales, et cette explosion, selon toute
prévision humaine, devra, en définitive, se produire avant
la fin du siècle. Plus elle sera différée, plus elle sera
terrible.

Envisager d'un regard ferme cette catastrophe inévitable
et nous familiariser d'avance avec la pensée des efforts
immenses et des douloureux sacrifices qu'elle nous impo-
sera, voilà la condition indispensable pour que nous
puissions espérer sortir victorieux d'une lutte gigantesque qui, sans aucun doute, se posera pour le nouvel
empire comme une question de vie ou de mort. Malheur
à nous si, au lieu d'envisager constamment cette épreuve
éminente nous en détournons notre regard afin de pouvoir nous abandonner avec d'autant plus d'insouciance à
notre ivresse du triomphe. Encore une fois, la partie n'est
qu'à moitié gagnée, et qui sait si cette moitié n'a pas été
la plus petite. Combien différente de la lutte avec la

France sera la lutte avec les forces alliées de la France et de la Russie ! En France, nos troupes pénétrèrent dans un pays extrêmement cultivé ; elles trouvèrent là de bons cantonnements et ne manquèrent jamais de rien, ou, si quelque chose venait à faire défaut, il était facile alors de l'expédier par chemin de fer. Il n'y avait pas non plus à fournir de marches longues et pénibles, et le théâtre de la guerre n'était ni par trop vaste, ni par trop éloigné de nous. En Russie, au contraire, ce seraient des marches infiniment plus longues, dans un pays inculte, pauvre, rude, impraticable. Que de privations auraient à supporter nos hommes, que de maux de toutes sortes ! Et si la guerre en France n'a duré après tout que quelques mois, la Russie, elle, pourrait soutenir la guerre bien plus longtemps avant de se voir contrainte à la paix.

La Politique allemande de
l'avenir, t. I, p. 74, 75 et sq.

1) Des droits de l'Allemagne sur les provinces russes
de la Baltique.

Qui oserait nier le fait, qu'à cette époque (1), la Russie nous est réellement venue en aide, ce pourquoi d'ailleurs elle revendiqua et finalement obtint une récompense excessive. *Mais si la Russie a pu être considérée à un certain point de vue comme notre amie héréditaire, je prétends que cette amie est pour nous dix fois plus dangereuse que la nation qui fut jusqu'ici notre ennemie héréditaire, c'est-à-dire : la France.* Depuis que celle-ci a perdu Strasbourg et Metz, elle ne peut plus, à elle seule, nous faire

---

(1) Dans les guerres de coalition contre la France révolutionnaire et plus tard contre Napoléon.

grand mal. Si la prise de possession de Metz a été la base
initiale de la prépondérance française, dont nous prîmes
plus tard si fortement ombrage, la prise de possession de
Strasbourg avait assuré définitivement sa situation prédominante. De ces circonstances seules naquit cette inimitié héréditaire; elle ne découlait pas de la nature des
choses.

Aussi un compromis pacifique avec la France, voire
même une entente avec elle sont, à vrai dire, toujours
possibles. *Avec la Russie, au contraire, il faut considérer
l'une et l'autre éventualités comme totalement impossibles.*
Quels sont, à l'égard de l'Allemagne, les véritables sentiments de cet ami héréditaire? Cela apparaît avec assez de
clarté, depuis des années déjà, sous les traits les moins
équivoques. Si du moins, à défaut de sentiments amicaux, la Russie n'entretenait pas, envers notre pays,
des intentions nettement hostiles, d'où viendraient donc
à présent ces recours à la violence pour étouffer le
germanisme et pour opprimer notre Eglise dans ses provinces baltiques? Et si vraiment, d'autre part, elle atta-
chait quelque prix à l'amitié de l'Allemagne, elle devrait
se dire à elle-même que nous pourrions interpréter ses
agissements comme une provocation. Mais il semble bien
que cette considération ne lui vienne pas du tout à l'esprit. Se targuant de l'inviolable supériorité de ses forces,
elle croit pouvoir ne tenir aucun compte de nos sentiments.
Et nous! Nous ne faisons que la fortifier dans cette confiance, en assistant, indifférents, à tout ce qui se passe
dans les provinces baltiques. L'on dit que cela ne peut
nous toucher en rien, puisque c'est pour la Russie une
affaire purement intérieure et à laquelle nous ne pourrions nous mêler sans l'irriter. Et voilà pourquoi nous
irions renier notre propre sang et abandonner nos coréligionnaires! Schiller ne dit-il pas : « Indigne est le peuple
qui ne sacrifie pas tout à son honneur. » Et la fondation

de nos anciennes colonies sur la Dwina n'évoque-t-elle pas de glorieux faits d'armes allemands qui devraient être toujours présents à notre mémoire? Car ce fut tout de même une chose surprenante, cette poignée de chevaliers, accompagnés de quelques gens, qui ont pu, partant tout d'abord de Brême, soumettre à leur domination une terre si lointaine et si vaste. Quel génie audacieux et vaillant a dû animer ces hommes! Et ils ne se sont pas bornés à soumettre ce pays, ils y ont établi une civilisation allemande dont les racines se montrèrent si puissantes que cinq cents ans de domination étrangère, polonaise, suédoise et russe ne parvinrent pas à effacer l'empreinte extérieure qu'ils lui avaient imposée. Combien vivant était encore à la fin du siècle précédent le commerce intellectuel de ce pays des chevaliers porte-glaives avec le territoire prussien de l'Ordre teutonique, et par là, avec l'Allemagne en général, c'est ce qu'attestent des faits dignes de remarque (1).

. . . .

Il semble donc bien que l'on ait considéré alors les provinces baltiques soumises à la domination russe comme étant toujours une dépendance intellectuelle de l'Allemagne.

Que signifie donc cet essor que l'on prête à l'esprit allemand depuis 1870, si, d'autre part, son horizon s'est rétréci au point qu'il ait jugé ce pays trop éloigné de lui, et s'il s'est montré en outre assez pusillanime pour ne

---

(1) C'est là que Herder avait commencé sa carrière et l'intérêt dont il se prit plus tard pour le pays prussien de l'Ordre teutonique l'incita à traduire les chants populaires lettons. — Il avait été tout d'abord professeur en Courlande, puis à Riga, où il retourna à plusieurs reprises.

Plusieurs œuvres de Kant parurent à Riga, et la carrière de Hippel, écrivain de Königsberg, se déroula tout entière en Courlande.

plus oser se souvenir des Allemands de la Baltique? Ceci est d'autant plus frappant qu'il ne s'agit pas là d'une simple affaire d'honneur. Des conséquences pratiques en découlent, qui sont d'importance capitale; car c'est manifestement au maintien dans les provinces baltiques de la culture et de la conscience germaniques, ainsi que de leur influence prépondérante qu'est due la situation importante acquise par les Allemands de ces provinces dans tout l'empire russe, et grâce à laquelle ils purent exercer et exercèrent en réalité pendant longtemps une action considérable sur la politique de ce pays. Or, c'est précisément cette influence allemande, qui, opposée à la soif de conquêtes innée au nationalisme russe, avait été l'élément modérateur et avait offert pour ainsi dire certaines garanties, afin que la force agressive de ce nationalisme ne se tournât pas contre l'Allemagne elle-même. Cette garantie maintenant n'existe plus et cette même rage de russification qui voudrait pour l'instant extirper radicalement l'élément germano-balte, fera que sous peu les Allemands seront écartés, autant qu'il est possible, de toutes les fonctions influentes et remplacés par des Russes pur sang. Même dans les emplois subalternes, même dans la vie civile, on ne veut plus les tolérer, si bien que les colonies agricoles allemandes, elles aussi, se sentent dès maintenant atteintes dans les droits qui leur furent concédés, voire même dans leur propriété. Des centaines de milliers d'Allemands vivent sous cette menace; tout cela doit-il donc nous laisser indifférents? — Et quels fruits cette politique réaliste, pour laquelle l'honneur et la conscience semblent n'avoir plus de signification, dès qu'il pourrait en résulter quelques désagréments, nous a-t-elle déjà rapportés et nous rapportera-t-elle encore? L'âme russe, consciente de sa dignité, a le sentiment que dans une circonstance identique elle n'assisterait pas impassible à l'écrasement de son Église et de sa Nationalité.

Elle a déjà pour des motifs analogues soutenu de grandes guerres. A parler franchement, elle ne peut que nous mépriser pour la délicatesse pleine d'égards avec laquelle nous imposons silence à notre juste courroux et voit là uniquement une preuve certaine de notre crainte.

La conséquence immédiate en est que la Russie, dans ses mesures de répression, se montre de plus en plus intransigeante et se sent par là plus disposée encore à concevoir une grande guerre offensive, à laquelle elle se prépare d'ailleurs avec d'autant plus d'énergie.

Qu'indique donc au juste l'établissement d'un port de guerre à Libau? A coup sûr une base navale à cet endroit pourrait soutenir très efficacement une attaque contre le territoire prussien de l'Ordre teutonique. C'est à ce même but que visent encore les récentes fortifications intérieures à proximité de la frontière prussienne; et c'est pour cette raison que les forteresses de Pologne sont continuellement renforcées, que des troupes toujours plus nombreuses sont massées en première ligne et que sont construites sans cesse de nouvelles voies stratégiques.

N'existe-t-il pas déjà dans de tels préparatifs une guerre latente, et est-il donc indifférent que la Russie se mette aussi en état de pouvoir passer, lorsque l'occasion sera favorable et avec une énergie d'autant plus grande, de cette guerre latente à une guerre ouverte?

Si, à plusieurs reprises déjà, le prince de Bismarck a jugé à propos de rafraîchir d'une douche d'eau froide ces têtes chaudes de Français, alors qu'ils déclaraient par trop haut considérer le traité de Francfort comme une simple trêve qu'il faudrait rompre à la prochaine occasion, ce n'avaient été là pourtant que des paroles arrogantes; et de quoi ne parle-t-on pas et ne se vante-on pas en France? Le gouvernement français lui-même n'a pour ainsi dire rien fait qui, en soi, ait nui à nos intérêts ou blessé notre honneur. Quelle différence avec la Russie, où il ne s'agit

pas seulement de mots, mais de faits, et de faits combien
éloquents ! Et si de plus on considère combien la presse
russe est soumise à l'influence gouvernementale, son
attitude hostile prend alors pour nous une tout autre
signification que les agaceries des feuilles françaises, pour
l'attitude desquelles le gouvernement français ne peut
être rendu responsable. Alors, pourquoi celui-là seul
devrait-il être calmé par une douche d'eau froide ? Je serais
même d'avis que ce traitement par l'eau froide pourrait
nous être, à nous, extrêmement salutaire ; et n'est-il pas
d'ailleurs une découverte allemande ? — Si on a dit que
les Français sont comme hypnotisés, au point de ne
plus pouvoir détourner leurs regards de l'Alsace et de
la Lorraine, et qu'ils sont parvenus ainsi à un tel degré
d'abrutissement et de crédulité qu'ils livreraient sans
aucun scrupule tout l'Orient à la Russie, pourvu que
leur revanche par là fut assurée, je demande alors à mon
tour si nous nous trouvons, nous, dans une situation
beaucoup meilleure ? Sur quoi fixons-nous donc nos regards, sinon sur nos grandes victoires de 1870-71 ? Et si
par hasard les résultats acquis par ces victoires venaient
à nous être de nouveau contestés, c'est encore vers la
France que nous regarderions et beaucoup moins vers la
Russie. C'est exactement le contraire de ce qui devrait
être. Cependant, si tout dernièrement quelques voix
néanmoins se sont élevées pour nous dire de fixer nos
regards sur le point d'où menaçait le seul vrai danger
il y a là un heureux indice que nous nous réveil-
lons de notre état léthargique ; mais comme ces
paroles émanaient de militaires, il est tout naturel qu'au
premier plan de leurs considérations se placent les éventualités d'une guerre russo-allemande. — A dire vrai,
s'il ne s'agit que du côté strictement pratique et pour
ainsi dire tangible de la question, une issue heureuse de
la guerre amènerait-elle une solution ? Bien au contraire,

des devoirs de tout autre ordre nous incomberaient aussitôt, qui intéresseraient la sécurité de l'avenir.

Il va de soi qu'il n'y a pas lieu d'aller au cœur même de la question, ni de mesurer toute l'étendue de ses rapports ; car ce qui est à résoudre ici, c'est bien dans toute l'acception du mot, un problème. Mais de cela, il semble que même les hautes sphères de la diplomatie ne se fassent pas la moindre idée ; et que pourrait-on bien attendre en effet de notre public de politiciens chez lequel ne règnent partout sur ce point que les opinions les plus superficielles, souvent même des opinions dangereuses. Je dis, et je tâcherai de prouver, qu'à cela se rattache toute la question de la situation mondiale de l'Allemagne et de sa mission dans le monde. C'est qu'il ne peut en être autrement, tant que la Russie, dont la puissance occupe un sixième du globe ne s'affirme pas ostensiblement comme un pays, tel que l'Allemagne par exemple et les autres pays de l'Europe occidentale, mais comme un continent ; ce qui fait que, s'appuyant sur cette base colossale, il lui était possible de se développer de plus en plus comme puissance mondiale. Alors, si nous avons affaire à un continent, combien insignifiantes nous paraîtront en comparaison nos querelles avec la France, c'est-à-dire avec un pays, un territoire national comme l'est l'Allemagne ? Du reste pendant des siècles, la politique européenne n'a été qu'une politique de territoires nationaux, et graduellement on s'est à ce point imbu de ses maximes et ses idées, qu'elle domine maintenant la conscience politique générale.

Mais que cet horizon est borné, si l'on songe que, par la suite, les choses se sont modifiées de façon si frappante, que cette politique de territoires nationaux, suivie jusqu'alors, devait nécessairement et insensiblement se muer en une politique mondiale ! — Cette transformation si radicale et de portée si grande, pour qui sait voir,

a déjà commencé à se manifester, et dans sa progression
continue, elle ne tardera pas à être décisive pour l'évolution ultérieure du monde. Notre salut dépend donc, comme
aussi notre perte, de la question de savoir si nous persis-
tons à nous mouvoir dans le cercle étroit de la politique
nationale. Si délicate et si critique que puisse être la situation à laquelle, par la suite naturelle des choses, nous
soyons parvenus à l'égard de la Russie, il est presque
heureux que, justement vis-à-vis de cette puissance mondiale, nous ayons vu clairement qu'il nous fallait nous
élever jusqu'au point de vue de la politique mondiale ; et
c'est de ce point de vue seul que l'on pourra vraiment
comprendre la situation mondiale de l'Allemagne et sa
politique mondiale.

La Politique allemande de l'avenir, t. I,
p. 78 et ss.

g) *Danger pour la Prusse du voisinage de la Russie en Pologne et en Lithuanie.*

Si la Prusse orientale venait à être perdue, tout le corps
de l'État prussien se trouverait coupé de sa base. Ce
serait une blessure incurable. Je prétends même que si
la Russie parvenait à conquérir seulement le petit coin
de pays situé à droite de l'embouchure de Niémen, ce
serait déjà le commencement de la fin. A dater de là, la
Russie dominerait le Kurishe Haff et la voie de Königsberg lui serait ainsi ouverte. Pour le surplus, ce ne serait
qu'une question de temps, et ce temps pourrait bien être
très court ; non-seulement la Prusse orientale, mais la
Prusse occidentale pourraient alors être prises d'un seul
coup, car la situation de la Russie serait bien trop favorable pour l'offensive, tandis que jusqu'à présent, la petite

parcelle de terre sur le bas Niémen offrirait un obstacle
encore très considérable. Or, si un jour la Russie étendait sa domination sur la Vistule inférieure, la maîtrise
de toute la Baltique lui reviendrait infailliblement, car la
Vistule est justement de beaucoup le plus important des
fleuves qui se jettent dans cette mer. En outre, elle posséderait les ports de Pillau et de Memel, auxquels s'ajoute-
rait le port de guerre de Libau, qui aujourd'hui déjà
menace la moitié orientale de la côte baltique prussienne.
Quels points d'appui pour une maîtrise de la mer! Sur
terre aussi, la pression russe serait alors irrésistible;
c'est à peine si l'Oder inférieur pourrait offrir encore
quelque protection.

Seraient-ce là des songes d'une imagination exaltée?
Tant que la Russie possèdera la Pologne et la Lithuanie,
il est dans la nature des choses qu'elle aspire à la possession des bouches du Niémen et de la Vistule, sans lesquelles sa domination en Pologne resterait incomplète et
toujours précaire et, à certains points de vue, plutôt une
source d'embarras qu'un réel accroissement de puissance. Sa volonté de maintenir sa position dans cette
région et ses efforts continuels pour s'y consolider,
n'auraient, somme toute, aucun sens réel, si elle ne
gardait l'arrière-pensée de conquérir plus tard le littoral qui en dépend. Que Königsberg soit pour elle un
point de mire, la guerre de Sept-Ans l'a bien montré,
lorsque la tzarine Elizabeth s'y est fait rendre hommage
et reconnaître pour reine. Comme ils doivent la convoiter
plus ardemment encore depuis que, possédant la Courlande, ils se trouvent immédiatement à la frontière! Ils
ont eu alors toutes facilités pour acquérir une connaissance appprofondie du pays. Ils avaient déjà été en
Prusse occidentale au temps de Stanislas Leczinsky,
qu'ils enfermèrent à Dantzig. Et des armées russes
n'avaient-elles pas déjà parcouru la majeure partie de

l'Etat prussien, ainsi qu'une grande partie du reste de
l'Allemagne, et n'avaient-elles pu y faire des études stratégiques, tandis que les nôtres n'avaient encore jamais
eu semblable occasion en Russie.

La Politique allemande de
l'avenir, p. 126-127.

h) *Projet de réunion à la Prusse orientale
des territoires russés du Niémen inférieur.*

Revenons... aux affaires strictement prussiennes [et]
supposons donc le grand combat mené à bonne fin, une
modification partielle des provinces de l'Est serait alors
également indiquée. Ainsi, à mon avis, tout le territoire
gagné sur le Niémen moyen devrait être réuni à la
Prusse orientale, et, par là seulement, serait constitué un
ensemble géographique naturel, pour lequel Königsberg
s'imposerait, tout naturellement aussi, comme capitale.
Cette province deviendrait alors de beaucoup la plus
étendue des provinces prussiennes et, à certains égards
aussi, la plus importante de toutes. Qu'importe que
beaucoup de populations étrangères soient englobées du
même coup ? Nous avons déjà là-bas un grand nombre de
Masoures et de Lithuaniens qui sont cependant de bons
Prussiens. Il serait chimérique de vouloir traiter ce pays
comme une province purement allemande. Mais, en ce
qui concerne les nouvelles portions de territoire, elles ne
sont nullement habitées par de vrais Polonais. Le long
de la rive gauche du Niémen jusqu'à Grodno vivait
autrefois la tribu lithuanienne des Jaszwingiens qui ne
s'assimila aux Polonais que peu à peu par la suite. Malgré cela, ce territoire n'a jamais fait partie de la Pologne
proprement dite, mais du grand-duché de Lithuanie, et il
n'a jamais joué aucun rôle dans l'histoire polonaise. Il en

est tout autrement de la région de Posen et de Gnesen qui fut le berceau des institutions politiques de la Pologne, ce qui explique d'ailleurs que la civilisation polonaise ait, précisément là, de si profondes racines. La rive droite du Niémen ne fut jamais non plus habitée par de véritables Polonais. Et, en cette contrée, l'élément lithuanien s'est maintenu en partie jusqu'à nos jours ; tandis que, d'autre part, un grand nombre de sujets de la Prusse orientale y ont acquis des biens et y ont même immigré.

En tenant compte de tout cela, il est permis d'espérer avec confiance que ces territoires se rangeraient sans grande difficulté sous la domination prussienne, qui leur apporterait du reste aussitôt une administration plus humaine et plus remplie de sollicitude ainsi qu'une justice meilleure. Si, comme nous l'avons dit, ils font partie par leur situation géographique de la Prusse orientale, les Masoures et les Lithuaniens de cette province formeraient avec eux un lien ethnique et linguistique. Quant à la ville de Königsberg, même prise en soi, elle pourrait aspirer à un plus grand avenir. Bien située déjà au point de vue du commerce, elle offrirait un lieu tout à fait approprié à des entreprises manufacturières de toutes sortes et, par là, exercerait une action stimulante sur toute la province, dont le sol, en grande partie peu fertile, ne laisse pas entrevoir un grand essor pour l'agriculture et rend en conséquence très désirable l'adjonction d'un développement industriel.

La Politique allemande de
l'avenir, p. 137-138.

TABLE DES MATIÈRES

TEXTES

Paris. — Imp. PAUL DUPONT (Cl.). 481.8.15

9 782012 950320